A
CONCISE
CHICKASAW
DICTIONARY

A
CONCISE
CHICKASAW
DICTIONARY

COMPILED BY JESSE HUMES AND VINNIE MAY (JAMES) HUMES
EDITED BY LOKOSH (JOSHUA D. HINSON)

ISBN: 978-1-935684-36-7

Book & Cover Design: Corey Fetters

Chickasaw Press
PO Box 1548
Ada, Oklahoma 74821

www.chickasawpress.com

In memory of the Reverend Jesse J. Humes, a lifelong leader of the Chickasaw people, who through his spiritual and secular labors devoted his life to the betterment of the tribe.

Unfortunately the Reverend Humes will not share the fulfillment and joy of seeing this book, but his untiring efforts for and contribution to the preservation of the Chickasaw language will never be forgotten.

INTRODUCTION

One of the long-time desires of the Honorable Overton James, Governor of the Chickasaw Nation, has been to preserve the priceless and unique heritage of the "unconquered and unconquerable Chickasaws" through a written record of the ancient classic language spoken by Okla Chi-Ka-Sha, Chickasaw people. This— together with a democratic or popular referendum by the tribe in the selection of their governor; a constitution for the Nation; and a general uplifting of the standards of living of our people through improved housing, improved health procedures, education, and motivation—is a result of the administration of Chickasaw affairs by this dynamic and articulate young Indian leader. The Chickasaw Advisory Council has worked very closely with the Governor in helping make these important measures become reality.

Through the never ceasing and untiring efforts of the late, and most beloved, Reverend Jesse Humes and his wife, Vinnie May, mother of Governor James, and other interested tribal members, here at last we have a lexicon which will help perpetuate the tongue of our people.

And now a word to the younger members of our tribe: Ours is an illustrious heritage, and you are urged to take pride in the fact that you are Chickasaws. Preserve and guard well the tongue of our people and the proud tradition of the original Americans. Study this book carefully and encourage other tribal members to do likewise. You are an American first and a Chickasaw American Indian second.

We express our deepest appreciation to all who have helped to make possible this recording of the proper word usage of our people.

Chi Kana Saiya!

GEORGE W. BOURLAND, CHAIRMAN
The Chickasaw Advisory Council

Overbrook, Pickens County
Chickasaw Nation, now Oklahoma
January 25, 1973

PREFACE

Ever since the Chickasaws gave up their homes east of the Mississippi River to move to an unknown land called the Indian Territory, now a part of the state of Oklahoma, they have been determined that their children must be educated in order to be able to understand the white man's ways. Many of the older full bloods did not understand the terms under which they had to leave their homes, believing they would never again be disturbed. As is now well known, that belief proved false.

As the years have gone by, Chickasaws realize even more clearly that education is a necessity for their children to be able to compete in a changing world. But that education, by and large, has been the white man's education; and my late husband, the Reverend Jesse Humes, and I began to wonder about our heritage. Would it be forgotten? Would our culture be lost? What could we, as individuals, do to remind the young Chickasaws that they have a proud heritage?

As we saw increasing numbers of young Chickasaws without a working knowledge of their native language, we began to fear that the language itself might be lost. And here was one place where we might be able to help. Thus, with the thought of preserving our language, we compiled a list of Chickasaw words in a very simple manner. Disregarding all rules of orthography, we made an effort to spell the words as they sound, in the hope that anyone using the list could pronounce them. The result is not a conventional dictionary in any sense. We have not attempted to define words except when there could be confusion about the meaning of two similar English words or homonyms. We have selected words that we have found need of, including a few no longer in general use, and we have attempted to include also equivalents for modern words that were never in the old-time Chickasaw's vocabulary.

The arrangement is English to Chickasaw, since that is apparently the greatest need for today's young people. First is given the English word, then the Chickasaw word, then a respelling to indicate pronunciation. A few simple guides to pronunciation precede the lists of words.

Much time and effort and many prayers have gone into the project. I know only too well that it is not perfect, but it is my hope that the user will find this volume useful in acquiring a Chickasaw vocabulary.

VINNIE MAY (JAMES) HUMES

Wapanucka, Oklahoma
February 14, 1973

CONTENTS

EDITOR'S NOTE

I still have, and regularly use, my copy of *A Chickasaw Dictionary* - the very copy that my late Chickasaw grandmother Faye Elizabeth Cox Nichols gave to me when I was a little boy. It has seen better days - the spine is bent at an awkward angle, the dust jacket is tattered, and the pages are worn from much use. This is really how it should be: well worn, well loved, well used.

I also have a similarly worn copy of *Chickasaw: An Analytical Dictionary.* The cover lamination is peeling away from the underlying paper, and the cover page, autographed by the authors, is barely hanging on to the underlying binding. The interior pages are dog-eared and marked throughout with highlights, small marks next to every word I've ever looked up, and notations of new words discovered over the years and additional translations from native speakers.

These two resources have coexisted for the last two decades, used in various contexts including learning materials and resources, community classes, public schools, tribal programs, and university classes. Citizens have sometimes expressed confusion, concerned that perhaps one is better than the other, or that one is right and one is wrong. Requests have often been made to the Department of Chickasaw Language in an attempt to clarify these concerns.

It was, in fact, the requests of Chickasaw citizens and direction from Governor Bill Anoatubby that led to this projects realization. Rather than two very different orthographies, the desire of the Department of Chickasaw Language is that the two systems appear as complementary, side-by-side, co-equal and as a matter of choice rather than some obligation. Orthographies are, after all, simply attempts to represent oral languages in written form. Despite what our grammar school teachers taught us about standard written English, Chickasaw can be represented in a variety of ways: Humes, Munro-Willmond, the two systems together, or in any way that feels right to a speaker or learner of the language. We should feel free to use what seems best for us.

Let us remember that regardless of the spelling we choose, each is speaking the same language, simply representing the same word in different ways. These minor differences in spelling would be meaningless to our Chickasaw ancestors, who communicated in their language without any writing system whatsoever. Like them, let us not be overly concerned with differences in spelling but rather focus on speaking and communicating with one another in the language of our ancestors.

The journey to bring the two spelling systems into dialog with one another, coexisting on the same page, was a purposeful, serious, and deliberate attempt to craft the text of *A Concise Chickasaw Dictionary* in a way that respects the original work of Mr. and Mrs. Humes while reshaping the text into a form accessible to both native speakers and the next generation of second-language learners of Chickasaw. The desire of the Chickasaw Nation is that the reader will find *A Concise Chickasaw Dictionary* useful and meaningful.

Chokmaʼshki, yakkookay hachimanhili -
Lokosh (Joshua D. Hinson)
Ada, Oklahoma, Chickasaw Nation
March 24, 2015

NOTES ON *A CONCISE CHICKASAW DICTIONARY*

The creation of *A Concise Chickasaw Dictionary*

Following the death of Mr. Humes and upon the completion of the manuscript for *A Chickasaw Dictionary*, Mrs. Humes dictated the entire text, first onto reel-to-reel and later cassette tape. With the exception of a few short passages, this audio record still exists and has been digitized by the Chickasaw Nation. This audio was the basis for the audio-dictionary version of *A Chickasaw Dictionary* published by the Chickasaw Nation with Various Indian People Publishing in the 1990s. The digital conversion of the original analog tapes resulted in eleven-plus hours of audio. The dictation involved Mrs. Humes sitting before a recording device with the manuscript and sequentially reading each English headword, followed by the Chickasaw word repeated twice. As work progressed it was noted that she was essentially editing the dictionary after the fact: repeating words if the pronunciation was slightly off from the written word and correcting errors in spelling and usage in the manuscript, as well as adding entirely new entries on tape, entries that ultimately did not appear in any edition of *A Chickasaw Dictionary*.

It became clear that this audio record should be the source from which *A Concise Chickasaw Dictionary* would derive. Mrs. Humes clearly desired to make changes to the original manuscript, but for some reason these changes never came to be published. With the assistance of several graduate students from the University of Texas at Arlington under the direction of linguist Dr. Colleen Fitzgerald, the manuscript of the original dictionary was digitized through optical character recognition (OCR) and a Microsoft Word document of the entire dictionary was created.

Each of Mrs. Humes' individual entries was then transcribed verbatim using the Munro-Willmond orthography, and those spellings appear here directly below her original entries. In some instances, the spelling for a word is the same in both orthographies. Thus, the format for each entry in *A Concise Chickasaw Dictionary* is:

ENGLISH	CHICKASAW	PRONUNCIATION
English headword	Chickasaw word (Humes orthography)	Pronunciation
	Chickasaw word (Munro-Willmond orthography)	

Mrs. Humes' edits made on the audio recordings were incorporated in the new text to reflect her desired entry, as in this example:

Original entry from dictionary:

yes, adv.	hohmi	hoh-me

Mrs. Humes' speech from audio, making a note on an alternative word for 'yes':
"the word ehn / ii is used more commonly for 'yes' "
(*A Chickasaw Dictionary* audio digital transcript, file when - zoom, at minute 4:25 of audio)

Resultant new entry in A Concise Chickasaw Dictionary:

yes, adv.	hohmi; ehn	hoh-mi; ehn
	ho'mi; ii	

In other cases, Mrs. Humes' edits are entirely new entries, ultimately having never appeared in any print version of *A Chickasaw Dictionary*, for instance, the word for *seal*:

seal, n. (mammal)	falummi nan okcha	fah-lŭm-me nahn ohk-
	oka aiutta	chahn ohk-ah ah-ŭt-tah
	falammi nannokcháa'	
	oka' aayatta'	

(*A Chickasaw Dictionary* audio digital transcript, file *scratch - siege*, at minute 14:14 of audio)

The word for seal is also a fascinating case of a neologism (new word) created by a native speaker. Language groups worldwide, when confronted with a new lexical item whether technological, natural, or otherwise, have chosen a variety of approaches to account for it in their native languages. In some cases, they simply adopt the foreign word but say it using the sound system of their native languages, as in the Chickasaw word *yuuzi* - 'to use', a borrowing from English. In other cases, they borrow a word from a related language. In still other cases, they create a new word using the word-formation strategies and sounds of their native language, which is exactly what Mrs. Humes has chosen to do here. Translating literally as 'north something.be.alive water there.live', the Chickasaw word for seal is a wonderful example of the highly descriptive nature of many Chickasaw nouns and a beautiful example of language adaptation by a native speaker.

A final category of edits in *A Concise Chickasaw Dictionary* addresses nasal vowels. In many cases, Mrs. Humes says words on the audio that include the nasal variants of the basic Chickasaw vowels a, i, and o, but these nasal vowels are not reflected in the original text. In these limited cases, we have followed her spelling convention for nasal vowels, edited the original text, and recorded the Munro-Willmond equivalent below, as in this example:

Original entry from dictionary:

| acknowledge, v. | anoli | ah-noh-le |

Resultant new entry in A Concise Chickasaw Dictionary, accounting for the nasal vowel:

| acknowledge, v. | anoli | ah-nohn-le |
| | anoli | |

Several key persons assisted in the painstaking process of attentive listening and careful transcription. Invaluable assistance was provided by Dr. Pamela Munro and Catherine Willmond, as well as native speakers from the Chickasaw Language Committee, and Department of Chickasaw Language employees and native speakers Stanley Smith and JoAnn Ellis.

CHICKASAW SPELLING SYSTEMS

Chickasaw was essentially an unwritten language until the publication of *A Chickasaw Dictionary* by Reverend Jesse Humes and Vinnie May James Humes in 1973. *A Chickasaw Dictionary* was compiled as a "list of Chickasaw words in a very simple manner. Disregarding all rules of orthography, we made an effort to spell the words as they sound, in the hope that anyone using the list could pronounce them." (Humes and Humes 1973, ix). In contrast, *Chickasaw: An Analytical Dictionary*, written by linguist Pamela Munro with native speaker Catherine Willmond and published in 1994, uses a new spelling system that represents aspects of the language that did not appear in *A Chickasaw Dictionary* nor in any previous works on Choctaw, a closely related language (Munro and Willmond 1994, back matter).

About Pronunciation:
Vowels and Unique Consonant Sounds in the Humes Orthography

We have hoped to make the pronunciation of Chickasaw simpler by respelling the words to indicate how they should be pronounced, but perhaps a brief statement should be made here about vowels, some of which have special sounds indicated in special ways.

a	ah
a	ahn (nasal)
ai	i, as in aisle
e	as in maybe
ee	as in eel
ĭ	as in hit or fin
i	ehn (nasal)
o	as in go
o	ohn (nasal)
o͞o	as in foot
o̅o̅	as in cool
u	as in pull or, sometimes, like oo in cook
ū	ue as in cue
ŭ	as in up

In addition to these vowel sounds, there is a peculiar sound represented by lh, similar to the sound of "ilth" in the word *filth*, without the "t" sound.

(Humes and Humes 1973, xiii)

About Pronunciation:
Vowels and Unique Consonant Sounds in the Munro-Willmond Orthography

a   as in sofa, also but

aa   as in father

<u>a</u>   similar to honk, with air released through the nose, but without the n sound.

i   as in pit, also police

ii   as in machine

<u>i</u>   similar to seen, with air released through the nose, but without the n sound.

o   as in vote, also cook and put

oo   as in code

<u>o</u>   similar to bone, with air released through the nose, but without the n sound.

(Munro and Willmond 2008, 4-5)

In addition to these vowel sounds, there are two consonants that do not occur in English. The first is represented in the Munro-Willmond orthography with the digraph lh. This sound is similar to the l following k in the word Klondike. The glottal stop, an important sound in Chickasaw which is not present in the Humes orthography, is represented in the Munro-Willmond orthography with an apostrophe, '. The glottal stop occurs in English words like uh-oh and uh-uh, as well as at the beginning of words like apple and eager. This sound does not have meaning in English, but you can feel the tension or 'catch' in the throat when pronouncing these and other words (Munro and Willmond 2008, 10).

A
CONCISE
CHICKASAW
DICTIONARY

ENGLISH	CHICKASAW	PRONUNCIATION
abandon, v.	aiissachi aaissachi	ah-ĭss-ah-che
abandoned, adj.	aichukilissa aachokkilissa'	ah-chook-e-liss-ah
abase, v.	kalakshi kalakshi	kah-lŭk-she
abash, v.	hofayachi hofahyachi	hoh-fah-yah-che
abashed, adj.	hofaya tok hofahyatok	hoh-fah-yah tohk
abbreviate, v.	tilofa tilofa	tee-lohn-fah
abdicate, v.	kucha kochcha	koo-chah
abdomen, n.	itakoba ittakobba'	ĭt-ah-koh-bah
abet, v.	apela apila	ah-pe-lah
abettor, n.	apelachi apilachi'	ah-pe-lah-che
abhor, v.	ikamosha inkamosha	ehn-kah-moh-shah
abide, v.	aiutta aayatta	ah-ŭt-tah
ability, n.	impona imponna	em-pohn-ah
abject, adj.	kalakshi kalakshi	kah-lŭk-she
ablaze, adv.	kela kilaa	ke-lah
able, adj. (physically fit)	kelimpi kilimpi	ke-lĭm-pe
abloom, adj.	pakali pakali	pah-kahn-le
aboard, adv.	chukoa chokkowa	chook-oh-ah
abode, n.	chuka; aiiasha chokka'; áyya'sha'	chook-ah; ah-yah-shah

3

ENGLISH	CHICKASAW	PRONUNCIATION
abolish, v.	kashofi kashoffi	kah-sho-fe
abolition, n.	akshochi akshochi	ŭk-sho-che
abominable, adj.	okpulo fehna okpolo finha	ok-poh-loh fe-nah
abominate, v.	ikyailo ikyayi'lo	ek-yah-il-oh
abomination, n.	isht ikimpo ishtikí'po	ĭsht ee-keem-poh
aboriginal, adj.	tikba tingba	tĭng-bah
aborigines, n.	tikba okla tingba okla'	tĭng-bah ohk-lah
abortion, n.	oshi okpuni oshi' okpani'	o-she ohk-pŭn-e
abound, v.	lawa lawa	lah-wah
about, adv.	yumma foka yamma' fokha	yŭm-mah foh-kah
above, adv.	pakna pakna'	pŭk-nah
abrasion, n.	pishofi pishoffi	pĭsh-oh-fe
abroad, adv.	misha pila misha' pílla	me-shah pe-lah
abrupt, adj.	oktupa oktapa	ohk-tah-pah
abscess, n.	hichubi hichabbi	he-chŭb-e
abscind, v.	tuple tapli	tŭp-le
abscond, v.	lohma lohma	loh-mah
absent, v.	iksho iksho	ek-shoh
absentee, n.	ikono iko'no	ek-oh-noh
absolute, adj.	fehna finha	feeh-nah
absorb, v.	isht alota ishtaloota	ĭsht ah-loh-tah
abstain, v.	ikibachafo ikibaachaffo	ek-e-bah-chah-foh

ENGLISH	CHICKASAW	PRONUNCIATION
absurd, adj.	ikaiyubo ikayyo'bo	ek-ah-yoh-boh
abundance, n.	lawa lawa	lah-wah
abundant, adj.	lawa lawa	lah-wah
abuse, v.	okpani okpani	ohk-pah-ne
abusive, adj.	ikatapa inkatapa	ehn-kah-tah-pah
abut, v.	tekechi tikiichi	tee-kee-che
academy, n.	holisso apisa chukka holisso aapisa' chokka'	ho-lĭss-oh ah-pe-sah chook-ah
accept, v.	ayukpachi ayokpachi	ah-ohk-pah-che
accident, n.	isht oshkunapa ishtoshkánna'pa	ĭsht osh-kŭn-ah-pe
acclaim, v.	ayukpachi ayokpachi	ah-yook-pah-che
accommodate, v.	itibachufa ittibaachaffa	ĭt-e-bah-chŭf-ah
accompany, v.	itapeha ittapiha'	ĭt-ah-pee-hah
accomplice, n.	itapela ittapila	ĭt-ah-pee-lah
accomplish, v.	atali atahli	ah-tah-le
accord, v.	itibachufa ittibaachaffa	ĭt-e-bah-chŭf-ah
accurate, adj.	alhichi; alhi aalhlhínchi, álhlhi	ah-lhen-che; ahn-lhe
accuse, v.	omboli ombohli	ohm-boh-le
accused, v.	omboh tok ombohtok	ohm-boh tohk
accuser, n.	anumpa omboli anompa ombohli	ah-noom-pah ohm-bohle
accustom, v.	imomachi imomachi	ehn-mohn-mah-che
acetic, adj.	wasacha wasacha	wah-sah-chah
ache, v.	komochi komoochi	koh-moh-che

ENGLISH	CHICKASAW	PRONUNCIATION
achieve, v.	atali atahli	ah-tah-le
acknowledge, v.	anoli anoli	ah-nohn-le
acne, n.	hoshonochi hoshonnochi	hoh-shohn-oh-che
acold, adj.	kapasachi kapassachi	kah-pah-sah-che
acorn, n.	nussi nasi'	nŭss-e
acquaint, v.	ithanachi ithanachi	ĭt-hah-nah-che
acquaintance, n.	aiithana aaithána'	ah-ĭt-hahn-nah
acquire, v.	ishi ishi	ee-she
acquit, v.	talhofichi talhoffichi	tah-lho-fe-che
acre, n.	yakni ulhpisa yaakni' alhpisa'	yahk-ne ŭlh-pe-sah
across, adv.	ubanupoli abaanapo'li	ŭb-ah-nŭp-oh-le
act, v.	isht utta ishtatta	ĭsht ŭt-tah
action, n.	foyokachi foyo'kachi	foh-yoh-kah-che
add, v. (increase)	ibafoka ibaafokha	ee-bah-foh-kah
adder, n.	sinti sinti'	sĭn-te
addict, n.	imomachit taha imomachit taha	ĭm-mohn-mah-chit tah-hah
address, n.	anumpa tilofasi anompa tilofa'si'	ah-noom-pah te-lohn-fah-se
adhere, v.	achukobi achokkobbi	ah-chook-oh-be
adjoin, v.	itachakaha ittachákkaha	ĭt-ah-chah-kah-hah
adjourn, v.	tewapa tiwapa	tee-wah-pah
adjust, v.	aiulhpisachi ayalhpisa'chi	ah-ŭlh-pe-sah-che
admire, v.	anoshkona anoshkonna	ah-nohsh-kohn-ah

ENGLISH	CHICKASAW	PRONUNCIATION
admit, v.	chukwa chokwaa	chook-wah
admonish, v.	imolubbi imolabi	em-ohn-lŭb-be
adolescent, adj.	himitachi himittachi'	he-mĭt-ah-che
adopt, v.	chepota habena chipota habina'	che-poh-tah hah-be-nah
adult, adj.	sipokni sipóngkni	se-pohnk-ne
advance, v.	pit kunutli pitkanalli	pĭt kŭn-ŭt-le
adventure, n.	aiimita ayiimita	ah-e-mĭt-ah
advice, n.	nan-anoli nannanoli	nahn-ah-nohn-le
advise, v.	imunoli imanoli	em-ŭn-ohn-le
afar, adv.	hopaki hopaaki	hoh-pah-ke
affair, n.	nan isht utta nannishtatta'	nahn ĭsht ŭt-tah
affection, n.	i hullo ihollo	ehn hool-oh
affectionate, adj.	it i hullo ittihollo	et-ehn-hool-oh
affidavit, n.	anumpa alhi isht oktunni anompa álhlhi' ishtoktani'	ah-noom-pah ahn-lhe ĭsht ohk-tŭn-nĭ
affirm, v.	aialhinchi ayalhlhínchi	ah-ahn-lhen-che
affirmation, n.	aialhi oanoli ayálhlhi oanoli	ah-ahn-lhe on-ah-nohn-le
affirmative, n.	aialhi ayálhlhi	ah-ahn-lhe
affix, v.	holhchifo takachi holhchifo takaachi	hohlh-che-foh tah-kah-che
afflict, v .	hotopachi hottopachi	hoh-toh-pah-che
affliction, n.	isht atuklama ishtataklama	isht ah-tŭk-lah-mah
afford, v.	im atahli imatahli	ah-tah-le
affluence, n.	nan i lawa nannilawa	nahn ehn lah-wah

ENGLISH	CHICKASAW	PRONUNCIATION
affluent, adj.	holitopa holiitopa	hoh-le-toh-pah
affray, v.	ittinukowa ittinókko'wa	ĭt-tehn-nohk-oh-wah
affray, n.	ittinukowa ittinókko'wa	ĭt-tehn-nohk-oh-wah
affright, v.	imilhali imilhlhali	e-mĭlh-ah-le
affront, n.	ikatapa inkatapa	ehn-kah-tah-pah
afghan, n.	nan tunna unchi nanntanna' a'chi'	nahn tŭn-nah ŭn-che
afire, adj.	lowa lowa	loh-wah
aflame, v.	loak kila lowak kilaa	loh-ŭk ke-lah
afloat, adj.	okpalali okpalali	ohk-pah-lah-le
afoot, adj.	uka hikia akka' híkki'ya	ŭk-ah he-ke-yah
aforesaid, adj.	tikba achi tok tingba aachittook	ting-bah ah-che-tok
aforetime, adj.	tikba ma tingbahma	ting-bah mahn
afoul, adv.	isht oshkunapi ishtoshkánna'pi	ĭsht osh-kŭn-ah-pe
afraid, adj.	enukshopa inokshopa	ehn-nook-shoh-pah
after, adj.	ashaka ashaka'	ahn-shah-kah
aftermath, n.	atokla atóngla	ah-tong-lah
afternoon, n.	tabokoli otia tabookoli ootaya	tah-boh-koh-le oht-ah-yah
again, adv.	anoa anowa'	ah-nohn-ah
against, prep.	achapa achaapa	ah-chah-pah
agape, n.	tuklhepali taklhipali	tŭk-lhe-pah-le
age, n.	afummi holhtina afammi holhtina	ah-fŭm-me hohlh-te-nah
agent, n.	isht imutta ishtimatta'	ĭsht em-ŭt-tah

ENGLISH	CHICKASAW	PRONUNCIATION
aggravate, v.	apistekeli apistikili	ah-pes-te-ke-le
aghast, adj.	malhata malhata	mah-lhah-tah
agile, adj.	toshpa toshpa	tohnsh-pah
ago, adv.	cheki mushush chiiki mashaash	chee-ke mŭsh-ŭsh
agony, n.	impalummi impállammi	em-pah-lŭm-me
agree, v.	itibachufa ittibaachaffa	ĭt-e-bah-chŭf-ah
agriculturist, n.	osapa atoksuli osaapa' aatoksali'	oh-sah-pah ah-tohk-sŭl-le
ague, n.	yahna yahna	yah-nah
ah, exclamation	tah taa	tah
ahead, adv.	tikba hikia tikba' híkki'ya	tek-bah he-ke-yah
aid, v.	apelachi apilachi	ah-pe-lah-che
aide-de-camp, n.	ulhtoka apelachi alhtoka' apilachi'	ŭlh-toh-kah ah-pe-lah-che
ail, v.	abekama abiikama	ah-be-kah-mah
ailment, n.	abeka abika'	ah-be-kah
aim, v.	ulhpesachi alhpisa'chi	ŭlh-pe-sah-che
air, n. (light wind)	mahli mahli	mah-le
air, v. (ventilate)	hofka hofka	hohf-kah
aisle, n.	itatukla anowa ittatakla' aanowa'	ĭt-ah-tŭk-lah ah-nohn-wah
alert, adj.	toshpa toshpa	tohnsh-pah
alike, adj.	itihoba ittihooba	ĭt-e hoh-bah
alive, adj.	okcha okcháa	ok-chahn
all, adj.	moma móma	mohn-mah

ENGLISH	CHICKASAW	PRONUNCIATION
alligator, n.	hachuchuba hachanchaba'	hah-chŭn-chah-bah
allot, v.	kushkoli kashkoli	kŭsh-koh-le
ally, v.	apela apila'	ah-pe-lah
alms, n.	habenachi habinachi'	hah-be-nah-che
aloft, adv.	uba pila aba' pílla	ŭh-bah pe-lah
alone, adj.	ilachufasi ilachaffa'si	ĭl-ah-chuf-ah-se
along, adv.	abaiyachi abayyachi	ah-bah-yah-chc
alongside, adv.	abaiyachi abayyachi	ah-bah-yah-che
aloud, adv.	anumpa kullochi anompa kallochi	ah-noom-pah kŭl-loh-che
also, adv.	yummakya yammakya	yŭm-mŭk-yah
altar, n.	aiyukpachi aa-yokpachi'	ah-yook-pah-che
alter, v.	ilanchi i̱lánchi	ehn-lahn-che
altercate, v.	itachapa ittachaapa	ĭt-ah-chah-pah
altitude, n.	chaha chaaha	chah-hah
altogether, adv.	momalichi mo̱malínchi	mohn-mah-lehn-che
alum, n.	tulli hoya tali' hoyya'	tŭl-le ho-yah
always, adv.	bilia bílli'ya	bil-e-yah
amass, v.	itanali ittanahli	ĭt-ah-nah-le
ambassador, n.	anumpa shali anompa shaali'	ah-noom-pah shah-le
ambition, n.	aiimita ayiimita	ah-ee-me-tah
ambulance, n.	abeka shali abika shaali'	ah-bee-kah shah-le
amend, v.	ulhpisachi alhpisa'chi	ŭlh-pe-sah-che

ENGLISH	CHICKASAW	PRONUNCIATION
amends, n.	*i* kushofi inkashoffi	ehn-kŭsh-oh-fe
amid, prep.	aiikluna aaiklanna	ah-ek-lŭn-ah
amiss, adj.	yoshoba yoshoba	yoh-shoh-bah
amity, n.	*ik*ana ink<u>a</u>na	ehn-kahn-nah
among, prep.	ibat*a*kla ibaatángla	ee-bah-tŭng-lah
amour, n.	it*i*lomaka itt<u>i</u>lomaka	et-ehn-loh-mah-kah
ample, adj.	lawa lawa	lah-wah
amputate, v.	tuple tapli	tŭp-le
amuse, v.	ayukpa ayokpa	ah-yo͞ok-pah
ancestor, n.	*it*ikba intingba	ehn-ting-bah
ancient, adj.	sipokni sipokni	se-pohk-ne
and, conj.	an*o*a; micha an<u>o</u>wa'; micha	ah-nohn-ah; me-chah
andiron, n.	olhti *i* heoli olhti' <u>i</u>hiyohli'	olh-te-ehn-he-oh-le
anemia, n.	issish tobi isht abeka issish tohbi' ishtabika'	ĭss-ish toh-be ĭsht ah-be-kah
angel, n.	uba hatuk; enchil aba' hattak; inchil	ŭb-ah hah-tŭk:ehn-chel
anger, n.	hasha hashaa	hah-shah
angler, n.	nuni hot*o*si nani' hot<u>o</u>si'	nŭn-e hoh-tohn-se
angry, adj.	hasha hashaa	hah-shah
anguish, adj.	nukhumichi nokhammi'chi	no͞ok-hŭm-ee-che
animal, n.	nan okch*a* nannokch<u>á</u>a'	nahn ohk-chahn
animate, v.	okchali okchali	ohk-chah-le
ankle, n.	iyi imosak iyyi' imosak	ee-ye em-oh-sŭk

ENGLISH	CHICKASAW	PRONUNCIATION
announce, v.	anoli anoli	ah-nohn-le
annual, adj.	afummi afammi	ah-fŭm-me
annually, adv.	afummi afammi	ah-fŭm-me
annuity, n.	ilhpita ilhpita	elh-pe-tah
annul, v.	kashofi kashoffi	kah-shoh-fe
anoint, v.	lhilichi lhiilichi	lhe-le-che
anon, adv.	chikosi chikko'si	chek-oh-se
another, pro.	ila ila	ehn-lah
answer, n.	anumpa falama anompa falama'	ah-noom-pah fah-lah-mah
ant, n.	issosh issosh	ĭss-ohnsh
anthem, n.	taloa taloowa	tah-loh-ah
antique, n.	nasipokni naasipokni'	nah-se-pohk-ne
antlers, n.	lupish lapish	lŭp-ĭsh
anvil, n.	tuli aboa tali' aabo'wa'	tŭl-e ah-boh-ah
anxious, adj.	isht anukfilli ishtanokfilli	ĭsht ah-nook-fel-le
any, adj.	kanima kanihma	kah-nem-ahn
anybody, pro.	kana hokia kanahookya	kah-nah hoh-ke-ah
anything, pro.	nana hokia nannahookya	nah-nah hoh-ke-ah
apart, adv.	itifalummi ittifalammi	ĭt-ehn-fah-lŭm-me
apathy, n.	iknukhaklo iknokhánglo	ĭk-nook-hŭnk-loh
apparel, n.	nafoka naafokha	nah-foh-kah
apparition, n.	iholba iholba	ehn-hohl-bah

ENGLISH	CHICKASAW	PRONUNCIATION
appeal, v.	asilha asilhlha	ah-sĭlh-ah
appear, v.	haiyaka; oktunni hayaka; oktani	hah-yah-kah; ohk-tŭn-ne
appetite, n.	hopoba hopoba	hoh-poh-bah
apple, n.	takolo wasacha takolo wasacha'	tah-kohn-loh wah-sah- chah
applicant, n.	isht illibunna ishtilibanna	ĭsht el-lee-bŭn-nah
appoint, v.	atokoli atookoli	ah-toh-koh-le
appreciate, v.	ayukpachi ayokpánchi	ah-yook-pahn-che
approve, v.	ayukpachi ayokpachi	ah-yook-pah-che
April, n.	Eprul Iiplal	Ee-plŭl
apron, n.	tikba takali tikba' takaali'	tek-bah tah-kah-le
arbor, n.	chishako chishanko'	che-shahn-koh
arid, adj.	shila shila	she-lah
arise, v.	tani taani	tahn-e
ark, n.	peni piini'	pee-ne
arm, n.	shukba shakba'	shŭk-bah
armpit, n.	huktumpi haktampi'	hŭk-tŭm-pe
arms, n.	na-halopa naahaloppa'	nah-hah-loh-pah
army, n.	tushka chepota tashka chipota'	tŭsh-kah che-poh-tah
aroma, n.	belama bilama	be-lah-mah
arrest, v.	yukachi yokachi	yook-ah-che
arrival, n.	ula ala	ŭl-ah
arrive, v. (here)	ula ala	ŭl-ah

| --- | --- | --- |
arrive, v. (there)	ona ona	oh-nah
arrogant, adj.	ilahobi ilahobbi	el-ah-hoh-be
arrow, n.	oski nuki oski' naki'	oss-ke nŭk-e
arrowhead, n.	nuki-oshkibeli naki' oshkibili'	nŭk-e ohsh-ke-be-le
arrowpoint, n.	nuki halopa naki' haloppa'	nŭk-e hah-loh-pah
arroyo, n.	kolokbi kolokbi	koh-lohk-be
arsenal, n.	tanumpo aiiasha tanampo áyya'sha'	tah-noom-poh ah-yah-shah
arson, n.	aboa lowachi aboowa lowachi'	ah-boh-ah loh-wah-che
artery, n.	issish hina issish hina'	ĭss-ĭsh he-nah
article, n.	kashapa kashapa	kah-shah-pah
artificial, adj.	holba holba'	hohl-bah
asafetida, n.	ithensh ittish	et-heensh
ascend, v.	ubawa abaawaa	ŭb-ah-wah
ascertain, v.	akostinichi akostinichi	ah-kohs-te-ne-che
ash, n.	shinup tohbi shinap tohbi'	she-nŭp toh-be
ashes, n.	hotuk hottok	hoh-took
ashen, adj.	tokbakali tokbakali	tohk-bah-kah-le
ashamed, adj.	hofaya hofahya	hoh-fah-yah
aside, adv.	nuksika naksika'	nŭk-se-kah
ask, v.	asilha asilhlha	ah-sĭlh-ah
asleep, adj.	nusi nosi	noh-se
aslope, adj.	sukti sakti	sŭk-te

| --- | --- | --- |
asp, n.	sinti sinti'	sen-te
asparagus, n.	nawala naawalaa'	nah-wah-lah
aspen, n.	iti itti'	ĭt-e
aspic, n.	sinti sinti'	sen-te
aspiration, n.	foyopa foyopa	foh-yoh-pah
aspirin, n.	ithensh lhoboa ittish lhobowa'	ĭt-heensh lhoh-boh-ah
ass, n.	soba huksobish fala soba haksobish falaa'	soh-bah hŭk-soh-bish fah-lah
assail, v.	boli bo'li	boh-le
assassin, n.	hatuk isikopa hattak issikopa	hah-tŭk ĭss-e-koh-pah
assassination, n.	ubi abi	ŭb-e
assault, n.	boli bo'li	boh-le
assemble, v.	itafama ittafama	ĭt-ah-fah-mah
assent, v.	iti bachufa; imulhpisa ittibaachaffa; imalhpí'sa	ĭt-ee-bah-chŭf-ah; em-ŭlh-pe-sah
assertion, n.	omboli ombohli	ohm-boh-le
assess, v.	aiulli omboli ayalli' ombohli	ah-ŭl-le ohm-boh-le
assign, v.	atokoli atookoli	ah-toh-koh-le
assimilate, v.	itibafoka ittibaafokha	ĭt-e-bah-foh-kah
assist, v.	apela apila	ah-pe-lah
assistance, n.	apelachi apilachi	ah-pe-lah-che
assistant, n.	apela apila'	ah-pel-lah
associate, n.	itapeha ittapiha	ĭt-ah-pe-hah
association, n.	itibafoyoka ittibaafoyyokha	ĭt-e-bah-foh-yoh-kah

ENGLISH	CHICKASAW	PRONUNCIATION
assort, v.	kushkoli kashkoli	kŭsh-koh-le
assume, v.	isht illibunna ishtilibanna	ĭsht ĭl-le-bŭn-nah
assure, v.	imalhi imalhlhi	em-ahn-lhe
aster, n.	na pakali naapakali'	nah-pah-kahn-le
asthma, n.	shíkabi shinkabi	shehn-kah-be
astir, v.	ilhkoli ilhko'li	ĭlh-koh-le
astonish, adj.	malhata malhata	mah-lhah-tah
astray, adj.	yoshoba yoshoba	yoh-shoh-bah
astride, adv.	wakchalali wakchalali	wahk-chah lah-le
astute, adj.	illokchina ilokchina	ĭl-lohk-che-nah
asunder, adv.	palhata palhata	pah-lhah-tah
asylum, n.	huksiaiiasha haksi' áyya'sha'	hŭk-se ah-yah-shah
at, prep.	himonali himonali	heni-ohn-ahn-le
ate, v.	impa tok impatok	em-pah tohk
atheist, n.	Chihowa ikiyimmo Chihoowa ikiyimmo	che-hoh-wah ĭk-ehn-yem-moh
athirst, adj.	oka bunna oka' banna	okah bŭn-nah
athlete, n.	kelimpi kilimpi	ke-lem-pe
athwart, adv.	okwata okwataa	ohk-wah-tah
atone, v.	ilekashofa ilikashofa	ĭl-ee-kah-shoh-fe
attach, v.	aseteli asiitili	ah-see-te-le
attack, v. (verbal)	emiha imiha	ehn-me-hah
attack, v. (assault)	bohli bo'li	boh-le

ENGLISH	CHICKASAW	PRONUNCIATION
attain, v.	isht ona ishtona	ĭsht oh-nah
attempt, v.	miha miha	me-hah
attend, v.	apisachi apiisachi	ah-pe-sah-che
attendant, n.	apisachi apiisachi'	ah-pe-sah-che
attention, n.	anukfilli anokfilli	ah-nook-fel-le
attic, n.	aboa uba aboowa aba'	ah-boh-ah ŭb-ah
attire, n.	nafoka naafokha	nah-foh-kah
attorney, n.	isht imutta ishtimatta'	ĭsht em-ŭt-tah
auction, n.	isht tapala ishtaapaala	ĭsht tah-pah-lah
auctioneer, n.	nakanchi naakanchi'	nah-kŭn-che
audacious, adj.	ilefenachi ilifinhachi	ĭl-ee-fee-nah-che
audience, n.	hatuk lawa hattak lawa	hah-tŭk lah-wah
audit, n.	afanachi afaana'chi'	ah-fah-nah-che
auditor, n.	nanafanachi nannafaana'chi'	nahn-ah-fah-nah-che
August, n.	Akus Aakas	Ah-kŭs
aunt, n.	ishkosi ishko'si'	ĭsh-koh-se
austere, adj.	illekullochi ilikallochi	ĭl-le-kŭl-loh-che
authority, n.	atonochi atohnochi	ah-toh-noh-che
autumn, n.	hushtola ummona hashtola' ammo'na'	hŭsh-toh-lah ŭm-moh-nah
auxiliary, n.	akashumpa akaashampa'	ah-kah-shŭm-pah
avalanche, n.	okti shalutli okti' shalalli	ohk-te shah-lŭt-le
avaricious, adj.	nushkona noshkonna	noosh-kohn-ah

ENGLISH	CHICKASAW	PRONUNCIATION
avenge, v.	ifalamichi ifalammichi	ehn-fah-lah-me-che
aviary, n.	foshichuka foshinchokka'	fohsh-ehn-chook-ah
avid, adj.	amosholi amosholi	ah-mohn-shoh-le
avoid, v.	apakfota apakfoota	ah-pohk-foh-tah
await, v.	ihimmona ihímmo'na	ehn-hem-moh-nah
awake, v.	okchuli okchali	ohk-chŭ-le
away, adv.	misha pila misha' pílla	me-shah pel-lah
awful, adj.	apalummi aapalammi	ah-pah-lŭm-me
awl, n.	chofuk halopa chofaak haloppa	chon-fŭk hah-loh-pah
awoke, v.	okcha tok okchatok	ohk-chah tohk
ax, n.	oksifa oksifa'	ohk-sehn-fah
aye, adv.	bilia bílli'ya	bel-ee-yah

ENGLISH	CHICKASAW	PRONUNCIATION
babe, n.	puskush poskosh	poos-koosh
babies'-breath, n.	napakali naapakali'	nah-pah-kahn-le
baby, n.	puskush poskosh	poos-koosh
bachelor, n.	ikitti-halutlo ikittihaalallo	ek-it-te-hah-lŭt-loh
back, adv.	bukhitipli bakhitibli	bŭk-he-tĭp-le
back, n.	nulhchiba nalhchaba'	nŭlh-che-bah
backward, adv.	olbuluk olballak	ohl-bŭl-ŭk

ENGLISH	CHICKASAW	PRONUNCIATION
bacon, n.	shuka nipi shila shokha' nipi' shila'	shook-ah ne-pe she-lah
bad, adj.	ikaiyubo ikayyo'bo	ee-kah-yoh-boh
bag, n.	shukcha shokcha	shook-chah
baggage, n.	shapo shappo	shah-poh
bait, n.	isht holhtosi ishtholhtosi'	isht holh-toh-sc
bake, v.	nunachi nonachi	noh-nah-che
baker, n.	puska nunachi paska nonachi'	pǔs-kah noh-nah-che
bakery, n.	anunachi aanonachi'	ah-noh-nah-che
bald, adj.	masofa masofa	mah-sohn-fah
bale, n.	talukchi talakchi	tah-lǔk-che
ball, n. (dance)	hilha hilha	hǐlh-ah
ball, n. (game)	towa; ishtoli to'wa'; ishto'li'	toh-wah; ǐsh-toh-le
ball, n. (stick)	kapucha kapochcha	kah-pooch-ah
band, n. (head)	yachokoli yaachoko'li'	yah-choh-koh-le
band, n. (dress)	uskofa askoffa	ǔs-koh-fah
band, n. (musicians)	sonǔk ola sonak ola'	soh-nǔk oh-lah
band, n. (group)	itapeha ittapiha	ǐt-ah-pe-hah
bandanna, n.	inochi homa inno'chi' homma'	ehn-oh-che hoh-mah
bandit, n.	wepolichi wihpolichi'	weh-poh-lee-che
bang, adv.	kumuklichi kammakli'chi	kǔm-ǔk-lee-che
banish, v.	kuchichi kochchichi	kooch-e-che
banjo, n.	isht talhepa ishtalhipa'	ǐsht tah-lhe-pah

bank, n. (incline)	sukti sakti	sŭk-te
bank, n. (money repository)	touso abohli ta'osso' aabohli'	tou-soh ah-boh-le
banner, n.	shupha shapha	shŭp-hah
banquet, n.	lawa ittibaimpa lawa ittibaaimpa	lah-wah ĭt-te-bah-em-pah
bantam, n.	akak iskuno akankiskanno'	ah-kahnk iss-kŭn-oh
baptismo, n.	baptism baptismo	bŭp-tĭss-moh
baptize, v.	baptismochi baptismochi	bŭp-tĭss-moh-che
barbecue, n.	abani abaani	ah-bah-ne
bare, adj.	nafoka ikfokoh naafokha ikfo'ko	nah-foh-kah ek-foh-koh
barefoot, adj.	iyi bieka iyyi' bíyyi'ka	ee-ye be-ee-kah
bareheaded, adj.	nana ikyalhepelo nanna ikyaalhipi'lo	nah-nah ĭk-yah-lhe-pe-loh
barge, n.	peni piini'	pee-ne
bark, n. (tree)	iti hukshup itti' hakshop	ĭt-e hŭk-shoõp
bark, v. (dog)	wochi woochi	woh-che
bark, v. (fox)	kawa kawa	kahn-wah
barkeeper, n.	oka homi kunchi oka' homi' kanchi'	oh-kah hoh-me kŭn-che
barley, n.	onush onoosh	oh-noõsh
barn, n. (crib)	picha pichchaa	pĭch-ahn
barrel, n.	iti kolofa ishto itti' kolofa' ishto'	ĭt-e koh-loh-fah ĭsh-toh
barren, adj.	oshi iksho oshi' iksho	oh-she ĭk-shoh
barricade, n.	holita kullo holitta' kallo'	hoh-lĭt-ah kŭl-loh
barter, v.	itatoba ittatoba	ĭt-tah-toh-bah

ENGLISH	CHICKASAW	PRONUNCIATION
base, adj. (worthless)	okpulo okpolo	ohk-poh-loh
base, n.	ahikia aahíkki'ya'	ah-he-ke-ah
bashful, adj.	hofaya hofahya	hoh-fah-yah
basket, n.	kishi kishi	ke-she
bass, n.	nuni patussa nani' patassa'	nŭn-e pah-tŭss-ah
bastard, n.	chepota loma chipota lohma'	che-poh-tah loh-mah
bat, n. (mammal)	halambosha halambosha'	hah-lahm-boh-shah
bat, n. (ball)	towa ishtbohli to'wa' ishtbo'li'	toh-wah ĭsht boh-le
bath, n.	yupi yopi	yoh-pe
bathe, v.	yupi yopi	yoh-pe
battle, n.	itibi ittibi	ĭt-e-be
bawd, n.	hawi aboa isht utta hawi aboowa ishtatta'	hah-we ah-boa isht ŭt-tah
bawdry, n.	hawichi hawichi	hah-wee-che
bawdy, adj.	ikaiyubo ikayyo'bo	e-kah-yoh-boh
bawl, v.	woha wooha	woh-hah
bay, v.	woha wooha	woh-hah
bay, n.	oka afolota oka' aafolota	oh-kah ah-foh-loh-tah
beacon, n.	isht oktunni shopula ishtoktani' shoppala	ĭsht ohk-tŭn-ne shoh-poh-lah
bead, n.	oksup oksop	ohk-sōop
beagle, n.	ofi huksobish fala iskunno ofi' haksibish falaa' iskanno'	oh-fe hŭk-soh-bish fah-lah ĭss-kŭn-noh
beak, n.	ebichela ibichchala'	ee-bĭch-e-lah

21

ENGLISH	CHICKASAW	PRONUNCIATION
beam, n.	hushi tomi hashi' toomi'	hŭsh-e toh-me
bean, n.	bula bala'	bŭl-ah
bear, n.	nita nita'	ne-tah
bear, n. (young animal)	nitoshi nit-oshi'	ne-toh-she
beard, n.	nutakshish notakshish	noh-tŭk-shĭsh
bearer, n.	shali shaali	shah-le
beast, n.	nan-imilha nannimilhlha'	nahn-ĭm-ĭlh-ah
beat, v.	bohli bo'li	boh-le
beat, v. (grind)	hosi hosi	hoh-se
beat, v. (grind fine)	lopushkichi loposhkichi	loh-poosh-ke-che
beaten, adj.	bowa tok bo'watok	boh-wah tohk
beautiful, adj.	pisa chukma pisa-chokma	pe-sah chook-mah
beauty, n.	chukmasi chokma'si	chook-mah-se
beaver, n.	kinta kinta	ken-tah
beaver, n. (young)	kintoshi kintoshi'	ken-toh-she
because, conj.	pilla pílla	pel-lah
beckon, v.	ilbuk isht iwa ilbak ishtiwaa	el-bŭk ĭsht ehn-wah
bed, n.	topa topa	toh-pah
bed, n. (small)	toposhi top-oshi'	toh-poh-she
bedbug, n.	sonsh homa sosh homma'	sohnsh hoh-ma
bedding, n.	patulhpo patalhpo	pah-tŭlh-poh
bed-post, n.	topa iyi topa iyyi'	toh-pah ee-ye

ENGLISH	CHICKASAW	PRONUNCIATION
bedroom, n.	aboa anusi aboowa aanosi'	ah-boh-ah ah-noh-se
bedside, n.	topa nuksika topa naksika'	toh-pah nŭk-se-kah
bedtick, n.	patulhpo i shukcha patalhpo ishokcha	pah-tulh-poh ehn shook-chah
bedtime, n.	tushka aiona tashka aaona	tŭsh-kah ah-oh-nah
bee, n.	fohi fohi'	foh-he
beehive, n.	fohi i chukka fohi' inchokka'	foh-he-ehn-chook-ah
beeswax, n.	fohi hukmi fohi' hakmi'	foh-he hŭk-me
beef, n.	wak nipi waak nipi'	wahk ne-pe
beetle, n.	sonsh putha sosh patha	sohnsh pŭt-hah
before, prep.	tikbalichi tikbalínchi	tĭk-bah-lehn-che
beforehand, adv.	tikbalichi tikbalínchi	tĭk-bah-lehn-che
beg, v.	habena habina	hah-be-nah
beggar, n.	nan-habena naahabina'	nahn-hah-be-nah
beget, v.	ikbi; tobachi ikbi; tobachi	ĭk-be; toh-bah-che
begin, v.	isht aiya ishtaya	ĭsht ah-yah
begin to heal, v.	masali masali	mah-sah-le
behave, v.	chukmut utta chokmat atta	chook-mŭt ŭt-tah
behead, v.	ishkobo tuple ishkobo' tabli	ĭsh-koh-boh tŭp-le
beheaded, adj.	ishkobo tupa ishkobo' tapa'	ĭsh-koh-boh tŭp-ah
behind, prep.	ashaka ashaka'	ahn-shah-kah
being, n.	hatuk hattak	hah-tŭk
belch, v.	akiliwa akiilawa	ah-kĭl-e-wah
belief, n.	yimmi yimmi	yĭm-me

ENGLISH	CHICKASAW	PRONUNCIATION
believe, v.	yimmi yimmi	yĭm-me
believer, n.	na-yimmi naayimmi'	nah-yĭm-me
bell, n.	tulli ola tali' ola'	tŭl- le- oh-lah
belle, n.	eho himita ihoo himitta'	e-hoh he-mĭt-ah
bellow, v.	kiliya kiliya	ke-lehn-yah
bellows, n.	isht apofachi ishtapofachi'	ĭsht ah-pohn-fah-che
belly, n.	ittakoba ittakoba'	ĭt-tah-koh-bah
belong, v. (be owned)	immi immi'	em-me
belong, v. (be a part of)	ibachufa ibaachaffa	ee-bah-chŭf-ah
beloved, adj.	ihullo ihollo	ehn-hool-oh
below, prep.	nuta nota'	noh-tah
belt, n.	uskofa askoffa	ŭs-koh-fah
bench, n.	aiombinili fala aaombiniili' falaa	ah-ohm-be-ne-le fah-lah
bend, v.	bichutli bichotli	be-choot-le
beneath, prep.	nuta nota'	noo-tah
benediction, n.	tewupli tiwabli	tee-wŭp-le
benefactor, n.	ikana inkana'	ehn-kahn-nah
benefit, n.	ikana inkana'	ehn-kahn-nah
bent, adj.	bichota bichota	be-choh-tah
berate, v.	emiha imiha	ehn-me-hah
bereave, v.	nukhaklo nokhángklo	nook-hahnk-loh
bereavement, n.	nukhaklo nokhángklo	nook-hahnk-loh
beret, n.	yalhepa yaalhipa	yah-lhe-pah

| --- | --- | --- |
beside, prep.	nuksika pila naksika' pílla	nŭk-se-kah pe-lah
best, adj.	chukma imaiya chokma ímmayya	choŏk-mah em-ah-yah
bestow, v.	imma ima	em-mah
bet, v.	ittasita ittasiita	ĭt-tah-se-tah
betray, v.	huksichi haksichi	hŭk-se-che
better, adj.	pit chukma pitchóngma	pĭt choŏnk-mah
between, prep.	ittitakla ittintakla	ĭt-tĭn-tŭk-lah
bewail, v.	nukhaklo nokhángklo	noŏk-hahnk-loh
beware, v.	aha ahni ahaa' anhi	ah-hah ah-ne
bewitch, v.	hatuk okpunni hattak okpani	hah-tŭk ohk-pŭn-ne
beyond, adv.	misha pila misha' pílla	me-shah pe-lah
Bible, n.	Holisso Holitopa Holisso Holitto'pa'	hoh-lĭss-oh hoh-lĭt-oh-pah
bicker, v.	ittinukoa ittinókko'wa	ĭt-tehn-noŏk-oh-ah
bid, v. (offer price)	omboli ombohli	ohm-boh-le
bid, v. (greet)	aiyukpachi ayokpánchi	ah-yoŏk-pahn-che
big, adj.	ishto ishto	ĭsh-toh
bigamist, n.	eho i lawa ihoo ilawa	ee-hoh ehn lah-wah
Big Black River, n.	Bokoshi Losa Ishto Bookoshi' Losa' Ishto'	bohk-oh-she loh-sah ĭsh-toh
bile, n.	i lakna ilakna	ehn lŭk-nah
bilious, adj.	lakna i lawa lakna ilawa	lŭk-nah ehn lah-wah
bill, n.	ebichela ibichchala'	ee-bĭch-e-lah
billy, n. (club)	tapena tapinna	tah-pen-ah

ENGLISH	CHICKASAW	PRONUNCIATION
billy, n. (goat)	issi kosoma nukni issi' kosoma' nakni'	ĭss-e koh-soh-mah nŭk-ne
bin, n.	nan aiulhto nannaayalhto'	nahn ah-ŭlh-toh
bind, v.	tukchi takchi	tŭk-che
birch, n.	iti itti'	ĭt-e
bird, n.	foshi foshi'	foh-she
bird, n. (young)	foshoshi fosh-oshi'	fohsh-osh-e
birth, n.	utta atta	ŭt-tah
birthday, n.	aiuttatok nitak aayattatok nittak	ah-yŭt-tah tohk ne-tŭk
biscuit, n.	tiliko puska tili'ko' paska	te-le-koh pŭs-kah
bison, n.	yunush yanash	yŭn-ŭsh
bison, n. (young)	yunush oshi yanash-oshi'	yŭn-ŭsh oh-she
bit, v.	kise tok kisitok	kĭs-ee tohk
bit, n. (small piece)	chinimpoha chinimpoha	che-nĭm-poh-hah
bitch, n.	ofi tek ofi' tiik	oh-fe teek
bitter, adj.	tukba takba	tŭk-bah
black, adj.	losa losa	loh-sah
blackberry, n.	bissa bissa'	bĭss-ah
blackbird, n.	chulha losa cholhlha losa'	chŭlh-ah loh-sah
blacked (out), v.	oklhilikut ubanupli oklhilikat abaanabli	ohk-lhe-le-kŭt ŭb-ah- nŭp-le
blacken, v.	losachi losachi	loh-sah-che
black haw, n.	chunafala losa chonafalaa' losa'	choon-ah-fah-lah loh-sah
blackjack, n. (tree)	chiskilik chiskilik	chĭs-ke-lek

ENGLISH	CHICKASAW	PRONUNCIATION
blacksmith, n.	tulli bohli tali' bo'li'	tŭl-le boh-le
blade, n.	bushpo *i* halopa bashpo ihaloppa'	bŭsh-poh ehn hah-loh-pah
blame, v.	omboli ombohli	ohm-boh-le
blanch, v.	tohbichi tohbichi	toh-be-che
blanket, n.	nachi shobokoli naachi shobbokko'li'	nah-che shoh-boh-koh-le
blanket, v. (cover)	unchichi anchichi	ŭn-che-che
blare, v.	kullochi kallochi	kŭl-loh-che
blaspheme, v.	Chihowa kalukshichi Chihoowa kalakshichi	Che-hoh-wah kah-lŭk-she-che
blast, n.	mahli kullo mahli kallo	mah-le kŭl-loh
blaze, n.	kila kilaa	ke-lah
blaze, n. (mark cut on tree)	atulhichi atalhlhichi	ah-tŭlh-e-che
bleach, v.	tohbichi tohbichi	toh-be-che
bleat, n.	chukfi yah chokfi' yaa	chook-fe yah
bleed, v.	issish lhatapa issish lhatapa	ĭss- ĭsh lhah-tah-pah
bleed, v. (from nose)	ebekwa ibikwa	ee-be-kwah
blend, v.	ittibani ittibaani	ĭt-tee-bah-ne
bless, v.	holitopli holiitobli	hoh-le-tohp-le
blessed, adj.	holitopa holitto'pa	hoh-lĭt-oh-pah
blind, adj.	shamba shamba	shahm-bah
blind, adj. (born)	ikpiso utta tok ikpi'so attattook	ĭk-pe-soh ŭt-tah tohk
blindness, n.	ikpiso ikpi'so	ĭk-pe-soh
blink, v.	moshmoli moshmoli	mohsh-moh-le

ENGLISH	CHICKASAW	PRONUNCIATION
bliss, n.	ayukpa mihili ayokpa mihili	ah-yook-pah me-hehn-le
blister, n.	wokola wokkola	wohk-oh-lah
blizzard, n.	ayukmichi ayakmichi	ah-yŭk-me-che
bloat, v.	shatupli shatabli	shah-tŭp-le
blood, n.	issish issish	ĭss- ĭsh
bloodthirsty, adj.	ubi bunna abi banna	ŭb-e bŭn-nah
blood vessel, n.	issish i hina issish ihina'	ĭss-ĭsh ehn he-nah
bloody, adj.	issish bieka issish bíyyi'ka	ĭss-ĭsh be-ee-kah
bloom, v.	pakali pakali	pah-kahn-le
blossom, n.	pakali pakali	pah-kahn-le
blot, n.	leteli litihli	le-te-le
blow, v.	apofachi apofachi	ah-pohn-fah-che
blow, v. (horn)	olachi olachi	oh-lah-che
blower, n.	apofachi apofachi'	ah-pohn-fah-che
blue, adj.	okchamali okchamali	ohk-chah-mah-le
bluebell, n.	napakali okchamali naapakali okchamali	nah-pah-kahn-le ohk-cha-mah-le
bluebird, n.	chaholo chaholo	chahn-hoh-loh
blueing, n.	isht okchamali ishtokchamali	ĭsht ohk-chah-mah-le
bluff, n. (steep slope)	sukti sakti	sŭk-te
blunder, v.	ilhakofi ilhakoffi	ehn-lhah-koh-fe
blunt, adj.	ik halopo ikhaloppo	ĭk-hah-loh-poh
boar, n.	shukha nukni shokha' nakni'	shook-ah nŭk-ne

ENGLISH	CHICKASAW	PRONUNCIATION
board, n.	iti busha itti' basha'	ĭt-e bŭsh-ah
board, v. (food)	impa impa'	ĭm-pah
boast, v.	ilefenachi ilifinhachi	ĭl-ee-fe-nah-che
boat, n.	peni piini'	pe-ne
boat, n. (small)	penoshi piinoshi'	pe-noh-she
body, n.	huknip haknip	hŭk-nĭp
bog, n.	lhabeta lhabita	lhah-be-tah
boggy, adj.	lhabeta lhabita	lhah-be-tah
boil, v.	walhali walhaali	wah-lhah-le
boil, n. (skin infection)	hichubi hichabbi	he-chŭb-e
boiling, v.	walhali walhaali	wah-lhah-le
boils, n. (small)	hichushi hich-oshi'	hĭch-ohsh-e
boisterous, adj.	illoktunechi iloktanichi	ĭl-lohk-tun-ee-che
bold, adj.	iknukwaiyo iknokwa'yo	ĭk-no͞ok-wah-yoh
bondage, n.	yuka aiasha yoka' áyya'sha'	yo͞ok-ah ah-yah-shah
bondage, n. (in)	yuka ahanta yuka ahánta	yo͞ok-ah ah-hahn-tah
bondmaid, n.	eho yuka ihoo yoka'	ee-hoh yo͞ok-ah
bondsman, n.	hatuk yuka hattak yoka'	hah-tuk yo͞ok-ah
bond-servant, n.	yuka toksuli yoka toksali'	yo͞ok-ah tohk-sŭl-e
bone, n.	foni foni'	foh-ne
bonnet, n.	eho *i* yalhepa oshkoboli ihoo iyaalhipa oshkoboli'	eho ehn yah-lhe-pah ohsh-koh-boh-le
bony, adj.	foni bieka foni' bíyyi'ka	foh-ne be-ee-kah

ENGLISH	CHICKASAW	PRONUNCIATION
book, n.	holisso holisso	hoh-lĭss-oh
bookcase, n.	holisso aiulhto holisso aayalhto'	hoh-lĭss-oh ah-ulh-toh
bookkeeper, n.	holissochi holissochi'	hoh-lĭss-oh-che
bookmaker, n.	holisso ikbi holisso ikbi'	hoh-lĭss-oh ik-be
bookstore, n.	holisso achumpa holisso aachompa'	hoh-liss-oh ah-cho͡om-pah
boom, v.	tokafa tokafa	toh-kah-fah
boomer, mountain (lizard), n.	koi pachi kowi-paachi'	koh-e pahn-che
boost, v.	aiimitlichi ayiimillichi	ah-ee-mĭt-le-che
boot, n.	sholush chaha sholosh chaaha	shoh-lo͡osh chah-hah
boot, adj.	alapalichi alapalínchi	ah-lah-pahn-lehn-che
booth, n.	akanchi aboshi aakanchi' abooshi'	ah-kahn-che ah-boh-she
booze, n.	oka homi oka' homi'	oh-kah hoh-me
boozy, adj.	chukfoloha chokfoloha	cho͡ok-foh-loh-hah
bore, v. (drill)	fololi folohli	foh-loh-le
bore, v. (annoy)	atuklummi ataklammi	ah-tŭk-lŭm-me
born, v.	utta atta	ŭt-tah
borough, n. (town)	achumpa aachompa'	ah-cho͡om-pah
borrow, v.	pota ponta	pohn-tah
borrower, n.	nan-pota nannponta'	nahn pohn-tah
bosh, n.	yopola yoppola	yoh-poh-lah
bosom, n.	haship haship	hah-shĭp
both, adj.	tawa tawáa	tah-wahn

ENGLISH	CHICKASAW	PRONUNCIATION
bother, v.	atuklummi ataklammi	ah-tŭk-lŭm-me
bottle, n.	kitoba kitoba	ke-toh-bah
bottle, n. (flat)	kitoba latussa kitoba latassa'	ke-toh-bah lah-tŭss-ah
bottle, n. (leather)	kitoba shukcha kitoba shokcha'	ke-toh-bah shook-chah
bottle, v.	kitoba abehli kitoba abihli	ke-toh-bah ah-beh-le
bottom, n.	isht tatalaka ishtatalaka'	ĭsht tah-tah-la-kah
bottom, n. (land)	patassachi patassachi	pah-tah-sah-che
bough, n.	iti nuksish itti' naksish	ĭt-e nŭk-sĭsh
bought, v.	chumpa tok chompatok	choom-pah tohk
bounce, v.	bayochi baayo'chi	bah-yoh-che
bound, v. (leap)	sipowa siipo'wa	se-poh-wah
bound, v. (tied)	tukchi tok takchitok	tŭk-che tohk
bound, v. (set a limit)	yummut yammat	yŭm-mŭt
bow, n. (wooden weapon)	tanumpalhi tanampalhlhi'	tah-noom-pahn-lhe
bow, v. (bend the head)	oshchunoli oshchonoli	ohsh-choon-oh-le
bow, n (front part of ship)	peni ifolota piini' ifolota'	pee-ne ehn-foh-loh-tah
bowel, n.	sulhkona salhkona	sŭlh-koh-nah
bower, n.	chishako chishanko	che-shahn-koh
bowl, n. (deep dish)	umposhi hofobi amposhi' hofobi'	ŭm-poh-she hoh-foh-be
bowl, n. (small deep dish)	umposhi hofobi iskuno amposhi' hofobi' iskanno'	ŭm-poh-she hoh-foh-be ĭss-kŭn-oh
bowman, n.	tanumpalhi eshi tanampalhlhi' i'shi'	tah-noom-pahn-le ehn-she
bowstring, n.	tanumpalhi isht talukchi tanampalhlhi' ishtalakchi'	tah-noom-pahn-lhe ĭsht tah-lŭk-che

box, n. (container)	nan aiulhto nannaayalhto'	nahn ah- ŭlh-toh
box, v. (slap)	pusuklichi pássakli'chi	pŭs-ŭk-le-che
boy, n.	chepota nukni chipota nakni'	che-poh-tah nŭk-ne
brad, n.	isht akullochi ishtakallochi	ĭsht ah-kŭl-loh-che
brag, n.	isht ilahobi ishtilahobbi	ĭsht ĭl-ah-hoh-be
braggart, n.	ilefenachi ilifinachi	ĭl-ee-fe-nah-che
braid, n.	hotanufo hootánnafo	hoh-tah-nŭf-oh
brain, n.	lupi lopi'	loh-pe
brainy, adj.	illokchina ilokchina	ĭl-lohk-che-nah
brake, n.	isht helichi ishthilichi'	ĭsht he-le-che
bramble, n.	kuntuk kantak	kŭn-tŭk
bran, n.	hasholuk hashollok	hah-shohn-lŭk
branch, n. (of a tree)	iti nuksish itti' naksish	ĭt-e nŭk-sĭsh
branch, n. (stream)	fapili faapili	fah-pe-le
brand, n. (mark)	isht *i* chuli ishtincho'li'	ĭsht ehn choo̅-le
branding iron, n.	tulli isht *i* chuli tali' ishtincho'li'	tŭl-le ĭsht ehn choo̅-le
brandy, n.	oka homi oka' homi'	oh-kah hoh-me
brass, n.	tulli lakna tali' lakna'	tŭl-le lŭk-nah
brass kettle, n.	sonuk lakna sonak lakna'	soh-nŭk lŭk-nah
brat, n.	chepota ikhaponaklo chipota ikhaponaklo	che-poh-tah ĭk-hah-pohn-ŭk-loh
brave, adj.	ikimilho ikimilhlho	ek-ee-mĭlh-oh
brawl, v.	itti̲nukowa itti̲nókko'wa	ĭt-tehn-nohk-oh-wah

ENGLISH	CHICKASAW	PRONUNCIATION
breach, n.	kobuffi kobaffi	koh-bŭf-fe
bread, n.	puska paska	pŭs-kah
bread, n. (shuck)	banaha banaha	bah-nah-hah
breadth, n.	putha patha	pŭt-hah
break, n. (of day)	onut minti onat minti	ohn-ŭt mĭn-te
break, v. (promise)	kobuffi kobaffi	koh-bŭf-fe
break, v. (in pieces)	bosholi boshohli	boh-shoh-le
break, v. (law)	nan ulhpisa kobuffi nannalhpisa' kobaffi	nahn ŭlh-pe-sah koh-bŭf-fe
break, v. (off pieces)	tushtoli toshtoli	toosh-toh-le
break, v. (open)	tiwi tiwwi	te-we
break, v. (egg)	koli kooli	koh-le
breakfast, n.	nitaki impa nittaki' impa'	ne-tŭk-e em-pah
breast, n.	haship haship	hah-ship
breastbone, n.	haship foni haship foni'	hah-shĭp foh-ne
breath, n.	foyopa foyopa	foh-yoh-pah
breath, give, v.	foyopachi foyopachi	foh-yoh-pah-che
breathe, v.	foyopa foyopa	foh-yoh-pah
breeches, n.	balafoka balaafokha'	bah-lah-foh-kah
breeze, n.	mahli ik kullo mahli ikkallo	mah-le ĭk-kŭl-loh
brethren, n.	itibapishi ittibaapishi	ĭt-e-bah-pe-she
briar (brier), n.	kuntuk kantak	kŭn-tŭk
bribe, v.	huksichi haksichi	hŭk-se-che

ENGLISH	CHICKASAW	PRONUNCIATION
brick, n.	lokfi toba lokfi' toba'	lohk-fe toh-bah
bride, n.	himona itihalutli himona ittihaalalli'	hĭm-oh-nah ĭt-e-hah-lŭt-le
bridge, n.	ulhchuba alhchaba	ŭlh-chŭb-ah
bridle, n.	kapali kapali	kah-pah-le
bridle, v.	soba kapachi soba kapachi	soh-bah kah-pah-che
bridle bit, n.	tulli soba kapali tali' soba kapali'	tŭl-le soh-bah kah-pah-le
bridle reins, n.	soba kapali isht talakchi soba kapali' ishtalakchi'	soh-bah-kah-pah-le ĭsht tah-lŭk-che
brief, adj.	tilofasi tilofa'si	te-lohn-fah-se
brig, n.	yuka isht shali peni yoka' ishtshaali' piini'	yook-ah ĭsht shah-le pe-ne
bright, adj.	shukmalali shokmalali	shook-mah-lah-le
brightness, n.	shukmalali shokmalali	shook-mah-lah-le
brighten, v.	shukmalalichi shokmalalichi	shook-mah-lah-le-che
brim, n. (hat)	imputha impatha'	ĭm-pŭt-hah
brim, v.	alotoa alótto'wa	ah-loht-oh-ah
brimstone, n.	hotuk lakna hottok lakna'	hoh-took lŭk-nah
brindle, n. (animal)	kama kamaa	kah-mah
brine, n.	hupi okchi hapi' okchi'	hŭp-e ohk-che
brine spring, n.	kulli hupi oka kali hapi' oka'	kŭl-le- hŭp-e oh-kah
bring, v.	isht minti ishtminti	ĭsht mĭn-te
bring back, v.	falummichit isht ula falammichit ishtala	fah-lŭm-me-chĭt ĭsht ŭl-ah
brisk, adj.	toshpa toshpa	tohnsh-pah
broad, adj.	putha patha	put-hah

ENGLISH	CHICKASAW	PRONUNCIATION
broil, v.	apushli aposhli	ah-poosh-le
broken, adj. (with singular)	kobafa kobafa	koh-bah-fah
broken, adj. (with plural)	kobali kobahli	koh-bah-le
broncho, n.	soba immilha soba imilhlha'	soh-bah ĭm-mĭlh-ah
brook, n.	fapili faapili	fah-pe-le
broom, n.	isht piha ishtpiha'	ĭsht pe-hah
broomstick, n.	isht piha alhpi ishtpiha' aalhpi'	ĭsht pe-hah ahlh-pe
broth, n.	nipi okchi nipi' okchi'	ne-pe ohk-che
brother, n. (to a girl)	i̱nukfi i̱nakfi'	ehn-nŭk-fe
brother, n. (to a boy)	itibapishi ittibaapishi	ĭt-e bah-pe-she
brought, v.	isht ula tok ishtalatok	ĭsht ŭl-lah tohk
brow, n.	itifo̱n ittifon	ĭt-e fohn
brown, adj.	lusaiyi losayyi	lohs-ah-ye
bruin, n.	nita nita'	ne-tah
bruise, v.	lotoli lotooli	loh-toh-le
brush, n. (tool)	isht abi ishtaabi'	ĭsht ah-be
brush, n. (undergrowth)	iti shawa itti' shawwa'	ĭt-e sha-wah
brush, v. (wipe)	kashochi kashoochi	kah-shoh-che
buck, n.	lapita lapitta	lah-pe-tah
bucket, n.	oka isht ochi oka' ishtoochi'	oh-kah ĭsht oh-che
bucksaw, n.	iti isht busha itti' ishtbasha'	ĭt-e ĭsht bah-shah
buckskin, n.	tulhko talhko	tŭlh-koh

ENGLISH	CHICKASAW	PRONUNCIATION
bud, n.	apakali tobachi aapakali' tobachi'	ah-pah-kahn-le toh-bah-che
buffalo, n.	yunush yanash	yŭn-ŭsh
buffalo, n. (young)	yunush oshi yanash-oshi'	yŭn-ŭsh ohsh-e
buffalo lick, n.	yunush i lukfupa yanash ilokfapa'	yŭn-ŭsh ehn look-fah-pah
buffalo skin, n.	yunush hukshup yanash hakshop	yŭn-ŭsh hŭk-shoop
bug, n.	issosh issosh	ĭss-ohnsh
bug, n. (red)	wushko washko	wŭsh-koh
buggy, n.	chuna oshi chanaa' oshi'	chŭn-ah ohsh-e
build, v.	ikbi ikbi	ĭk-be
build fire, v.	loak oti lowak ooti	loh- ŭk oh-te
build a log house, v.	aboa itabana ikbi aboowa ittabaana' ikbi	ah-boh-ah ĭt-ah-bah-nah ĭk-be
bull, n.	waka nukni waaka' nakni'	wah-kah-nŭk-ne
bulldog, n.	ofishkobishto ofishkobishto'	ohf- ĭsh-koh-bĭsh-toh
bullet, n.	nuki lombo naki' lómbo	nŭk-e lohm-boh
bullfrog, n.	halilawi ishto halilawi' ishto'	hah-lehn-lah-we ĭsh-toh
bullfrog, n. (young)	halilawi oshi halilawi' oshi'	hah-lehn-law-we ohsh-e
bullhead, n. (catfish)	tukha takha'	tŭk-hah
bum, n.	na-habena naahabina	nah-hah-be-nah
bumblebee, n.	hosino hosiino	hoh-se-noh
bump, v.	isht titilisso ishtittilisso	ĭsht tĭt-ĭl-ĭss-oh
bun, n.	puska lombo paska lómbo'	pŭs-kah lohm-boh
bundle, n.	bokshikofa bokshikofa	bohk-she-koh-fah

ENGLISH	CHICKASAW	PRONUNCIATION
bungalow, n.	aboa aboowa	ah-boh-ah
bunk, n.	anusi aanosi'	ah-noh-se
bunk, n. (nonsense)	yopola yoppola	yoh-poh-lah
bunny, n.	chukfi chokfi	chook-fe
bur, n.	shomutik shommatik	shoh-mŭt-ĭk
burden, v.	*i* wekichi iwiikichi	ehn wee-ke
burdensome, adj.	weki wiiki	wee-ke
burglar, n.	nahokopa naahonkopa'	nah-hohn-koh-kah
buried, v.	hohpi tok hoppitok	hoh-pe tohk
burlap, n.	shukcha kullo shokcha kallo'	shook-chah kŭl-loh
burn, v.	loah lowa	loh-wah
burn, n. (a place to)	aloachi aalowachi'	ah-loh-ah-che
burnt, adj.	loah tok lowatok	loh-ah tohk
burro, n.	soba huksobish fala soba haksobish falaa'	soh-bah hŭk-soh-bish fah-lah
burrow, n.	yakni kolla yaakni' kola'	yahk-ne kohl-lah
burst, v.	tokafa tokafa	toh-kah-fah
bury, v.	hohpi hohpi	hoh-pe
burying ground, n.	aholopi aaholoppi'	ah-hoh-lohp-e
bus, n.	hatuk shali hattak shaali'	hah-tŭk shah-le
bush, n.	ochololi onchololi	ohn-choh-loh-le
bushel, n.	ulhpisa chufa alhpisa chaffa	ŭlh-pe-sah chŭf-ah
bushy, adj.	abokoli abokkoli	ah-boh-koh-le

ENGLISH	CHICKASAW	PRONUNCIATION
business, n.	im alummi imaalami	ĭm ah-lŭm-me
bust, n.	haship haship	hah-shĭp
busde, n. (commotion)	shukupli shakabli	shŭk-ŭp-le
busy, adj.	atuklama ataklama	ah-tŭk-lah-mah
but, conj.	tuk kia tookya	tŏok-ke-ah
butcher, n.	nipi bushli nipi' bashli'	ne-pe bŭsh-le
butter, n.	pishokchi niha pishokchi' niha'	pĭsh-ohk-che ne-hah
butterfly, n.	hatulhpushik hatalhposhik	hah-tŭlh-poh-shĭk
buttermilk, n.	pishokchi aniha pishokchi' aaniha'	pĭsh-ohk-che ah-ne-hah
button, n.	na isht akullochi naaishtakallochi'	nah-ĭsht ah-kŭl-loh-che
button, n. (door)	okhissa isht akullochi okkissa' ishtakallochi'	ohk-hĭss-ah- ĭsht ah-kŭl-loh-che
buttonhole, n.	na isht akullochi ishkin naaishtakallochi' ishkin	nah-ĭsht-ah-kŭl-loh-che ĭsh-kĭn
buttonwood, n. (sycamore)	sini sini	se-ne
buxom, adj.	kelimpi kilimpi	ke-lem-pe
buy, v.	chumpa chompa	chŏom-pah
buyer, n.	nana chumpa nanna chompa'	nah-nah chŏom-pah
buzz, v.	timihachi timiihachi	te-me-hah-che
buzzard, n.	sheki shiiki	shee-ke
by, prep.	otaiya ootaya	oht-ah-yah
by and by, adv.	himmakma himmakma	hem-mŭk-mahn

C

ENGLISH	CHICKASAW	PRONUNCIATION
cab, n.	hatuk shali hattak shaali'	hah-tuk shah-le
cabbage, n.	tohi tohi'	toh-he
cabin, n.	chuka iskuno chokka' iskanno'	chook-ah ĭss-kŭn-oh
cachinnate, v.	olulli kullochi ollali kallochi	oh-lŭl-le kŭl-loh-che
cackle, v.	taktaha taktaha	tŭk-tah-hah
cadaver, n.	hatuk illi hattak illi'	hah-tŭk-ĭl-le
cafe, n.	aboa aiimpa aboowa aaimpa'	ah-boh-ah ah-em-pah
cage, bird, n.	foshichuka foshinchokka'	fohsh-ehn-chook-ah
cage, lion, n.	koi ishto i chukka kowishto' inchokka'	koh-e ĭshto ehn chook-ah
cahoots, n.	itibachufa ittibaachaffa	ĭt-e-bah-chŭf-ah
cajole, v.	yimmichi yimmichi	yĭm-me-che
cake, n.	puska chumpoli paska champoli'	pŭs-kah chŭm-poh-le
calabash, n.	lokush lokosh	loh-koosh
calamity, n.	aiokpuloka aayokpolloka'	ah-ohk-poh-loh-kah
calculate, v.	hotina hotihna	hoh-te-nah
caldron, n.	iyasha ishto iyyaa-asha' ishto'	ee-yah shah-ĭsh-toh
calf, n.	wak-oshi waakoshi'	wahk-oh-she
calfskin, n.	wak-oshi hukshup waakoshi' hakshop	wahk-oh-she hŭk-shoop
calico, n.	nafoka toba naafokha toba'	nah-foh-kah toh-bah

ENGLISH	CHICKASAW	PRONUNCIATION
call, v.	iwa iwaa	ehn-wah
called, v.	iwa tok iwaatok	ehn-wah tohk
calm, adj.	chukilissa; likinta chokkilissa, likinta	chook-e-lĭss-ah; le-kĭn-tah
calm, v. (to pacify)	hopolhachi hopoolhachi	hoh-polh-ah-che
calmness, n.	chukilissa; likinta chokkilissa, likinta	chook-e-lĭss-ah; le-kĭn-tah
calomel, n.	ithensh ittish	ĭt-hensh
calumet, n.	chumak shoti chomak shooti'	cho-mŭk shoh-te
camel, n.	soba kibikshi soba kibikshi'	soh-bah ke-bĭk-she
camera, n.	isht holbachi ishtholbachi'	ĭsht hohl-bah-che
camp, n.	ulbina albina	ŭl-be-nah
camp, v.	ulbinachi albinachi'	ŭl-be-nah-che
camper, n.	ulbi-nachi albinachi'	ŭl-be-nache
camphor, n	kenfoyo kinfoyo	ken-foh-yoh
can, v.	hebieka hibíyyi'ka	he-be-ee-kah
canal, n.	oka i hina oka' ihina'	oh-kah-ehn-he-nah
canary, n.	foshi taloa foshi' taloowa'	foh-she tah-loh-ah
cancel, v.	kashofi kashoffi	kah-shoh-fe
cancer, n.	ilapitupa ilaap intapa'	ĭl-ah-pen-tup-ah
candidate, n.	ilipafi ilipafi	ĭl-ee-pahn-fe
candle, n.	shopula ukmi shoppala' akmi'	shoh-pŭ-lah ŭk-me
candy, n.	shokola ukmi shookola' akmi'	shoh-koh-lah ŭk-me
cane, n. (reed)	oski oski'	oss-ke

ENGLISH	CHICKASAW	PRONUNCIATION
cane, walking, n.	isht tilombitka ishtilombitka'	ĭsht tĭl-ohm-bĭt-kah
canine, n.	ofi ofi'	oh-fe
cannibal, n.	hatuk upa hattak-apa'	hah-tŭk-ŭp-ah
cannon, n.	tanumpo ishto tanampo ishto'	tah-noom-poh ĭsh-toh
cannonball, n.	tanumpo i nuki tanampo ishto inaki'	tah-noom-poh isht-oh ehn nŭk-e
canoe, n.	peni iskuno piini' iskanno'	pe-ne ĭss-kŭn-oh
canoe (long), n.	peni fala piini' falaa'	pe-ne fah-lah
cantaloupe, n.	olbi chumpoli olbi champoli'	ohl-be chŭm-poh-le
canvas, n.	ulhtipo alhtipo	ŭlh-te-poh
canyon, n.	kolokbi kolokbi	koh-lohk-be
cap, n.	yalhepa oshkoboli yaalhipa oshkoboli'	yah-lhe-pah ohsh-koh-boh-le
capable, adj.	impona imponna	ĭm-pohn-ah
cape, n.	unchi a'chi'	ŭn-che
caper, v.	sipowa siipo'wa	se-poh-wah
capital, n. (letter beginning a sentence or proper noun)	nana isht aoktunni nanna ishtaayoktani	nah-nahĭshtah-ohk-tŭn-ne
capitol, n.	nan apisa aboa nannapiisa' aboowa	nahn a-pe-sah ah-boh-ah
capsize, v.	feleta filita	fe-le-tah
capsule, n.	ithensh aiulhto ittish aayalhto'	ĭt-hensh ah-ŭlh-toh
captivate, v.	yukachi yokachi	yook-ah-che
captor, n.	yukachi yokachi'	yook-ah-che
capture, v.	yukachi yokachi	yook-ah-che

ENGLISH	CHICKASAW	PRONUNCIATION
captured, v.	yukachi tok yokachittook	yook-ah-che tohk
car, n.	chunali shepa chanalli' shiipa'	chŭn-ah-le shee-pah
caravan, n.	itapehut tanoa ittapihat tanówa	ĭt-ah-pe-hut tah-nohn-ah
carbine, n.	tanumpo tanampo	tah-noom-poh
carbuncle, n.	hichubi hichabbi	he-chŭb-e
carcass, n.	nan illi nannilli'	nahn-ĭl-le
care, v.	nan isht ahni nannishtahni	nahn ĭsht ah-ne
caress, v.	hapashechi hapashshichi	hah-pahn-she-che
cargo, n.	ulhpoyak alhpooyak	ŭlh-poh-yŭk
caribou, n.	issi lupish putha issi' lapish patha'	ĭss-e lŭp-ĭsh pŭt-hah
carnage, n.	lawasht ubi lawasht abi	lah-washt ŭb-e
carouse, v.	illihuksichit noa ilihaksichit nowa	ĭl-le-hŭk-se-chĭt nohn-ah
carp, n.	nunni kullo nani' kallo'	nŭn-ne kŭl-loh
carpenter, n.	chuka ikbi chokka' ikbi	chook-ah ĭk-be
carpet, n.	uka ompatulhpo akka' ompatalhpo'	ŭk-ah ohm-pah-tŭlh-poh
carriage, n.	iti chuna oshi itti' chanaa-oshi'	ĭt-te chŭn-ah oh-she
carrier, n.	isht aiya ishtaya	ĭsht ah-yah
carry, v.	sholi shooli	shoh-le
cart, n.	iti chuna oshi itti' chanaa-oshi'	ĭt-e chŭn-ah oh-she
carton, n.	holisso sutko nan-aiulhto holisso sotko' nanaayalhto'	hoh-lĭss-oh soot-koh nahn-ah-ŭlh-toh
cartridge, n.	nuki naki'	nŭk-e
carve, v.	bushli bashli	bŭsh-le

ENGLISH	CHICKASAW	PRONUNCIATION
case, n.	aiulhto aayalhto'	ah-ŭlh-toh
case knife, n.	bushpo isht impa bashpo ishtimpa'	bŭsh-poh ĭsht ĭm-pah
cash, n.	tulli holisso tali' holisso'	tŭl-le hoh-lĭss-oh
cask, n.	iti kolofa ishto itti' kolofa' ishto'	ĭt-e koh-loh-fah ĭshto
casket, n.	illi *i* tubi illi' intoobi'	ĭl-le ehn tū-be
cast, v.	pit kanchi pitkanchi	pĭt kŭn-che
cast away, v.	kunia pit kanchi kaniya' pitkanchi	kŭn-e-ah pĭt-kŭn-che
cast back, v.	falummichit pit kanchi falammichit pitkanchi	fah-lŭm-me-chĭt pĭt kŭn-che
cast into fire, v.	loak tokanchi lowak tokánchi	loh-ŭk toh-kŭn-che
castrate, v.	hobuk ikbe hobak ikbi	hoh-bŭk ik-be
castrated, adj.	hobuk hobak	hoh-bŭk
cat, n.	koi kowi'	koh-e
catacomb, n.	illi aiasha illi' áyya'sha'	ĭl-le ah-ah-shah
catamount, n.	koi imilha kowi' imilhlha'	koh-e eemĭlh-ah
catch, v.	yukli yokli	yo͞ok-le
catcher, n.	nayukli naayokli'	nah-yo͞ok-le
caterpillar, n.	isht toksuli ishtoksali'	ĭsht tohk-sŭl-e
caterpillar (larvae), n.	haiowuni hayowani'	hah-yoh-woh-ne
catfish, n.	tukha takha'	tŭk-hah
cattail, n.	punti panti'	pŭn-te
cattish, adj.	koi ahoba kowi' ahooba	koh-e ah-hoh-bah
cattle, n.	wakulhpoba waakalhpooba'	wahk-ŭlh-poh-bah

ENGLISH	CHICKASAW	PRONUNCIATION
caution, n.	olubbi olabi	ohn-lŭb-be
cautious, adj.	yukomi ahni yakohmi anhi	yŭk-oh-me ah-ne
cavalry, n.	soba ombinili tushka chepota soba ombiniili' tashka' chipota'	soh-bah ohm-be-ne-le tŭsh-kah che-poh-tah
cave, n.	yakni choluk yaakni' cholok	yahk-ne choh-look
cavern, n.	yakni choluk ishto yaakni' cholok ishto'	yahk-ne choh-look ĭsh-toh
cavity, n.	okatakafa okaatakafa	okah-tah-kah-fah
cavort, v.	kaiyulli kayalli	kah-yŭl-le
caw, v.	fula ola hobachi fala' ola hobachi	fah-lah oh-lah hoh-bah-che
cayenne, n.	homi homi homi homi	hoh-me hoh-me
Cayuga, n.	hatuk upi homa falummi aminti hattak api' homma' falammi aaminti'	hah-tŭk ŭp-e hoh-mah fah-lŭm-me ah mĭn-te
Cayuse, n.	okloshi okloshi'	ohk-loh-she
cease, v.	aiissachi tok aaissachitok	ah-ĭss-ah-che tohk
ceaseless, adj.	hika iksho hika iksho	he-kah ĭk-shoh
cedar, n.	chuahla chowala	choo-ahn-lah
cede, v.	ulhpisa imahni alhpisa imanhi	ŭlh-pe-sah ĭm-ah-ne
celebrate, v.	aiyukpachi ayokpachi	ah-yook-pah-che
celestial, adj.	uba yakni aba' yaakni'	ŭb-ah yahk-ne
cellar, n.	yakni choluk aboa yaakni' cholok aboowa	yahk-ne choh-look ah-boh-ah
cement, n.	tulli foloa tali' folowa'	tŭl-le foh-loh-ah
cemetery, n.	illi aiiasha illi' áyya'sha'	ĭl-le ah-yah-shah

| --- | --- | --- |
census, n.	hatuk holhtina hattak holhtina	hah-tŭk hohlh-te-nah
cent, n.	sint lakna sint lakna	sent lŭk-nah
center, v.	itimiklunna ittimiklanna	ĭt-em-ĭk-lŭn-nah
centipede, n.	iyi lawa iyyi' lawa	ee-ye lah-wah
central, adj.	iklunna iklanna'	ĭk-lŭn-nah
century, n.	afummi talhepa chufa afammi talhipa' chaffa	ah-fŭm-me tah-lhe-pah chŭf-ah
ceremony, n.	aiyukpachi ayokpachi	ah-yook-pah-che
certain, adj.	yumma fehna yamma finha	yŭm-mah-fee-nah
certainly, adv.	aialichi aayalhlhínchi	ah-lhen-che
certificate, n.	holisso isht alhi holisso ishtalhlhi'	hoh-lĭss-oh ĭsht ahn-lhe
certify, v.	atokoli atookoli	ah-toh-koh-le
cessation, n.	aiissachi aaissachi	ah-ĭss-ah-che
cession, n.	imissa imaaissa	im-ah-ĭss-ah
chafe, v.	yawochi yawoochi	yah-woh-che
chain, n.	itatakulli ittatakali'	ĭt-tah-tahk-ŭl-le
chain, n. (iron)	tulli itatakulli tali' ittatakali'	tul-le ĭt-tah-tahk-ŭl-le
chair, n.	aiombinili aaombiniili'	ah-ohm-be-ne-le
chair leg, n.	aiombinili iyi aaombiniili' iyyi'	ah-ohm-be-ne-le ee-ye
chairman, n.	pelichi pihli'chi'	pe-le-che
chalk, n. (for writing)	isht holisso chi tohbi ishtholissochi' tohbi'	ĭsht hoh-lĭss-oh-che toh-be
chalk, n. (for molding)	lokfi tohbi lokfi' tohbi'	lohk-fe toh-be
challenge, n.	pafi; hutiba pafi, hattiba	pahn-fe; hŭt-e-bah

ENGLISH	CHICKASAW	PRONUNCIATION
challenger, n.	pafichi pafichi'	pahn-fe-che
chamber, n.	aboa anusi aboowa aanosi'	ah-boh-ah ah-noh-se
chambray, n.	nofka toba naafka' toba'	nof-kah toh-bah
chameleon, n.	toksalapa illelachi toksala'pa' ililánchi'	tohk-sah-lah-pah ĭl-lehn-lahn-che
champion, n.	moma immaiachi móma ímmayyachi	mohn-mah im-mah- yah-che
change, v.	ilanchi ilánchi	ehn-lahn-che
chant, v.	taloa taloowa	tah-loh-ah
chap, n.	chepota chipota	che-poh-tah
chap, v.	hoshiko hoshinko	hoh-shehn-koh
chaparral, n.	foshi pulhki foshi' palhki'	foh-she pŭlh-ke
chapel, n.	aiitanaha aaittanaha'	ah-ĭt-tah-nah-hah
charcoal, n.	iti tobuksi itti' tobaksi'	ĭt-e toh-bŭk-se
charge, v.(set a price)	ahekachi ahiikachi	ah-he-kah-che
charge, v. (attack)	afama afaama	ah-fah-mah
chariot, n.	chunapulhki chanaapalhki'	chŭn-ah-pŭlh-ke
charity, n.	i hullo ihollo	ehn hool-loh
charm, n. (fascination)	achamupli aachamabli	ah-chah-mŭp-le
charm, n.	fuppo fappo	fŭp-poh
charwoman, n.	eho toksuli ihoo toksali'	ee-hoh tohk-sul-e
chase, v.	lheoli lhiyohli	lhe-oh-le
chasm, n.	yakni kolukbi yaakni' kolokbi'	yahk ne koh-look-be
chaste, adj.	alhpisa alhpisa	ahlh-pe-sah

| --- | --- | --- |
chastise, v.	emeha imiha	ehn-me-hah
chat, v.	it-im-anumpoli ittimanompoli	ĭt-ĭm-ah-noom-poh-le
chatter, v.	labachi labaachi	lah-bah-che
cheap, adj.	ulhchona alhchóna	ŭlh-chohn-nah
cheat, v.	huksichi haksichi	hŭk-se-che
check, n. (written order to pay money)	isht ulhtoba holisso ishtalhtoba holisso	ĭsht ŭlh-toh-bah hoh- lĭss-oh
check, v.	atupli aatabli	ah-tŭp-le
cheek, n.	itisukpa ittisakpa'	ĭt-e-sŭk-pah
cheer, v.	yemitlechi yiimillichi	ye-mĭt-le-che
cheerful, adj.	ayukpa ayokpa	ah-yook-pah
cheese, n.	pishokchi paluska pishokchi' palaska'	pĭsh-ohk-che pah-lŭss-kah
chef, n.	hopohni hopo'ni'	hoh-poh-ne
chemise, n.	eho i anoka fohka ihoo ianonka' fo'kha'	ee-hoh ehn ah-nohn-kah foh-kah
chenille, n.	chafochi obinochi chaafoochi' ombinoochi'	chah-foh-che ohn-be-noh-che
cherish, v.	i hullo ihollo	ehn hool-loh
Cherokee, n.	Chalukki Chalakki'	chah-lŭk-ke
cherry, n.	iti alikchi itti' alikchi'	ĭt-e ah-lĭk-che
chest, n. (container)	nan-aiulhto nannaayalhto'	nahn-ah-ŭlh-toh
chest, n. (upper body)	haship haship	hah-shĭp
chestnut, n.	osak osak	oh-sŭk
chew, v.	howasa howasa	hoh-wahn-sah
chick, n.	akak hofunti akank hofanti'	ah-kŭnk hoh-fŭn-te

ENGLISH	CHICKASAW	PRONUNCIATION
Chickasaw, n.	Chikasha Chikashsha	Che-kah-shah
chicken, n.	ak*a*ka akanka'	ah-kŭnk-ah
chicken hawk, n.	ak*a*k ubi akankabi'	ah-kŭnk ŭb-e
chicken-hearted, adj.	nukwaiya nokwaya	no͞ok-wah-yah
chicken pox, n.	ak*a*k *i* chukwa akankinchakwa	ah-kŭnk ehn chŭk-wah
chide, v.	*e*meha i̱miha	ehn-me-hah
chief, n.	m*i*ko minko'	mĭnk-oh
child, n.	chepota chipota	che-poh-tah
child, youngest, n.	chepota isht aiyopi chipota ishtayyo'pi'	che-poh-tah ĭsht ah-yoh-pe
chigger, n.	wushko washko	wŭsh-koh
chili, n.	oshpani imimpa oshpaani' imimpa'	ohsh-pah-ne em-ĭm-pah
chill, n. (illness)	ichukwa yunha ichchokwa yanha	ee-cho͞ok-wah yŭn-hah
chill, v.	kapussachi kapassachi	kah-pŭss-ah-che
chilly, adj.	kapussachi kapassachi	kah-pŭss-ah-che
chime, n.	tulli ola lawa tali' ola' lawa	tŭl-le oh-lah lah-wah
chime, v. (harmonize)	ola ola	oh-lah
chimney, n.	ashobohli aashobohli'	ah-shoh-boh-le
chimney swallow, n.	chotilhak chotilhlhak	choh-tĭlh-ŭk
chin, n.	nutakfa notakfa	noh-tŭk-fah
chink, n.	aboa *i* kafoli aboowa inkafohli'	ah-boh-ah ehn-kah-foh-le
chinquapin, n.	nussi nasi'	nŭss-e
chip, n. (wood)	iti shukali itti' shokahli'	ĭt-e sho͞ok-ah-le

ENGLISH	CHICKASAW	PRONUNCIATION
chip, v. (cut small pieces)	shukli shokli	shook-le
chip, v. (break off a piece of a dish)	kowat akucha kowat aakochcha	koh-wŭt ah-kooch-ah
chipmunk, n.	chilisa chilisa'	che-lehn-sah
chirp, v.	ola ola	oh-lah
chisel, n.	iti isht kola itti' ishtkola'	ĭt-e ĭsht koh-lah
chitterling, n.	sulhkona salhkona	sŭlh-koh-nah
chloroform, n.	isht nusichi ishtnosi'chi'	ĭsht noh-se-che
Choctaw, n.	Chahta Chahta'	chah-tah
choice, adj.	chukma imaiya chokma ímmayya	chook-mah ĭm-ah-yah
choir, n.	taloa ulheya taloowa alhiya	tah-loh-ah ŭlh-e-yah
choke, v. (on food)	nukbikeli nokbikili	nook-be-ke-le
choke, v. (squeeze)	nuklhitofa noklhitofa	nook-lhe-toh-fah
choked, v.	lopli lopli	lohp-le
cholera, n.	abeka okpulo abika okpolo'	ah-be-kah ohk-poh-loh
choose, v.	atokoli atookoli	ah-toh-koh-le
chop, v.	chahli cha'li	chahn-le
chopper, wood, n.	iti chahli itti' cha'li'	ĭt-e chahn-le
choral, adj.	taloa taloowa	tah-loh-ah
chore, n.	nan isht aiutta nannishtaayatta'	nahn ĭsht ah-ŭt-tah
Christ, n.	Chitokaka Chitokaka'	Che-toh-kah-kah
christened, v.	baptismochi baptismochi	bŭp-tass-moh-che
Christian, n.	uba anumpa yimmi aba' anompa' yimmi'	ŭb-ah ah-noom-pah yĭm-me

Christianity, n.	Chihowa *i* nan ulhpisa yimmi Chihoowa inannalhpisa' yimmi'	Che-hoh-wah ehn nahn ŭlh-pe-sah yĭm-me
christianize, v.	uba anumpa yimmi ikbe aba' anompa' yimmi ikbi	ŭb-ah ah-noom-pah yĭm-me ĭk-be
Christmas, n.	Nitak Hullo Ishto Nittak Hollo Ishto'	Ne-tŭk-hool-loh ĭsh-toh
chronic, adj.	masala keyu masala' ki'yo	mah-sah-lah ke-yoh
chrysanthemum, n.	napak*a*li naapakali'	nah-pah-kahn-le
chubby, adj.	lh*i*ko lhinko	lhen-koh
chuckle, v.	oluli ollali	oh-lŭl-e
chunk, n.	iti tupa itti' tapa'	ĭt-e tŭp-ah
church, n.	ai-ithana aayittanaa'	ah-ĭt-hah-nah
churchyard, n.	aiithana kusbi aayittanaa' kasbi	ah-ĭt-hah-nah kŭs-be
churn, n.	pishokchi anihachi pishokchi' aanihachi'	pĭsh-koh-che ah-ne-ah-che
cider, n.	oka hawushko oka' hawashko'	oh-kah hah-wŭsh-koh
cigar, n.	chomak shuna chomak shanaa'	choh-mŭk-shŭn-ah
circle, n.	telikpi tilikpi	te-lĭk-pe
circle, v.	afolopowa afoolopo'wa	ah-foh-loh-poh-wah
circuit, n. (regular journey of Methodist preacher)	olhti olhti'	ohlh-te
circuit, n. (going around)	afolotowa afoloto'wa	ah-foh-loh-toh-wah
circulate, v.	fimipli fímmipli	fĭm-ĭp-le
circumcise, v.	hukshup tuple hakshop tapli	hŭk-shoop tŭple
circumcision, n.	hukshup tupa hakshop tapa'	hŭk-shoop tŭp-ah

ENGLISH	CHICKASAW	PRONUNCIATION
circumference, n.	apukfota apakfoota	ah-pŭk-foh-tah
cistern, n.	oka aiyuka oka' aayoka'	oh-kah ah-yoh-kah
citizen, n.	aichufa aachaffa'	ah-chŭf-ah
city, n.	achumpa aboa lawa aachompa' aboowa lawa'	ah-choom-pah ah-boh-ah lah-wah
civil war, n.	iti tanapi ittintanappi	ĭt-ehn tah-nah-pe
clabber, n.	pishokchi sutko pishokchi' sotko'	pĭsh-ohk-che soot-koh
clad, adj.	foka fokha	foh-kah
claim, v.	immi meha immi' miha	ĭm-me me-hah
clam, n.	folush hutta folosh-hata'	foh-loosh hŭt-tah
clamber, v.	toya toyya	toh-yah
clamshell, n.	folush hutta hukshup folosh-hata' hakshop	foh-loosh hŭt-tah hŭk-shoop
clammy, adj.	chukissa chakissa	chŭk-ĭss-ah
clamor, v.	shakupli shakabli	shah-kŭp-le
clamorous, adj.	shakapa shakapa	shah-kah-pah
clamp, n.	isht akullochi ishtakallochi	ĭsht ah-kŭl-loh-che
clan, n.	aiachufa aya chaffa'	ah-yah-chŭf-ah
clansman, n.	yumma achufa yamma' aachaffa'	yŭm-mah ah-chŭf-ah
clap, n. (of thunder)	hiloa tokafa hiloowa tokafa	he-loh-ah toh-kah-fah
clap, v.	pasachi pasa'chi	pah-sah-che
clash, v.	itilisso ittilisso	ĭt-ĭl-ĭss-oh
clasp, v. (embrace)	shohli shooli	shoh-le
clasp, v. (fasten)	akullochi akallochi	ah-kŭl-loh-che

ENGLISH	CHICKASAW	PRONUNCIATION
class, n.	kashapa kashapa	kah-shah-pah
classmate, n.	holisso itibapisa holisso ittibaapisa'	hoh-lĭss-oh ĭt-e-bah-pe-sah
clatter, v.	kulhachi kalha'chi	kŭlh-ah-che
claw, n.	iyakchush iyyakchosh	ee-yŭk-choosh
claw, v.	shuli sholli	shool-e
claw hammer, n.	na isht bohli naaishtbo'li'	nah-ĭsht boh-le
clay, n.	lukfi chukissa lokfi' chakissa'	chŭk-ĭss-aɫ
clean, adj.	chofata chofata	choh-fah-tah
cleanness, n.	chofata chofata	choh-fah-tah
cleanse, v.	chofutli chofatli	choh-fŭt-le
clear, adj. (glass)	shukawali shokkawali	shook-ah-wah-le
clear, adj. (land)	shabichi shahbichi	shah-be-che
clear, adj. (water)	anuktawali anoktawali	ah-nook-tah-wahn-le
clear, adj. (weather)	basheli bashili	bah-she-le
clearly, adv.	akushofa aakashofa	ah-kŭsh-oh-fah
clemency, n.	ikushofa inkashofa	ehn-kŭsh-oh-fah
clench, v.	lhitofi lhitoffi	lhe-toh-fe
clergy, n.	ubanumpa isht utta abaanompa ishtatta'	ŭb-ah-noom-pah ĭsht ŭt-tah
clerk, n. (record- keeper)	holissochi holissochi'	hoh-lĭss-oh-che
clerk, n. (salesman)	na kunchi naakanchi'	nah kŭn-che
clever, adj.	isht aponichi ishtaponnichi	ĭsht ah-pohn-e-che
clevis, n.	tulli isht halutli tali' ishthalalli'	tŭl-le ĭsht hah-lŭt-le

| --- | --- | --- |
click, v.	kasachi kasa'chi	kah-sah-che
cliff, n.	sukti sakti	sŭk-te
climb, v.	toya toyya	toh-yah
clinch, v. (fasten)	anulhichi analhlhichi	a-nulh-e che
clinch, v. (grapple)	ittiyukli ittiyokli	ĭt-te-yo͞ok-le
cling, v.	apukchilofa; atakli apakchilofa; atakali	ah-pŭk-che-loh-fah; ah-tah-kah-le
clip, v.	tupli tapli	tŭp-le
cloak, n.	unchi a'chi'	ŭn-che
clock, n.	hushi kunutli isht ithana hashi' kanalli' ishtithana'	hŭsh-e kŭn-ŭt-le ĭsht ĭt-hah-nah

clockmaker, n.	hushi kunutli isht ithana
	  ikbi
	hashi' kanalli' ishtithana'
	  ikbi'
		hŭsh-e kŭn-ŭt-le ĭsht
		  ĭt-hah-nah ĭk-be

clod, n.	lokfi kullo lokfi' kallo'	lohk-fe kŭl-loh
clog, v. (obstruct)	nukbikeli nokbikili	nohk-be-ke-le
close, v. (shut)	okshita okshitta	ohk-she-tah
close, adv. (near by)	melîkasi milínka'si	me-lehn-kah-se
closely, adv.	afunalichi afánnali'chi	ah-fŭn-ah-le-che
closet, n.	aboshi abooshi'	ah-boh-she
clot, n.	issish binili issish biniili	iss-ĭsh be-ne-le
cloth, n.	nafka toba naafka toba'	naf-kah toh-bah
clothes, n.	nafoka naafokha	nah-foh-kah
cloud, n.	hoshonti hoshonti	hoh-shohn-te
cloudy, adj.	hoshontichi hoshontichi	hoh-shohn-te-che

| --- | --- | --- |
club, n.	tapena tapinna	tah-pe-nah
clumsy, adj.	ik-kelimpo ikkili'po	ĭk-ke-lem-poh
coal, n.	tobuksi tobaksi'	toh-bŭk-se
coal digger, n.	tokuksi koli tobaksi' kolli'	toh-bŭk-se koh-le
coal mine, n.	tobuksi akola tobaksi' aakola'	toh-bŭk-se ah-koh-lah
coarse, adj.	ishto ishto	ĭsh-toh
coarse (cloth), adj.	nasutko naasotko'	nah-soot-koh
coarse (voice) adj.	inunka ishto inonka' ishto	ehn-nohn-kah ĭsh-toh
coast, n.	okhuta apotaka okhata' apootaka'	ohk-hŭt-ah ah-poh-tah-kah
coat, n.	nafoka ishto naafokha ishto'	nah-foh-kah ĭsh-toh
coax, v.	i habena ihabina	ehn hah-be-nah
cob, n.	tunch-upi tanchapi'	tŭnch-ŭp-e
cobble, v.	sholush alatuli sholosh alaatali	shoh-loosh ah-lah-tŭl-e
cobbler, n.	sholush alatuli sholosh alaatali'	shoh-loosh ah-lah-tŭl-e
cobweb, n.	chulhkun olali cholhkon olaali	choolh-kŭn oh-lah-le
cock, n.	akak nukni akanknakni'	ah-kahnk nŭk-ne
cocklebur, n.	shomatik shommatik	shoh-mah-tĭk
cockroach, n.	issosh putha issosh patha	ĭss-ohnsh pŭt-hah
co-equal, adj	itilawi ittilawwi	ĭt-tĭl-ah-we
coffee, n.	kuffi kafi'	kŭf-fe
coffeepot, n.	kuffi awalhali kafi' aawaalhaali'	kŭf-fe ah-wah-lhah-le
coffin, n.	itubi ittoobi'	ĭt-tūe-be

cohere, v.	ittachukussa ittachakassa	ĭt-tah-chŭk-us-sah
coin, n.	tulli holisso lakna tali' holisso' lakna'	tŭl-li hoh-lĭss-oh lŭk-nah
cold, adj.	kapussa kapassa	kah-pŭs-sah
cold, n.	ibishano ibishshano	ee-bĭsh-ah-noh
colic, n.	ittakoba keseli ittakoba' kisili	ĭt-tah-koh-bah ke-se-le
collard, n.	tohi chaha tohi' chaaha'	toh-he chah-hah
colleague, n.	itapela ittapila'	ĭt-ah-pe-lah
collect, v. (gather)	itahoba ittahobba	ĭt-ah-hoh-bah
collect, v. (obtain pay)	imulhtoba imalhtoba	ĭm-ŭlh-toh-bah
college, n.	holisso apisa ishto holisso aapisa' ishto'	hoh-lĭss-oh ah-pe-sah ĭsh-toh
collision, n.	ishtitilisso ishtittilisso	ĭsh-tĭt-ĭl-ĭss-oh
colonel, n.	ulhtoka alhtoka'	ŭlh-toh-kah
colonize, v.	wehachit ashachi wihachit ashaachi	we-hah-chet ah-shah-che
color, n.	pisa itimalaiyuka pisa ittimalayyoka	pe-sah ĭt-ee-me-lah- yo͞ok-ah
colt, n.	soboshi sob-oshi'	soh-boh-she
comb, n.	hashintuk hashintak	hah-shehn-tŭk
comb, v.	shitli shilli	shĭt-le
combat, n.	itibi ittibi	ĭt-e-be
combine, n.	isht toksuli ishtoksali'	ĭsht tohk-sah-le
combine, v.	ibafoka ibaafokha	e-bah-foh-kah
come, v.	minti minti	mĭn-te
come across, v.	ubanupli abaanabli	ŭb-ah-nŭp-le

come after, v.	hoyot alali	hoh-yoot ah-lah-le
	hoyot alali	
come down, v.	ukwa	ŭk-wah
	akwaa	
come in, v.	chukwa	chook-wah
	chokwaa	
come out, v.	kucha	kooch-ah
	kochcha	
come around, v.	afolopa	ah-foh-loh-pah
	afoolopa	
come under, v.	nutamutle	noh-tah-mŭt-le
	nota' malli	
come with, v.	iba-minti	ee-bah mĭn-te
	ibaaminti	
comet, n.	fuchik maleli	fooch-ĭk mah-le-le
	fochik malili'	
comfort, n.	nuktala	nook-tahn-lah
	noktála	
comfort, n. (quilt)	Nachi	nah-che
	naachi'	
coming, v.	minti	meen-te
	minti	
command, v.	yukmishchi	yŭk-mĭsh-che
	yakmishchi	
commandment, n.	nan-ulhpisa	nahn ŭlh-pe-sah
	nannalhpisa'	
commence, v.	isht aiya	ĭsht ah-yah
	ishtaya	
commencement, n.	himona isht aiya	hĭm-oh-nah ĭsht ah-yah
	himona ishtaya	
commend, v.	aiyukpachi	ah-yook-pah-che
	ayokpachi	
comment, v.	isht anumpoli	ĭsht ah-noom-poh-le
	ishtanompoli	
commission, v.	atokoli	ah-toh-koh-le
	atookoli	
commissioner, n.	ulhtoka	ŭlh-toh-kah
	alhtoka'	
commit, v.	atonichi	ah-tohn-e-che
	atoonichi	
committee, n.	nan-apisa	nahn-ah-pe-sah
	nannapiisa'	
commotion, n.	atuklumma	ah-tŭk-lŭm-mah
	ataklama	

| --- | --- | --- |
commune, v.	itiba-eshi ittibaaishi	ĭt-e-bah-ee-she
communicate, v.	itimunoli ittimanoli	ĭt-ĭm-ŭn-ohn-le
community, n.	chuka lokoli chokka' lokko'li'	chook-ah-loh-koh-le
commute, v.	ilachi ilánchi	ĭhn-lahn-che
companion, n.	itatuklo ittatoklo	ĭt-ah-took-loh
company, n. (visitor)	chukala chokkaala'	chook-ah-lah
company, n. (group)	itapeha ittapiha'	ĭt-ah-pe-hah
compare, v.	itihobachi ittihobachi	ĭt-e-hoh-bah-che
compass, n.	yumma isht ithana yamma ishtithana'	yŭm-mah isht ĭt-hah-nah
compassion, n.	i nukhaklo inokhángklo	ehn-nook-hahnk-loh
compel, v.	atoshpachi atoshpachi	ah-tohnsh-pah-che
complain, v.	isht ilimehachi ishtilimihachi	ĭsht ĭl-e-me-hah-che
complete, adj.	ulhtaha alhtaha	ŭlh-tah-hah
complete, v.	atahli atahli	ah-tah-le
comply, v.	ayukpachi ayokpánchi	ah-yook-pahn-che
conceal, v.	lomichi lohmichi	loh-me-che
concealment, v.	alomichi aalohmichi	ah-loh-me-che
concern, v.	isht im alummi ishtimalammi	ĭsht ĭm ah-lŭm-me
conclude, v.	yupak ila yappak illa	yup-ŭk-il-ah
condemn, v.	anumpa okpolo omboli anompa okpolo' ombohli	ah-noom-pah ohk-poh- loh ohm-boh-le
condole, v.	nukhaklo nokhángklo	nook-hahnk-loh
conduct, n. (behavior)	ilapisachi ilapisachi	ee-lah-pe-sah-che

ENGLISH	CHICKASAW	PRONUNCIATION
conduct, v. (lead)	pelichi pihlí'chi	pe-le-che
confess, v.	ilanoli ilanoli	ĭl-ah-nohn-le
confide, v.	i yimmi iyimmi	ehn yĭm-me
confirm, v.	kullochi kallochi	kŭl-loh-che
conflict, v.	itibi ittibi	ĭt-e-be
congratulate, v.	chim aiyukpali chimayokpali	chĭm-ah-yo͞ok-pah-le
congregate, v.	itifama ittafama	ĭt-ee-fah-mah
congregation, n.	itifama ittafama	ĭt-ee-fah-mah
conjure, v.	hatuk okpunni hattak okpani'	hah-tŭk-ohk-pŭn-ne
connect, v.	itachakulli ittachakali	ĭt-ah-chah-kŭl-le
conquer, v.	imaiyachi ímmayyachi	ĭm-ah-yah-che
conquest, n.	imaiyachi ímmayyachi	ĭm-ah-yah-che
conscience, n.	anukfilli anokfilli	ah-no͞ok-fĭl-le
consent, v.	ulhpisa ahni alhpisa anhi	ŭlh-pe-sah ah-ne
consider, v.	anukfilli anokfilli	ah-no͞ok-fil-le
console, v.	hopolhuchi hopoolhachi	hoh-polh-ŭh-che
conspire, v.	lomut apisa lohmat apiisa	loh-mŭt ah-pe-sah
constable, n.	ulhtoka alhtoka'	ŭlh-toh-kah
constitution, n.	anumpa ishkobo anompa ishkobo'	ah-no͞om-pah ĭsh-koh-boh
consul, n.	ulhtoka alhtoka'	ŭlh-toh-kah
consult, v.	ithana bunna itháná banna	ĭt-hahn-nah bŭn-nah
consume, v.	moma tali móma tahli	mohn-mah tah-le

consumption, n.	tali tahli	tah-le
consumption, n. (disease)	hotulhko shila hotolhko shila'	hoh-tool͡h-koh shĭla
contact, v.	ittifama ittafama	ĭt-te-fah-mah
contagion, n.	abeka haleli abika halili	ah-be-kah hah-le-lĭ
contagious, adj.	abeka haleli abika halili	ah-be-kah hah-le-lĭ
contain, v.	ulhto alhto	ŭlh-toh
contaminate, v.	okpunni okpani	ohk-pŭn-ne
contempt, n.	ikahobalo ikahooba'lo	ĭk-ah hoh-bah-loh
contentment, n.	nukt*a*la noktᴀ́la	no͡ok-tahn-lah
contest, v.	it*i*palummi ittimpalammi	ĭt-ehn-pah-lŭm-me
continual, adj.	bilia bílli'ya	bĭl-e-yah
continuation, n.	achakali achakali	ah-chah-kah-le
continue, v.	achakali achakali	ah-chah-kah-le
contract, n.	nan itimapisa nannittimapiisa	nahn ĭt-e-mah-pe-sah
controversy, n.	anumpa itilawachi anompa ittilawachi	ah-no͡om-pah ĭt-e-lah-wah-che
convene, v.	itafama ittafama	ĭt-ah-fah-mah
convention, n.	itafama ittafama	ĭt-ah-fah-mah
convict, v.	omboli ombohli	ohm-boh-le
convict, n.	yuka yoka'	yo͡o-kah
conviction, n.	omboli ombohli	ohm-boh-le
convince, v.	yimmichi yimmichi	yĭm-me che
convulse, v.	haiuchichi hayoochichi	hah-yŭ-che-che

ENGLISH	CHICKASAW	PRONUNCIATION
convulsion, n.	haiuchichi hayoochichi	hah-yŭ-che-che
cony, n.	chukfi chokfi	chook-fe
cook, v.	hopohni hopooni	hoh-poh-ne
cook, n.	hoponi hopo'ni'	hoh-poh-ne
cool, adj.	kapussachi kapassachi	kah-pŭs-sah-che
coon, n.	shawi shawi'	shah-we
coop, n.	akak i holita akankiholitta'	ah-kŭnk ehn hoh-le-tah
co-operate, v.	itibachufa ittibaachaffa	ĭt-e-bah-chŭf-ah
cop, n.	ulhtoka alhtoka'	ŭlh-toh-kah
co-partner, n.	itapela ittapila'	ĭt-ah-pe-lah
cope, v.	cheleta chilita	che-le-tah
copper, n.	sonuk lakna sonak lakna'	soh-nŭk lŭk-nah
copperhead, n.	chilhakbi chilha'kbi'	che-lhŭnk-be
copy, n.	hobachi hobachi	hoh-bah-che
cord, n. (string)	isht talukchi ishtalakchi'	ĭsht tah-lŭk-che
cord, n. (wood)	loak iti ulhpisa lowak itti' alhpisa'	loh-uk ĭt-e ŭlh-pe-sah
cordial, adj.	ayukpali ayokpali	ah-yook-pah-le
core, n. (of fruit)	takolo ikullo takolo inkallo'	tah-kohn-loh ehn-kŭl-loh
core, n. (of boil)	hichubi ishkin hichabbi ishkin	he-chŭb-e ĭsh-kĭn
cork, n.	kitoba isht tukshilita kitoba ishtokshili'ta'	ke-toh-bah ĭsht took-she-le-tah
corn, n.	tunchi tanchi'	tŭn-che
cornbread, n.	tunchi paluska tanchi' palaska'	tŭn-che pah-lŭs-kah

ENGLISH	CHICKASAW	PRONUNCIATION
corncrib, n.	pitcha pichchaa	pǐch-ahn
corner, n.	ashokolbi aashokolbi'	ah-shoh-kohl-be
corn meal, n.	tunchi poshi tanchi' poshi'	tǔn-che poh-she
corn mill, n.	tunchi afoloha tanchi' aafoloha'	tǔn-che ah-foh-loh-hah
cornstalk, n.	tunch-upi tanchapi'	tǔnch-ǔp-e
coroner, n.	afanachi afaana'chi'	ah-fah-nah-che
corpse, n.	hatuk illi hattak illi'	hah-tǔk ǐl-le
correct, adj.	alhpisa alhpí'sa	ahlh-pe-sah
correct, v.	alhpisachi alhpisa'chi	ahlh-pe-sah-che
corrupt, n.	toshbi toshbi	tohsh-be
corrupt, v.	toshbichi toshbichi	tohsh-be-che
corruption, n.	ikaiyubo ikayyo'bo	ǐk-ah-yoh-boh
corruption, n. (pus)	kulha kalha	kǔlh-ah
corset, n.	isht ilikullochi ishtilikallochi	ǐsht ǐl-e-kǔl-loh-che
cost, v.	aiyulli ayalli	ah-yǔl-le
costly, adj.	aiyulli ishto ayalli ishto	ah-yǔl-le ǐsh-toh
cot, n.	toposhi top-oshi'	toh-poh-she
cottage, n.	aboshi abooshi'	ah-boh-she
cotton, n.	numpofulli: pulla nampofalli', pala	nǔm-poh-fǔl-le: pǔl-lah
cotton gin, n.	numpofulli anihichi nampofalli' aanihichi'	nǔm-poh-ful-le ah-ne-he-che
cottonseed, n.	numpofulli nehi nampofalli' nihi'	nǔm-poh-ful-le ne-he
cottonwood, n.	ashomola ashomola	ah-shohn-moh-lah

couch, n.	topa topa	toh-pah
cougar, n.	koi ishto kowi' ishto'	koh-e ĭsh-toh
cough, v.	hotulhko hotolhko	hoh-toolh-koh
council, n.	nan apisa nannapiisa'	nahn ah-pe-sah
councilman, n.	nan apisa aichufa nannapiisa' achaffa	nahn ah-pe-sah ah-chŭf-ah
count, v.	hotena hotihna	hoh-te-nah
counted, v.	hotena tok hotihnatok	hoh-te-nah tohk
counterfeit, adj.	holba holba'	hohl-bah
countenance, n.	ishoka ishshoka'	ĭsh-oh-kah
country, n.	yakni ila yaakni' ila'	yahk-ne ehn-lah
couple, n.	tuklo toklo	took-loh
courage, n.	ikimilho ikimilhlho	ĭk-e-mĭlh-oh
courageous, adj.	ikimilho mehili ikimilhlho mihili	ĭk-e-mĭlh-oh me-hehn-le
court, n.	nan im apisa nannimapiisa'	nahn ĭm ah-pe-sah
courthouse, n.	nan apisa aboa nannapiisa' aboowa	nahn ah-pe-sah ah-boh-ah
cousin, n.	itibapishi pila ittibaapishi pílla	ĭt-e-bah-pe-she pe-lah
covenant, n.	nan itim apisa nannittimapiisa	nahn ĭt-em ah-pe-sah
cover, n.	alhepia alhiipi'ya'	ah-lhe-pe-yah
cover, v.	alhepeli alhiipili	ah-lhe-pe-le
covet, v.	nushkona noshkonna	noosh-kohn-ah
cow, n.	waka waaka'	wah-kah
coward, n.	imilha imilhlha	ee-mĭlh-ah

cowbird, n.	chulha losa cholha losa'	chŭlh-ah loh-sah
cowboy, n.	wak lheoli waaklhiyohli'	wahk lhe-oh-le
cow brand, n.	wak isht ichowa waakishtincho'wa'	wahk ĭsht ehn-choh-wah
cowhide, n.	wak hukshup waakhakshop	wahk hŭk-shoōp
cowpen, n.	wak iholita waakiholitta'	wahk ehn-hoh-le-tah
coy, adj.	ile halutli ilihalatli	ĭl-e hŭl-ŭt-le
coyote, n.	nashoba nashoba	nah-shoh-bah
cozy, adj.	alushpa alashpa	ah-lŭsh-pah
crab, n.	shakchi ishto shakchi' ishto'	shŭk-che ĭsh-toh
crabgrass, n.	hushok putha hashshok patha'	hŭsh-ohk put-hah
crack, n. (split)	palhata palhata	pah-lhah-tah
crack, v. (make sharp sound)	basachi basa'chi	bah-sah-che
cradle, n.	puskush anusi poskosh aanosi'	poōs-koōsh ah-noh-se
cradle, n. (scythe)	isht umo ishtamo'	ĭsht ŭm-oh
cramp, n.	halutli halatli	hah-lŭt-le
cramp, n. (implement)	tulli isht toksuli chanukbi tali' ishtoksali' inchanakbi'	tŭl-le ĭsht tohk-sŭl-e chah-nŭk-be
crane, n. (wading bird)	puskawo paskawo'	pŭs-kah-woh
crane, n. (for hoisting)	isht ubaweli ishtabaawiili'	ĭsht ŭb-ah-we-le
cranium, n.	ishkobo foni ishkobo' foni'	ĭsh-koh-boh foh-ne
crank, n. (tool)	isht felechi ishtfili'chi'	ĭsht fe-le-che
crank, n. (eccentric person)	malhah malhaa	mah-lhah

| --- | --- | --- |
crash, n.	boshutli boshotli	boh-shoot-le
cravat, n.	isht telatupoli ishtilatahpoli'	ĭsht te-lah-tŭp-oh-le
crave, v.	bunna banna	bŭn-nah
crawfish, n.	shakchi shakchi'	shŭk-che
crawl, v.	balali bala'li	bah-lah-le
crazy, adj.	huksi haksi	hŭk-se
cream, n.	pishokchi pukna niha pishokchi' pakna' niha'	pĭsh-ohk-che pŭk-nah ne-hah
crease, n.	hulma halma	hŭl-mah
create, v.	ikbi ikbi	ĭk-be
creation, n.	ulhtaha alhtaha	ŭlh-tah-hah
Creator, n.	Chihowa nan atali Chihoowa nannatahli'	Che-hoh-wah nahn ah-tah-le
creature, n.	nan okchaha nannokcháaha	nahn ohk-chahn-hah
credit, n.	aheka ahiika	ah-he-kah
credit, v.	ahekachi ahiikachi	ah-he-kah-che
Creek, n. (tribe of Indians)	Mushkoki Mashkooki'	mŭsh-koh-ke
creek, n.	bokoshi bookoshi'	bohk-osh-e
creep, v.	aiyapali ayaapahli	ah-yah-pah-le
creep after, v.	aiyapalichi ayaapahlichi	ah-yah-pah-le-che
crevice, n.	wakla wakla	wahk-lah
crib, n.	pitcha pichchaa	pĭch-ahn
cricket, n.	sholowi sholowi'	shoh-loh-we
crier, n.	nan anoli nannanoli'	nahn ah-nohn-le

ENGLISH	CHICKASAW	PRONUNCIATION
crime, n.	nan ulhpisa kobuffi nannalhpisa' kobaffi	nahn ŭlh-pe-sah koh-bŭf-fe
crimson, adj	homa homma	hohm-ah
cripple, adj.	im momokpulo imomokpolo'	ĭm-mohm-ohk-poh-loh
crisp, adj.	shila shila	she-lah
crochet, v.	tunna tanna	tŭn-nah
crock, n. (earthenware)	chuti choti'	choot-e
crocodile, n.	hachachaba hachanchaba'	hah-chahn-chah-bah
crook, n.	chanukbi chanakbi	chah-nŭk-be
crook, n. (swindler)	huksichi haksichi'	hŭk-se-che
crooked, adj.	shana shanaa	shah-nah
crookedness, n.	shanayowa shanaayo'wa	shah-nah-yoh-wah
crop, n.	nawa naawaa'	nah-wah
crop, v.	umo amo	ŭm-oh
cross, n.	iti taiyukhuna itti' tayokhana'	ĭt-e tah-yook-hŭn-nah
cross, v. (angry)	malhah malhaa	mah-lhah
cross-eyed, adj.	okhala okhalaa	ohk-hah-lah
crossing, n.	alhopulli aalhopolli	ah-lhoh-poh-le
crossroad, n.	hina-ubanupli hina-abaanabli'	he-nah ŭb-ah-nŭp-le
crotch, n.	falukto falakto	fah-lŭk-toh
crouch, v.	uka waiya akka' wáyya'a	ŭk-ah wah-yah
crow, n.	fula fala	fŭl-ah
crow, v.	ola ola	oh-lah

ENGLISH	CHICKASAW	PRONUNCIATION
crow, n. (young)	fuloshi fal-oshi'	fŭl-oh-she
crowd, n.	hatuk lawa hattak lawa	hah-tŭk-lah-wah
crowd, v.	topoli toopo'li	toh-poh-le
crown, n.	iyachuka iyaachoka'	ehn-yah-chook-ah
crucify, v.	iti taiyukhuna takachi itti' tayokhana' takaachi	ĭt-e tah-yook-hŭn-ah tah-kah-che
cruel, adj.	issikopa issikopa	ĭss-e-koh-pah
crumb, n.	boshutli boshotli	boh-shoot-le
crumble, v.	cheleli chilili	che-le-le
crumple, v.	koyoli koyohli	koh-yoh-le
crush, v.	latuffi lataffi	lah-tŭf-fe
crust, n.	puska hukshup paska hakshop	pŭs-kah hŭk-shoop
crutch, n.	iti isht nowa itti' ishtnowa'	ĭt-e ĭsht nohn-wah
cry, v.	yah yaa	yah
cub, n. (bear)	nitoshi nit-oshi'	nĭt-oh-she
cub, n. (cat family)	ko-oshi kow-oshi'	koh-oh-she
cub, n. (fox)	chuloshi chol-oshi'	chool-oh-she
cucumber, n.	kokumpa kokampa'	koh-kŭm-pah
cud, n.	wak i mabil waakimaabil	wahk ehn mah-bel
cudgel, n.	tapena tapinna'	tah-pen-ah
cue, n.	imunoli imanoli	im-ŭn-ohn-le
cuff, n.	shukba i folotowa shakba ifoloto'wa'	shŭk-bah ehn foh-loh-toh-wah
cuff, v. (slap)	pusuklichi pássakli'chi	pŭs-ŭk-le-che

ENGLISH	CHICKASAW	PRONUNCIATION
cull, v.	iti falamochi ittifalamo'chi	it-ehn-fah-lah-moh-che
cultivate, v.	alichi aliichi	ah-le-che
cup, n.	isht aiishko ishtaaishko'	ĭsht ah-ĭsh-koh
cup, v. (Indian medical practice)	lhahli lhahli	lhah-le
cupped, v.	lhahli tok lhahlitok	lhah-le tohk
cur, n.	ofi ofi'	oh-fe
curd, n.	pishokchi sutko pishokchi' sotko'	pĭsh-ohk-che so͞ot-koh
cure, v.	lhakofichi lhakoffichi	lhah-koh-fe-che
curl, n.	oshchiloli oshchiloli	ohsh-che-loh-le
curse, n.	anumpa okpuni anompa okpani	ah-no͞om-pah ohk-pŭn-e
curse, v. (hex)	okpunichi okpanichi	ohk-pŭn-e-che
curt, adj.	ikaiyukpacho ikayokpa'cho	ĭk-ah-yo͞ok-pah-choh
curve, n.	chanukbi chanakbi	chah-nŭk-be
cuss, v.	anumpa okpuni anompa okpani	ah-no͞om-pah ohk-pŭn-e
custodian, n.	apisachi aapisachi'	ah-pe-sah-che
custody, n.	apisachi apiisachi'	ah-pe-sah-che
custom, n.	aiyumomi aayámmohmi	ah-yŭm-moh-me
cut, v. (wound)	bashafa bashafa	bah-shah-fah
cut, v. (carve)	bushli bashli	bŭsh-le
cut across, v.	alhopulli aalhopolli	ah-lhoh-poh-le
cut down, v.	chat akachi cháat akkachi	chŭnt ah-kah-che
cut up, v.	illihuksichi ilihaksichi	ĭl-le hŭk-se-che

ENGLISH	CHICKASAW	PRONUNCIATION
cute, adj.	chukmasi chokma'si	cho͞ok-mah-se
cut-off, n.	bushtupli bashtabli	bush-tŭp-le
cutthroat, n.	hatuk issikopa hattak issikopa'	hah-tŭk ĭss-e-koh-pah
cutworm, n.	haiowuni hayoowani'	hah-yoh-wŭn-e
cyclone, n.	mahli ishto mahli ishto	mah-le-ĭsh-toh

ENGLISH	CHICKASAW	PRONUNCIATION
dabble, v.	okachukoshmo okaachoko'shmo	oh-kah cho͞ok-osh moh
dad, n.	iki inki'	ĭnk-e
daffodil, n.	napakali nampakali'	nahn-pah-kahn-le
daffy, adj.	ik kostino ikkosti'no	ĭk-kos-tehn-noh
daft, adj.	akunia akánni'ya	ah-kŭn-e-yah
dagger, n.	bushpo fala bashpo falaa'	bŭsh-poh-fah-lah
dahlia, n.	napakali nampakali'	nahn-pah-kahn-le
daily, adv.	nitak moma nittak móma	ne-tŭk-mohn-mah
dainty, adj.	iskunosi iskanno'si	iss-kŭn-oh-se
daisy, n.	na pakali naapakali'	nahn pah-kahn-le
dale, n.	ochuba ititukla onchaba ittintakla'	ohn-chŭb-ah ĭt-ehn-tŭk-lah
dally, v.	isht yopola ishtyoppola	ĭsht yoh-poh-lah

ENGLISH	CHICKASAW	PRONUNCIATION
dam, n.	oka bokhetiplichi oka' bokhitiplichi'	oh-kah bohk-he-tĭp- le-che
damage, v.	ayukpoloka aayokpoloka'	ah-yook-poh-loh-kah
damask, n.	aiimpa alhepia aaimpa' alhiipi'ya'	ah-em-pah ah-lhe-pe-yah
dame, n.	eho kamussa ihoo kamassa'	e-hoh kah-mŭs-sah
damp, adj.	yokulbi yokolbi	yoh-kool-be
damsel, n.	eho himita ihoo himitta'	e-hoh he-mĭt-ah
dance, n. (place)	ahilha aahilha'	ah-hĭlh-ah
dance, v.	hilha hilha	hĭlh-ah
dance, v. (make)	hilhachi hilhachi	hĭlh-ah-che
dandelion, n.	napakali lakna naapakali' lakna'	nahn-pah-kahn-le lŭk-nah
dandle, v.	hilhachi hilhachi	hĭlh-ah-che
dandruff, n.	fatupli fatabli	fah-tŭp-le
dandy, n.	ilefenachi ilifinhachi'	ĭl-e-fe-nah-che
danger, n.	yakomi ahni yakohmi anhi	yah-koh-me ah-ne
dangle, v.	tukakali takkakáli	tŭk-ah-kan-le
dank, adj.	yokulbi meheli yokolbi mihíli	yoh-kol-be me-he-le
dapper, adj.	ilatupoli ilatahpoli	ĭl-ah-tŭp-oh-le
dapple, adj.	cheseia chisiya	che-se-yah
dare, v.	hutiba hattiba	hŭt-e-bah
dare, n.	ik iliyimmocho ikiliyimmo'cho	ĭk ĭl-e-yĭm-moh-choh
daring, adj.	iliyimmi iliyimmi	ĭl-e yĭm-me
dark, adj.	oklhilika oklhilika'	ohk-lhe-le-kah

ENGLISH	CHICKASAW	PRONUNCIATION
darken, v.	oklhilichi oklhilichi	ohk-lhe-le-che
darkness, adv.	oklhilli oklhili	ohk-lhĭl-le
dark place, n.	aioklhilika aayoklhilika'	ah-ohk-lhe-le-kah
darling, n.	holitopa holiitopa	hoh-le-toh-pah
darn, v.	atunachi atannachi	ah-tŭn-e-che
dart, n. (sharp weapon)	isht hotopachi ishthottopachi'	ĭsht hoh-toh-pah-che
dart, v. (move swiftly)	pit aiheta tok pitahiitatok	pĭt-ah-he-tah tohk
dash, v. (rush)	toshpa toshpa	tohnsh-pah
dash, v. (splash)	oka lhatupli oka' lhatabli	ohk-ah lhah-tŭp-le
dashing, adj.	ilefenachi ilifinhachi	ĭl-e-fe-nah-che
date, n.	nitak ulhpisa nittak alhpisa	ne-tŭk ulh-pe-sah
daub, v.	apolusli apoolosli	ah-poh-lŭss-le
daughter, n.	oshetik oshitiik	oh-she-tĭk
daughter-in-law, n.	ippok tek ipoktiik	ep-pohk-teek
dawdle, v.	itakobi intakho'bi	ehn-tah-koh-be
dawn, n.	onut minti onnat minti	ohn-ŭt mĭn-te
day, n.	nitak nittak	ne-tŭk
day, all	obaichi obyachi	ohb-yah-che
day, next	ot ona ootonna	oht ohn-ah
day, one	nitak chufa nittak chaffa	ne-tŭk chŭf-ah
day after tomorrow, n.	ona misha onna' misha'	ohn-ah mĭsh-ah
day before yesterday, n.	oblashush mishash oblaashaash mishaash	ohb-lah-shŭsh mĭsh-ŭsh

ENGLISH	CHICKASAW	PRONUNCIATION
daze, n.	chukfoloha chokfoloha	chook-fol-loh-hah
dazzle, v.	shokmalali shokmalali	shohk-mah-lah-le
deacon, n.	iksa pelichi iksa' pihli'chi'	eek-sah pe-le-che
dead, adj.	illi illi	il-le
dead, adj. (corpse)	hatuk illi hattak illi'	hah-tuk il-le
dead, adj. (animal)	nan illi nannilli'	nahn-il-le
dead, adj. (timber)	itilli ittilli'	it-il-le
dead, almost, adj.	ila osi illao'si	il-ah ohn-se
deaf, adj.	ik haponaklo ikhaponaklo	ik-hah-pohn-ak-loh
deafen, v.	haksobachi haksobachi	huk-soh-bah-che
deal, v.	itatoba ittatoba	it-ah-toh-bah
dealer, n.	itatobachi ittatobachi'	it-ah-toh-bah-che
dear, adj.	i holitopa iholiitopa	ehn hoh-lit-oh-pah
death, n.	illi illi'	il-le
death, n.	isht illi ishtilli'	isht il-le
debark, v.	ot ukwah ootakwaa	oht uk-wah
debase, v.	kalakshichi kalakshichi	kah-luk-she-che
debate, v.	itachapa ittachapa	it-ah-chah-pah
debauch, v.	hawichi hawichi	hah-we-che
debonair, adj.	ayukpa chukma ayokpa chokma	ah-yook-pah chook-mah
debris, n.	ai okpulo aayokpolo	ah-ohk-poh-loh
debt, n.	aheka ahiika	ah-he-kah

ENGLISH	CHICKASAW	PRONUNCIATION
debtor, n.	imaheka imahiika	ĭm-ah-he-kah
decade, n.	afummi pokoli afammi pokkó'li'	ah-fŭm-me pohk-oh-le
decamp, v.	ulbina aiissachi albina aaissachi	ŭl-be-nah ah-ĭss-ah-che
decapitate, v.	ishkobo tupli ishkobo' tabli	ĭsh-koh-boh tŭp-le
decay, v.	toshbi toshbi	tohsh-be
decease, n.	illi illi	ĭl-le
deceit, n.	huksichi haksichi	hŭk-se-che
deceitful, adj.	alhi keyu alhlhi' ki'yo	ahn-lhe-ke-yoh
deceive, v.	huksichi haksichi	hŭk-se-che
December, n.	Tecimba Tiisimba'	Te-sem-bah
decency, n.	kostinichi kostinichi	kos-te-ne-che
decent, adj.	kashofa kashofa	kah-shoh-fah
deception, n.	huksichi haksichi	hŭk-se-che
decide, v.	anukfillit tahli anokfillit tahli	ah-nook-fil-let tah-le
decision, n.	anukfilli anokfilli	ah-nook-fil-le
deck, n. (platform)	peni patulhpo piini' patalhpo'	pe-ne pah-tŭlh-poh
deck, v. (adorn)	ilatupoli ilatahpoli	ĭl-ah-tŭp-oh-le
declaration, n.	nan anoli nannanoli'	nahn ah-nohn-le
declare, v.	alhichi aalhlhínchi	ah-lhen-che
decline, v.	uka aiya akka' aya	ŭk-ah ah-yah
declivity, n.	sukti sakti	sŭk-te
decompose, v.	toshbi toshbi	tosh-be

ENGLISH	CHICKASAW	PRONUNCIATION
decorate, v.	atapolichi atahpolichi	ah-tah-poh-le-che
decorous, adj.	alhpisa alhpí'sa	ahlh-pe-sah
decoy, n.	isht huksichi ishthaksichi	ĭsht hŭk-se-che
decrease, v.	tahut taha tahat taha	tah-hŭt tah-hah
decrepit, adj.	sipoknit taha sipoknit taha	se-pohk-nĭt tah-hah
dedicate, v.	holitoplichi holiitoblichi	hoh-le-tohp-le-che
dedication, n.	holitoplichi holiitoblichi	hoh-le tohp-le-che
deduct, v.	aieshi aaishi	ah-e-she
deed, n. (act)	yumohmi yámmohmi	yŭm-moh-me
deed, n. (document)	isht oktunni holisso ishtoktani holisso	ĭsht ohk-tŭn-ne hoh-liss-oh
deem, v.	anukfilli anokfilli	ah-no͠ok-fil-le
deep, adj.	hofobi hofobi	hoh-foh-be
deepen, v.	hofobichi hofobichi	hoh-foh-be-che
deer, n.	issi issi'	ĭss-e
deerskin, n.	issi hukshup issi' hakshop	ĭss-e hŭk-sho͠op
deerlick, n.	issi ailokfupa issi' aalokfapa'	ĭss-e ah-lohk-fah-pah
deface, v.	pisa okpuni pisa okpani	pe-sah ohk-pŭn-e
defame, v.	na mihachi naamihachi	nah me-hah-che
defeat, v.	immumbi imambi	ĭm-mŭm-be
defect, n.	ik ono iko'no	ĭk ohn-oh
defend, v.	im itibi imittibi	ĭm ĭt-e-be
defense, n.	apelachi apilachi	ah-pe-lah-che

ENGLISH	CHICKASAW	PRONUNCIATION
defer, v.	ihimona ihímmo'na	ehn-hĭm-oh-nah
defiance, n.	huti hatti	hŭt-e
defiant, adj.	hutiba hattiba	hŭt-e-bah
deficit, n.	ikono iko'no	ĭk-ohn-noh
defile, v.	okpuni okpani	ohk-pŭn-e
define, v. (determine)	oktunnichi oktanichi	ohk-tŭn-ne-che
define, v. (interpret)	anumpa tosholi anompa toshooli	ah-noom-pah toh-shoh-le
definite, adj.	yumma yamma	yŭm-mah
deflate, v.	latussachi latassachi	lah-tŭs-sah-che
deform, v.	immokpolochi imomokpolochi	im-mohm-ohk-poh- loh-che
defraud, v.	huksichi haksichi	hŭk-se-che
defray, v.	atobi atobbi	ah-toh-be
deft, adj.	isht aponachi ishtaponnachi	ĭsht ah-pohn-ah-che
defy, v.	huteba hattiba	hŭt-e bah
degrade, v.	kalakshichi kalakshichi	kah-lŭk-she-che
dehorn, v.	lupish tupli lapish tapli	lŭp-ĭsh tŭp-le
deity, n.	holitoplichi holiitoblichi	hoh-le-tohp-le-che
Deity, n.	Uba Miko Aba' Minko'	ŭb-ah mĭnk-oh
delay, v.	aituklummi ayataklammi	ah-tŭk-lŭm-me
delegate, n.	anumpa shali anompa shaali'	ah-noom-pah shah-le
delete, v.	kashofa kashofa	kah-shoh-fah
deliberate, v.	itibanukfilli ittibaanokfilli	ĭt-e-bah-nook-fĭl-le

ENGLISH	CHICKASAW	PRONUNCIATION
delicate, adj.	lopushki loposhki	loh-poosh-ke
delicious, adj.	chumpoli champoli	chŭm-poh-le
delight, adj.	ayukpa ayokpa	ah-yook-pah
delinquent, adj.	ikhaiyako ikhaya'ko	ĭk hah-yah-koh
delirium, n.	yunha chaha yanha chaaha	yŭn-hah chah-hah
deliver, v.	isht immona ishtimona	ĭsht ĭm-moh-nah
deliverance, n. (release)	chufichi chaffichi	chŭf-e-che
delude, v.	yimmichi yimmichi	yĭm-me-che
deluge, n.	omba lhatapa omba lhatapa	ohm-bah lhah-tah-pah
delve, v.	kolli kolli	kohl-le
demand, v.	iss uma heni issama'híni	ĭss-ŭm-ah hehn-ne
demean, v. (behave)	yukomi ahni yakohmi anhi	yŭk-oh-me ah-ne
demeanor, n.	ilapesachi ilapisachi	ĭl-ah-pe-sah-che
demented, adj.	im anukfilla kunia imanokfila kaniya	ĭm ah-nook-fĭl-lah kŭn-e-yah
demise, n. (death)	illi illi	ĭl-le
demolish, v.	yilhipli yilhibli	ye-lhep-le
demon, n.	isht ahollo ishtahollo'	ĭsht ah-hohl-loh
demonstrate, v.	yukmishchi yakmishchi	yŭk-mĭsh-che
demur, v.	achapa achaapa	ah-chah-pah
den, n.	nan imilha i chuka nannimilhlha' inchokka'	nahn ĭm-ĭlh-ah ehn chook-ah
denial, n.	ikyimmo ikyimmo	ĭk-yĭm-moh
denim, n.	nafoka sutko naafokha sotko'	nah-foh-kah soot-koh

ENGLISH	CHICKASAW	PRONUNCIATION
denomination, n.	iksa iksa'	ĭk-sah
denote, v.	yumma yamma	yŭm-mah
denounce, v.	mihachi mihachi	me-hah-che
dense, adj.	sutko sotko	so͞ot-koh
dent, n.	pachofi pachoffi	pah-choh-fe
denude, v.	chukbakali chakbákka'li	chŭk-bah-kah-le
deny, v.	keyu osh tok ki'yo aashtok	ke-yoh osh-tohk
depart, v.	aiya tok ayatok	ah-yah tohk
depend, v.	anukchito aanokchí'to	ah-no͞ok-che-toh
deplete, v.	tahli tahli	tah-le
deplore, v.	nukhaklo nokhángklo	no͞ok-hŭnk-loh
deposit, v.	bohli bohli	boh-le
depot, n.	ulhpoyak aiiasha alhpooyak áyya'sha'	ulh-poh-yŭk ah-yah-shah
deprave, v.	kalakshichi kalakshichi	kah-lŭk-she-che
depress, v.	kalakshi kalakshi	kah-lŭk-she
deprive, v.	wehpoli wihpoli	weh-poh-le
depth, n.	hofobi hofobi	hoh-foh-be
deputy, n.	apela apila'	ah-pe-lah
derange, v. (disturb)	atuklummi ataklammi	ah-tuk-lŭm-me
derange, v. (make crazy)	im anukfilla tikabi imaanokfila tikahbi	ĭm ah-no͞ok-fĭl-lah te-kah-be
derby, n.	yalhepa kullo yaalhipa kallo'	yah-lhe-pah kŭl-loh
derelict, adj.	ikalho ikalhlho	ĭk-ahlh-oh

deride, v.	hobachi hobachi	hoh-bah-che
derringer, n.	tanumpo oshkololi tanampo oshkololi'	tah-noom-poh osh-koh-loh-le
descend, v.	uka aiya akka' aya	ŭk-ah ah-yah
descendant, n.	aminti aaminti	ah-mĭn-te
desecrate, v.	ikholitopo ikholitto'po	ĭk-hoh-le-toh-poh
desert, n. (sandy wasteland)	shenok otak shinok otaak	she-nohk oht-tŭk
desert, v. (abandon)	lomut maleli lohmat malili	loh-mŭt mah-le-le
deserted place, n.	achukilissa aachokkilissa	Ah-chook-ĭl-ĭss-ah
deserve, v.	aiulhpisa aayalhpí'sa	ah-ŭlh-pe-sah
design, v.	holbachi holbachi	hohl-bah-che
desire, v.	bunna banna	bŭn-nah
desk, n.	aholissochi aaholissochi'	ah-hoh-lĭss-oh-che
desperado, n.	wehpoli wihpoli	weh-poh-le
despise, v.	ikyaillo ikyay'ilo	ĭk-yah-ĭl-loh
dessert, n.	na chumpoli naachampoli'	nah chŭm-poh-le
destination, n.	otaihika ootaahika'	oht-ah-he-kah
destitute, adj.	ilbusha ilbashsha	ĭl-bŭsh-ah
destroy, v.	okpuni okpani	ohk-pŭn-e
detach, v.	itifalumichi ittifalammichi	ĭt-ehn-fah-lŭm-e-che
detail, v.	atokoli atookoli	ah-toh-koh-le
detain, v.	ilihalutli ilihalalli	ĭl-e-hah-lŭt-le
detect, v.	yumma yamma	yŭm-mah

ENGLISH	CHICKASAW	PRONUNCIATION
detective, n.	ulhtoka alhtoka'	ŭlh-toh-kah
determine, v.	ik kanemi hokia ikkanihmihookya	ĭk kah-ne-me hoh-kea
detest, v.	ik ayukpacho ikayokpa'cho	ĭk-ah-yook-pah-choh
detour, n.	afolopa afoolopa	ah-foh-loh-pah
devastate, v.	ayukpanichi ayokpanichi	ah-yook-pah-ne-che
develop, v.	himona toba himona' toba	he-moh-nah toh-bah
deviate, v.	afolopa afoolopa	ah-foh-loh-pah
devil, n.	isht ahollo okpulo ishtahollo' okpolo'	ĭsht ah-hohl-loh ok-poh-loh
devote, v.	isht utta ishtatta	ĭsht ŭt-tah
devour, v.	amosholi amosholi	ah-mohn-shoh-le
devout, adj.	holitopli holiitobli	hoh-le-tohp-le
dew, n.	cheshuk chishak	che-shŭk
dewberry, n.	bissa uka balali bissa' akka' bala'li'	bĭss-ah ŭk-ah bah-lah-le
diabetes, n.	abeka okpulo abika' okpolo'	ah-be-kah ohk-poh-loh
diabolic, adj.	ushechi meheli ashshachi mihíli	ŭsh-e-che me-hehn-le
diagnosis, n.	afanachi afaana'chi	ah-fah-nah-che
diameter, n.	iklunna lhoputli iklanna lhopolli	ĭk-lŭn-nah lhoh-poot-le
diamond, n.	tuli shukowali holitopa tali' shokowaali' holiitopa'	tŭl-e shook-oh-wah-le hoh-le-toh-pah
diaper, n.	bukshiama bakshiyama'	bŭk-she-ah-mah
diaphragm, n.	inukolo inonkolo'	ĭn-oonk-oh-loh
diarrhea, n.	alhoputli alhoopolli	ah-lhoh-poot-le
diary, n.	nitak moma holissochi nittak móma holissochi'	ne-tuk mohn-mah hoh-lĭss-oh-che

ENGLISH	CHICKASAW	PRONUNCIATION
dicker, v.	itatoba ittatoba	ĭt-ah-toh-bah
dictate, v.	yumishchi imunoli yahmishchi imanoli	yŭm-ĭsh-che ĭm-un-ohn-le
dictionary, n.	holisso anumpa takoli holisso anompa takohli'	hoh-lĭss-oh ah-noom-pah tah-koh-le
did, v.	isht utta tok ishtattatok	ĭsht ŭt-tah tohk
die, v.	illi illi	ĭl-le
diet, n.	impa kushkoli impa' kashkoli	ĭm-pah kush-koh-le
differ, v.	ittimela ittimila	ĭt-te-mehn-lah
different, adj.	ila ila	ehn-lah
difficult, adj.	kullo chomi kallo chohmi	kŭl-loh choh-me
dig, v.	kolli kolli	koh-le
dike, n.	lokfi tohwa lokfi' to'wa	lohk-fe toh-wah
dilapidate, v.	okpolot taha okpolot taha	ohk-poh-loht tah-hah
dilate, v.	ishto chichi ishtochichi	ĭsh-toh che-che
dim, adj.	oklhilikachi oklhilikachi	ohk-lhe-le-kah-che
dime, n.	sint pokoli sent pokkó'li	sent poh-koh-le
diminish, v.	tahut ma tahat máa	tah-hŭt mahn
dimity, n.	nafoka toba naafokha toba'	nah-foh-kah toh-bah
dine, v.	impa impa	ĭm-pah
dingy, adj.	shobokoli shobbokoli	shoh-boh-koh-le
dinner, n.	tabokoli impa tabokoli impa'	tah-boh-koh-le ĭm-pah
dip, v.	takufi takaffi	tah-kŭf-e
dip out, v.	tuklit tahli taklit tahli	tŭk-lĭt- tah-le

ENGLISH	CHICKASAW	PRONUNCIATION
dip water, v.	oka tukli oka' takli	oh-kah tŭk-le
diphtheria, n.	abeka okpulo abika' okpolo'	ah-be-kah ohk-poh-loh
diploma, n.	holisso isht oktunni holisso ishtoktani'	hoh-lĭss-oh ĭsht ohk-tŭn-ne
dipper, n.	isht takafa ishtaka'fa'	ĭsht tah-kah-fah
dire, adj.	aipalummi aapállammi	ah-pah-lŭm-me
direct, v.	apisali apissali	ah-pe-sah-le
direction, n.	yumma pila yamma pílla	yŭm-mah pe-lah
dirk, n.	bushpo isht itibi bashpo ishtittibi'	bŭsh-poh ĭsht ĭt-e-be
dirt, n.	lokfi lokfi'	lohk-fe
dirty, adj.	leteha litiha	le-te-hah
disabled, adj.	atukluma ataklama	ah-tŭk-lŭm-mah
disagree, v.	ikitibachafo ikittibaachaffo	ĭk-ĭt-e-bah-chah-foh
disagreeable, adj.	ikaiyukpacho ikayokpa'cho	ĭk-ah-yōok-pah-choh
disappear, v.	pit kunia pitkaniya	pit-kŭn-e-ah
disappoint, v.	ik imomo ikimo'mo	ĭk-ee-moh-moh
disapprove, v.	ikaiyukpacho ikayokpa'cho	ĭk-ah-yōok-pah-choh
disaster, n.	ai okpoloka aayokpoloka'	ah-ohk-poh-loh-kah
disbelief, n.	ik yimmo ikyimmo	ĭk-yĭm-moh
disburse, v.	ittakushkoli ittakashkoli	it-tah-kŭsh-koh-le
discard, v.	kunchi kanchi	kŭn-che
discharge, v.	kochichi kochchichi	koh-che-che
disciple, n.	nan ithana nannithana'	nahn ĭt-hah-nah

ENGLISH	CHICKASAW	PRONUNCIATION
disclaim, v.	umi keyu ammi' ki'yo	ŭm-e ke-yoh
disclose, v.	okfaha okfaha	ohk-fah-hah
discomfort, n.	ik i chukma ikinchokmo	ĭk ehn chook-moh
discontent, n.	ik achaho ikacha'ho	ĭk ah-chah-hoh
discontinue, v.	oktupli oktabli	ohk-tŭp-le
discord, n.	ik itibachafo ikittibaachaffo	ĭk ĭt-e-bah-chah-foh
discount, v.	ulhchonunchi alhchonánchi	ŭlh-chohn-nŭn-choh
discourage, v.	im molubbi imolabi	ĭm-moh-lŭb-be
discover, v.	hayochi hayoochi	hah-yoh-che
discriminate, v.	apelachi apilachi	ah-pe-lah-che
discuss, v.	isht anumpoli ishtanompoli	ĭsht ah-noom-poh-le
disease, n.	abeka okpulo abika' okpolo'	ah-be-kah ohk-poh-loh
disfavor, n.	ik aiyukpacho ikayokpa'cho	ĭk ah-yook-pah-choh
disgrace, v.	isht kalakshi ishtkalakshi	ĭsht kah-lŭk-she
disguise, v.	hobachi hobachi	hoh-bah-che
disgust, v.	i takobichi intakho'bichi	ehn tah-koh-be-che
dish, n.	umposhi amposhi'	ŭm-poh-she
dish (shallow), n.	umposhi palussa amposhi' palassa'	ŭm-poh-she pah-lŭss-ah
dishevel, v.	oshwechali oshwichali	ohsh-we-chah-le
dishonest, adj.	alhi keyu alhlhi ki'yo	ahn-lhe ke-yoh
dishonor, n.	hofaya hofahya	hoh-fah-yah
dishonor, v.	hofoyachi hofahyachi	hoh-fah-yah-che

ENGLISH	CHICKASAW	PRONUNCIATION
dislike, v.	ik aiyukpacho ikayokpa'cho	ĭk ah-yoŏk-pah-choh
dismiss, v.	chufichi chaffichi	chŭf-e-che
dismissed, v.	tewapa tok tiwapatok	te-wah-pah-tohk
dismount, v.	ukwa akwaa	ŭk-wah
disobey, v.	ik imbateyo ikimbaati'yo	ĭk ĭm-bah-te-yoh
disorder, v.	itafemupli ittafímmabli	ĭt-ah-fem-ŭp-le
dispatch, v.	tíkba chufichi tingba' chaffichi	ting-bah chŭf-e-che
dispel, v.	chufichi chaffichi	chŭf-e-che
disperse, v.	itafemupli ittafímmabli	ĭt-ah-fem-ŭp-le
display, v.	haiyakachi hayakachi	hah-yah-kah-che
displease, v.	hasheli hashiili	hah-she-le
dispute, v.	itachapa ittachaapa	ĭt-ah-chah-pah
disrobe, v.	nofka sheli naafka' shihli	nof-kah she-le
disrupt, v.	atuklummi ataklammi	ah-tŭk-lŭm-me
dissatisfy, v.	ikaiyukpacho ikayokpa'cho	ĭk-ah-yoŏk-pah-choh
dissever, v.	tupli tapli	tŭple
dissipate, v.	pila folokachi pílla folo'kachi	pe-lah foh-loh-kah-che
dissolve, v.	okakaneia okaakaniya	oh-kah-kah-ne-yah
distance, n.	hopaki hopaaki	hoh-pah-ke
distant, adj.	hopaki hopaaki	hoh-pah-ke
distemper, n.	ebishano ibishshano	ee-bĭsh-ah-noh
distinct, adj.	oktunni oktani	ohk-tŭn-ne

distinguish, v.	oktunni chukma oktani chokma	ohk-tŭn-ne chōok-mah
distort, v.	ayokpolokachi ayokpolokachi	ah-yok-poh-loh-kah-che
distract, v.	atuklummi ataklammi	ah-tŭk-lŭm-me
distress, n.	impalummi impállammi	ĭm-pah-lŭm-me
distribute, v.	itakushkoli ittakashkoli	ĭt-ah-kŭsh-koh-le
district, n.	olhti olhti	ohlh-te
distrust, v.	ik iyimmo iki̱yimmo	ĭk ehn yĭm-moh
disturb, v.	atuklummi ataklammi	ah-tŭk-lŭm-me
ditch, n.	yakni kolukbi yaakni' kolokbi'	yahk-ne koh-lōok-be
ditch, v. (dig)	kolukbichi kolokbichi	koh-lōok-be-che
divan, n.	aiombinili fala aaombiniili' falaa'	ah-ohm-be-ne-le fah-lah
dive, v.	oklobushli okloboshli	ohk-loh-bōosh-le
divert, v.	i folota i̱folota	ehn foh-loh-tah
divide, v.	kushkoli kashkoli	kŭsh-koh-le
divine, adj.	holitopa holiitopa	hoh-le-toh-pah
divorce, n.	holisso kashofa holisso kashofa	hoh-lĭss-oh kah-shoh-fah
divulge, v.	anoli ano̱li	ah-nohn-le
dizziness, n.	chukfoloha chokfoloha	chōok-foh-loh-hah
dizzy, adj.	chukfoloha chokfoloha	chōok-foh-loh-hah
do, v.	isht utta ishtatta	ĭsht ŭt-tah
do wrong, v.	ikalhpiso ikalhpí'so	ĭk-ahlh-pe-soh
docile, adj.	imbatiya imbaatiya	em-bah-te-yah

doctor, n.	alikchi alikchi'	ah-lĭk-che
document, n.	isht alhi ishtalhlhi'	ĭsht ahn-lhe
dodder, v.	yulechi yollichi	yŭl-e-che
dodge, v.	huluklichi hállakli'chi	hŭl-ŭk-le-che
doe, n.	issi tek issi' tiik	ĭss-e teek
doeskin, n.	tulhko lopushki talhko' loposhki'	tŭlh-koh loh-po͞osh-ke
dog, n.	ofi ofi'	oh-fe
dogie, n.	wak-ulhtukla waakalhtakla'	wahk-ŭlh-tŭk-lah
dogwood, n.	koshchi koshchi'	kohnsh-che
dole, v.	iklawo habenachi ikla'wo habinachi	ĭk-lah-woh hah-be-nah-che
doll, n.	hatak holba hattak holba'	hah-tŭk hohl-bah
dollar, n.	touso chufa ta'osso' chaffa'	tou -soh chŭf-ah
domain, n.	immi alhpisa immi' alhpí'sa	ĭm-me ahlh-pe-sah
domestic, adj. (animal)	nan ulhpoba nannalhpooba'	nahn ŭlh-poh-bah
dominate, v.	il-ishto chichi ilishtochichi	ĭl-ĭsh-toh che-che
domineer, v.	il-ishto chichi ilishtochichi	ĭl-ĭsh-toh che-che
donate, v.	ima ima	ĭm-ah
donation, n.	nan itahoba nannittahooba	nahn ĭt-ah-hoh-bah
done, adj. (thoroughly cooked)	nuna nona	no͞on-ah
done, adj. (ended)	ulhtaha tok alhtahatok	ŭlh-tah-hah tohk
donkey, n.	soba huksobish fala soba haksibish falaa'	soh-bah hŭk-soh-bĭsh fah-lah
donor, n.	habenachi habinachi	hah-be-nah-che

ENGLISH	CHICKASAW	PRONUNCIATION
door, n.	okhissa okkissa'	ohk-hĭss-ah
doorkeeper, n.	okhissa apisachi okkissa' apiisachi'	ohk-hĭss-ah ah-pe-sah-che
dose, n.	ishko chufa ishko chaffa	ĭsh-koh chŭf-ah
double, adj.	tuklo toklo	took-loh
double, adj. (in pairs)	itapota ittapoota	ĭt-ah-poh-tah
doubt, v.	ik yimmo ikyimmo	ĭk-yĭm-moh
dough, n.	olhkomo olhkomo'	ohlh-koh-moh
dove, n.	puchi yoshoba pachi' yoshoba'	pcuh-e yoh-shoh-bah
down, adv.	uka akka'	uk-ah
down, n. (fine feathers)	foshi hishi lopushki foshi' hishi' loposhki'	foh-she he-she loh-poosh-ke
downfall, n.	isht kalakshi ishtkalakshi'	ĭsht kah-lŭk-she
downstream, adv.	oka sokbish pila oka' sokbish pílla	oh-kah sohk-bĭsh pe-lah
downward, adv.	uka pila akka' pílla	uk-ah pe-lah
doxology, n.	taloa isht aiyupi taloowa' ishtayyo'pi'	tah-loh-ah ĭsht ah-yoop-e
doze, v.	nusi iklunna nosi iklanna	noh-se ĭk-lŭn-nah
dozen, n.	awah tuklo awa toklo	ah-wah took-loh
drag, v.	lhefichi lhifi'chi	lhe-fe-che
dragoon, n.	soba ombinili tushka soba ombiniili' tashka	soh-bah ohm-be-ne-le tŭsh-kah
drain, n.	kochut yanutli kochchaat yanalli	koh-chŭt yah-nŭt-le
drake, n.	fochush nukni fochosh nakni'	foh-choosh nŭk-ne
draw, v. (delineate)	holisso icholi holisso incho'li	hoh-lĭss-oh ehn-choh-le
draw, v. (take liquid out)	bishlichi bishlichi	bĭsh-le-che

ENGLISH	CHICKASAW	PRONUNCIATION
draw, v. (water)	oka ochi oka' oochi	ok-kah oh-che
draw a line, v.	lhafi lhafi	lhahn-fe
drawer, n. (container)	nan aiulhto nannaayalhto'	nahn ah-ŭlh-toh
drawers, n. (undergarment)	anuka fohka anonka' fokha'	ah-nohn-kah foh-kah
drawing knife, n.	isht tulhi ishtalhlhi'	isht tŭlh-e
dread, v.	nukwaiya nokwaya	no͞ok-wah-yah
dream, v.	ilhpokona ilhpokonna	ĭlh-poh-kohn-ah
dreamer, n.	ilhpokonubi ilhpokonnabi	ĭlh-pohk-kohn-ŭb-e
drench, v.	lhaitli lhayilli	ihah-ĭt-le
dress, n.	nafoka naafokha	nah-foh-kah
dress, v.	nafoka foka naafokha fokha	nah-foh-kah foh-kah
dribble, v.	hoya hoyya	hoh-yah
dried, adj.	shilut taha shilat taha	she-lŭt tah-hah
drift, v.	aiya aya	ah-yah
drifter, n.	hatuk aiya hattak aya	hah-tŭk ah-yah
driftwood, n.	hushtup hashtap	hŭsh-tŭp
drink, v.	ishko ishko	ĭsh-koh
drink, try to, v.	ishkot pisa ishkot pisa	ĭsh-koht pe-sah
drink all, v.	moma ishko móma ishko	mohn-mah ĭsh-koh
drink with, v.	itibaiishko ittibaaishko	ĭt-ah-bah-ĭsh-koh
drip, v.	hoya hoyya	hoh-yah
drive, v.	utupichi atappichi	ŭ-tŭp-e-che

ENGLISH	CHICKASAW	PRONUNCIATION
drizzle, n.	shobichi shobbichi	shoh-be-che
dromedary, n.	soba kibikshi soba kibikshi'	soh-bah ke-bǐk-she
drone, n. (lazy fellow)	yaputli yáppalli	yah-pǔt-le
drone, n. (male bee)	fohi nukni fohi' nakni'	foh-he nǔk-ne
drool, v.	chukiyali chokkiyahli	chook-e-yah-le
droop, v. (grow weak)	tikabi tikahbi	te-kah-be
drop, n. (liquid)	hoya hoyya	hoh-yah
drop, v. (off)	itola ittola	ǐt-oh-lah
drop, v. (as leaves)	weleli wilili	we-le-le
dropsy, n.	pofowa pofowa	poh-foh-wah
drought, n.	kocha shila kochcha shila'	koh-chah-she-lah
drove, n.	lawa lawa	lah-wah
drove, v.	utupichi tok atappichitok	ǔ-tǔp-e-che tohk
drown, v.	okai illi okaailli	ohk-kah-ǐl-le
drowse, v.	nusilha nosilhlha	noh-sǐlh-ah
drug, n.	ithensh ittish	ǐt-hensh
druggist, n.	ithensh kunchi ittish kanchi'	ǐt-hensh kǔn-che
drum, n.	isht talhepa ishtalhipa'	ǐsht tah-lhe-pah
drunk, adj.	huksi haksi	hǔk-se
drunkard, n.	okishko okishko'	ohk-ǐsh-koh
dry, adj.	shila shila	she-lah
dry, v.	shilele shilili	she-le-le

ENGLISH	CHICKASAW	PRONUNCIATION
dry, go, v.	shipa shipa	she-pah
duck, n.	fochush fochosh	foh-choosh
duck, n. (female)	fochush tek fochosh tiik	foh-choosh teek
duck, v.	oklobushlichi okloboshlichi	ohk-loh-boosh-le-che
duckling, n.	fochush oshi fochosh-oshi'	foh-choosh oh-she
dud, n.	nafoka lhepa naafokha lhipa'	nah-foh-kah lhe-pah
due, adj.	aiulhtoba ona aayalhtoba ona	ah-ŭlh-toh-bah ohn-ah
duel, n.	tuklot itibi toklot ittibi	took-loht ĭt-e-be
duet, n.	tuklot isht ushwa toklot ishtashwa	took-loht ĭsht ŭsh-wah
dug, v.	kolli tok kollitok	kohl-le tohk
dull, adj.	tukbi takbi	tŭk-be
dumb, n. (mute)	ikanumpolo ikanompo'lo	ĭk-ah-noom-poh-loh
dumb, adj. (stupid)	nan ik ithano nannikitha'no	nahn ĭk ĭt-hah-noh
dumpling, n.	ashela ashiila	ah-she-lah
dumpling, n. (grape)	punk-ushfola pankashfola'	pŭnk-ŭsh-foh-lah
dung, n.	yulhki yalhki'	yŭlh-ke
dupe, n.	nana yimmi nanna yimmi	nah-nah yĭm-me
durable, adj.	kullo kallo	kŭl-loh
during, adj.	tukla tángla	tŭnk-lah
dusk, adj.	oklhilichi oklhilichi	ohk-lhe-le-che
dust, n.	hotuk shobotli hottok shobolli	hoh-took shoh-boht-le
dwarf, n.	i yaknasha iyaaknasha'	ehn yahk-nah-shah

ENGLISH	CHICKASAW	PRONUNCIATION
dwell, v.	aiutta aayatta	ah-ŭt-tah
dwell with, v.	ibautta ibaayatta	e-bah-ŭt-tah

E

ENGLISH	CHICKASAW	PRONUNCIATION
each, adj.	aiyukali ayyokali	ah-yŭ-kah-le
eager, adj.	aiimeta ayiimita	ah-ee-me-tah
eagle, n.	osi osi'	ohn-se
eaglet, n.	ososhi ososhi'	ohn-soh-she
ear, n.	huksobish haksobish	hŭk-soh-bĭsh
ear, n. (corn)	tunchi wah tanchi' waa'	tŭn-che wah
ear, n. (roasting corn)	tash yeloha tashyiloha'	tahnsh ye-loh-hah
earache, n.	huksobish hotopa haksobish hottopa'	hŭk-soh-bĭsh hoh-toh-pah
early, adj.	cheki chiiki	chee-ke
early, n. (dawn)	nitaki nittaki	ne-tah-ke
earn, v.	toksulit habena toksalit habina	tohk-sŭl-ĭt hah-be-nah
earnest, adj.	chelita chilita	che-le-tah
earring, n.	huksobish tukali haksobish takaali'	hŭk-soh-bĭsh tŭk-ah-le
earth, n.	yakni yaakni'	yahk-ne
earthquake, n.	yakni winakachi yaakni' wina'kachi'	yahk-ne wĭn-ah-kah-che
earthworm, n.	salhkona salhkona	sahlh-koh-nah

ENGLISH	CHICKASAW	PRONUNCIATION
ease, n.	nuktalali noktalaali	nōok-tah-lah-le
easily, adj.	nana keyu nanna ki'yo	nah-nah ke-yoh
east, n.	hushi akocha hashi' aakochcha'	hŭsh-e koh-chah
easy, adj.	ik kulloso ikkallo'so	ĭk-kŭl-oh-soh
Easter, n.	Falamut Tani Nitak Falamat Taani Nittak	fah-lah-mŭt tah-ne ne-tŭk
eat, v.	impa impa	ĭm-pah
eat together, v.	itibaimpa ittibaaimpa	ĭt-e-bah-ĭm-pah
eavesdrop, v.	haponuklo haponhaklo	hah-poh-nŭk-loh
ebb, v.	shipa shiipa	shĭp-ah
ebony, n.	itikawaski itti' kawaski'	ĭt-e kah-wŭs-ke
echo, n.	achamapa achaamapa	ah-chah-mah-pah
eclipse, n.	italata ittalata	ĭt-tah-lah-tah
economy, n.	ilatoba ilatoba	e-lah-toh-bah
ecstasy, adj.	ayukpa ayokpa	ah-yōok-pah
eczema, n.	lewali shila liwaali shila'	le-wah-le she-lah
eddy, n.	oka afolokachi oka' aafolo'kachi'	ohk-ah ah-foh-loh- kah-che
edge, n.	takcha takcha'	tahk-chah
edible, adj.	upa chukma apa chokma	ŭp-ah chōok-mah
edifice, n.	aboa ishto aboowa ishto	ah-boh-ah ĭsh-toh
edify, v.	yimmichi yimmichi	yĭm-me-che
editor, n.	holisso icholi holisso incho'li'	hoh-lĭss-oh ehn-choh-le
educate, v.	ithana ithana	ĭt-hah-nah

ENGLISH	CHICKASAW	PRONUNCIATION
educated, v.	nan ithana tok nannithanatok	nahn ĭt-hah-nah-tohk
educator, n.	ithanachi ithanachi'	ĭt-hah-nah-che
eel, n.	haiya sinti hayaasinti'	hah-yah-sĭn-te
efface, v.	kashofi kashoffi	kah-shoh-fe
effect, v.	yummi yammi	yŭm-me
effervesce, v.	wushwoki woshwoki	wŭsh-woh-ke
efficient, adj.	impona imponna	ĭm-pohn-ah
effigy, n.	holba holba	hohl-bah
effort, n.	yomi bunna yohmi banna	yoh-me bŭn-nah
egg, n.	oshi oshi'	oh-she
eggshell, n.	oshi hukshup oshi' hakshop	oh-she hŭk-shoop
ego, n.	illakeni ilaakíni	ĭl-lah-kehn-ne
eight, adj.	otuchina ontochchí'na	ohn-tooch-e-nah
eighteen, n.	awah otuchina awa ontochchí'na	ah-wah ohn-tooch-e-nah
eighth, adj.	isht otuchina ishtontochchí'na	ĭsht ohn-tooch-e-nah
eighty, adj.	pokoli otuchina pokkó'li ontochchí'na	poh-koh-le ohn-tooch-e-nah
either, adj.	ik kanimpi ikkanimpi	ĭk kah-nĭm-pe
eject, v.	kochichi kochchichi	koh-che-che
elaborate, v.	alawachi alawachi	ah-lah-wah-che
elapse, v.	taha taha	tah-hah
elastic, n.	shepa shiipa	she-pah
elate, v.	isht ayukpa ishtayokpa	ĭsht ah-yook-pah

ENGLISH	CHICKASAW	PRONUNCIATION
elbow, n.	ilbuk *i* koffi ilbak inkoffi'	ĭl-buk ehn kohf-fe
elder, n.	iti itti'	ĭt-e
elder, adj. (aged)	hatuk sipokni hattak sipokni'	hah-tŭk se-pohk-ne
elder, n. (older brother)	akni akni'	ahk-ne
elect, v.	atokoli atookoli	ah-toh-koh-le
elect, n.	ulhtoka alhtoka'	ŭlh-toh-kah
elected, v.	ulhtoka tok alhtokatok	ŭlh-toh-kah-tohk
electricity, n.	shukmulli okchi shokmalli' okchi'	shook-mŭl-le ohk-che
elegant, adj.	holitopa holiitopa	hoh-le-toh-pah
element, n.	tobakaka tobakaka'	toh-bah-kah-kah
elephant, n.	sobishto sobishto'	soh-bĭsh-toh
elevate, v.	chahachi chaahachi	chah-hah-che
elevator, n.	isht ubaweli ishtabaawiili'	ĭsht ŭb-ah-we-le
eleven, adj.	awah chufa awa chaffa	ah-wah chŭf-ah
eleventh, adj.	isht awah chufa ishtawa chaffa	ĭsht ah-wah chŭf-ah
elf, n.	*i* yaknasha iyaaknasha'	ehn yahk-nah-shah
eligible, adj.	imulhtaha imalhtaha	ĭm-ŭlh-tah-hah
eliminate, v.	ukshochi akshochi	ŭk-shoh-che
elite, n.	ulhpisa alhpí'sa	ŭlh-pee-sah
elm, n.	tohto tohto'	toh-toh
elongate, v.	faleli faliili	fah-le-le
elope, v.	mulit kunia mallit kaniya	mŭl-eet kŭn-e-yah

ENGLISH	CHICKASAW	PRONUNCIATION
eloquent, adj.	impona imponna	ĭm-pohn-ah
else, adv.	ila hokia ilahookya	ehn-lah hoh-ke-yah
elude, v.	i kunutli inkanalli	ehn-kŭn-ŭt-le
emaciate, v.	nipi taha nipi' taha	ne-pe tah-hah
emancipate, v.	yuka tulhofa yoka talhofa	yook-ah tah-lhoh-fah
emancipator, n.	talhofichi talhoffichi'	tah-lhoh-fe-che
embargo, n.	imoktupli imoktabli	ĭm-ohk-tŭp-Ie
embarrass, v.	hofaya hofahya	hoh-fah-yah
embarrassed, v.	hofaya tok hofahyatok	hoh-fah-yah-tohk
ember, n.	loak tobuksi lowak tobaksi'	loh-ŭk- toh-bŭk-se
embezzle, v.	hokopa honkopa	hohnk-koh-pah
emblem, n.	isht oktunni ishtoktani	ĭsht ohk-tŭn-ne
embrace, v.	sholi shooli	shoh-le
emend, v.	alhinchi alhlhínchi	ahn-lhen-che
emerge, v.	okpalali okpalali	ohk-pah-lah-le
emergency, n.	afehna aafinha	ah-feh-nah
emetic, adj.	isht howetachi ishthowitachi'	ĭsht hoh-we-tah-che
emigrant, n.	hatuk weha hattak wiha'	hah-tŭk we-hah
emigrate, v.	weha wiha	we-hah
emollient, adj.	isht yabofi ishtyaboffi	ĭsht yah-boh-fe
emotion, n.	isht anukfilli ishtanokfilli	ĭsht ah-nook-fîl-le
emperor, n.	ishkoboka ishkoboka'	ĭsh-koh-boh-kah

| --- | --- | --- |
emphasis, n.	kullochi kallochi	kŭl-loh-che
employ, v.	tohno tohno	toh-noh
empty, adj.	iksho iksho	ĭk-shoh
enchant, v.	ayukpachichi ayokpachichi	ah-yook-pah-che-che
enclose, v.	isht afoloplichi ishtafooloblichi	ĭsht ah-foh-lohp-le-che
encore, n.	atuklanchi atoklánchi	ah-took-lahn-che
encounter, v.	itafamut itibi ittafamat ittibi	ĭt-ah-fah-mŭt ĭt-e-be
encourage, v.	atonochi atohnochi	ah-toh-noh-che
encumber, v.	i wekichi iwiikichi	ehn hool-loh
end, n.	takcha takcha'	tahk-chah
endear, v.	i hullo ihollo	ehn hool-loh
endeavor, v.	aiimeta ayiimita	ah-e-me-tah
ending, n.	otalhi ootalhlhi	oh-talh-e
endless, adj.	isht bilia ishtbílli'ya	ĭsht bĭl-e-yah
endorse, v.	ayukpachi ayokpánchi	ah-yook-pahn-che
endow, v.	habenachi habinachi	hah-be-nah-che
endure, v.	ikkanemikia ikkanihmikya	ĭk-kah-ne-me-ke-ah
enemy, n.	itunup intanap	ehn-tŭn-ŭp
energy, n.	kelimpi kilimpi	ke-lĭm-pe
enfeeble, v.	tikabichi tikahbichi	te-kah-be-che
enfold, v. (embrace)	shohli shooli	shoh-le
enforce, v.	alhinchi alhlhínchi	ahn-lhen-che

| --- | --- | --- |
engage, v. (contract)	itim apisa ittimapiisa	ĭt-ĭm-ah-pe-sah
engage, v. (employ)	tohno tohno	toh-noh
engrave, v. (on stone)	tulli icholi tali' incho'li	tul-le ehn-choh-le
enjoy, v.	ayukpachi ayokpachi	ah-yook-pah-che
enlarge, v.	ishto chi ishtochi	ĭsht-oh-che
enlist, v.	ibafoka ibaafokha	e-bah-foh-kah
enmity, n.	ikayukpacho ikayokpa'cho	ĭk-ah-yook-pah-choh
enormous, adj.	ishto ishto	ĭsh-toh
enough, adj.	ulhpisa alhpi'sa	ŭlh-pe-sah
enquire, v.	asilha asilhlha	ah-sĭlh-ah
enrage, v.	husheli hashiili	hŭsh-e-le
enrapture, v.	ayukpachi ayokpachi	ah-yook-pah-che
enroll, v.	ili-holissochi iliholissochi	ĭl-ee-hoh-lĭss-oh-che
enrolled, v.	ili-holissochi tok iliholissochitok	ĭl-ee-hoh-lĭss-oh-che tohk
ensign, n.	shupha shapha	shŭp-hah
enslave, v.	yukachi yokachi	yook-ah-che
ensue, v.	yamma chi yahma'chi	yah-mah che
entangle, v.	shokonopli shokoonopli	shoh-kohn-ohp-le
enter, v.	chukwa chokwaa	chook-wah
entertain, v.	achahachi achaahachi	ah-chah-hah-che
enthusiasm, n.	aiimeta ayiimita	ah-e-me-tah
entice, v.	yimmichi yimmichi	yĭm-me-che

ENGLISH	CHICKASAW	PRONUNCIATION
entire, adj.	moma móma	mohn-mah
entitle, v.	hohchifo hochifo	hoh-che-foh
entomb, v.	hohpi hoppi	hoh-pe
entrails, n.	sulhkona salhkona	sŭlh-koh-nah
entrance, n.	achukwa aachokwaa'	ah-chook-wah
entrap, v.	yukli yokli	yook-le
entreat, v.	i habena ihabina	ehn hah-be-nah
entrust, v.	i yimmi iyimmi	ehn yĭm-me
entry, n.	achukwa aachokwaa'	ah-chook-wah
entwine, v.	paneli paniili	pah-ne-le
enumerate, v.	hotena hotihna	hoh-te-nah
enunciate, v.	oktunnichi oktanichi	ohk-tŭn-ne-che
envelop, v.	afolobli afoolobli	ah-foh-lohb-le
envelope, n.	holisso afoka holisso aafokha'	hoh-lĭss-oh ah-foh-kah
envious, adj.	anoshkona anoshkonna	ah-nosh-kohn-ah
envy, v.	anoshkona anoshkonna	ah-nosh-kohn-ah
eon, n.	hopaki hopaaki	hoh-pah-ke
epidemic, adj.	itihaleli ittihaliili	ĭt-e-hah-le-le
epilepsy, n.	haiyuchichi hayoochichi	hah-yŭ-che-che
episode, n.	isht unoa ishtannowa	ĭsht ŭn-noh-ah
epitome, v.	holisso isht unoa holisso ishtannowa	hoh-lĭss-oh ĭsht ŭn-oh-ah
Epsom salts, n.	hupi kapussa hapi' kapassa'	hŭ-pe kah-pŭs-sah

ENGLISH	CHICKASAW	PRONUNCIATION
equal, adj.	itilawi ittilawwi	ĭt-ĭl-ah-we
equip, v.	im ulhtaha imalhtaha	ĭm-ŭlh-tah-hah
equivalent, adj.	itilawi ittilawwi	ĭt-ĭl-ah-we
eradicate, v.	kashofi kashoffi	kah-shoh-fe
erase, v.	kashofi kashoffi	kah-shoh-fe
erased, v.	kashofi tok kashoffitok	kah-shoh-fe tohk
eraser, n.	isht kashofichi ishtkashoffichi'	ĭsht kah-shoh-fe-che
erect, v.	helechi hilichi	he-le-che
erect, adj.	apisa apissa	ah-pĭs-ah
erode, v.	oka oyunut tali oka' oyanaht tahli	oh-kah ohn-yŭn-ŭt tah-le
err, v.	i lhakofi ilhakoffi	ehn lhah-koh-fe
errand, n.	im alummi imaalami	ĭm-ah-lŭm-me
error, n.	lhakofa lhakofa	lhah-koh-fah
erysipelas, n.	huknip shatali haknip shatali	hŭk-nĭp shah-tah-le
escape, v.	mullet kunia mallit kaniya	mŭl-leet- kŭn-e-ah
escort, n.	tawaha tawáaha	tah-wahn-hah
Eskimo, n.	falummi hatuk falammi hattak	fah-lŭm-me hah-tŭk
esophagus, n.	inukafolo inonkafolo'	ehn-noonk-ah-foh-loh
especial, adj.	atokoli atookoli	ah-tohk-oh-le
espionage, n.	hokoput anoli honkopat anoli	hohnk-oh-pŭt ah-nohn-le
espouse, n.	ichuka achufa inchokka-chaffa'	ehn-chook-ah ah-chŭf-ah
establish, v.	holitoplit helechi holiitoblit hilichi	hoh-le-tohp-lĭt he-le-che

| --- | --- | --- |
estate, n.	im ilaiyuk imilayyok	ĭm-ĭl -ah-yo͞ok
esteem, v.	*i* holitopa iholitto'pa	ehn hoh-lĭt-oh-pah
estimate, v. (calculate cost)	aiyuli omboli ayalli ombohli	ah-yŭl-e ohm-boh-le
estray, n.	yoshoba yoshoba	yoh-shoh-bah
esurient, adj. (hungry)	amosholi amosholi	ah-mohn-shoh-le
eternal, adj.	bilia ut bilia bílli'yaat bílli'ya	bĭl-e-yah ŭt bĭl-e-yah
eternity, n.	bilia bílli'ya	bĭl-e-yah
ether, n.	isht nusichi ishtnosichi'	ĭsht noh-se-che
etherize, v.	nusichi nosichi	noh-se-che
Ethiop, n.	hatuk losa hattak losa'	hah-tŭk loh-sah
eulogize, v.	ayukpachit isht anumpoli ayokpachit ishtanompoli	ah-yo͞ok-pah-chĭt ĭsht ah-no͞om-poh-le
eulogy, n.	ayukpachit isht anumpoli ayokpachit ishtanompoli	ah-yo͞ok-pah-chĭt ĭsht ah-no͞om-poh-le
eunuch, n.	hatuk hobuk hattak hobak	hah-tŭk hoh-bŭk
eureka, interj.	haiyoshli hayooshli	hah-yosh-le
evacuate, v.	weha wiha	we-hah
evade, v.	*i* kunutli inkanalli	ehn kŭn-ŭt-le
evaluate, v.	aiyuli omboli ayalli ombohli	ah-yŭl-le ohm-boh-le
evangel, n.	uba anumpa anoli aba' anompa anoli'	ŭb-ah ah-no͞om-pah ah-nohn-le
evangelist, n.	uba isht anumploi aba' ishtanompoli'	ŭb-ah ĭsht ah-no͞om- poh-le
evaporate, v.	kofoli kofolli	koh-foh-le
evasion, n.	*i* kunutli inkanalli	ehn kŭn-ŭt-le
eve, n.	ik aionoso ikaayo'nno'so	ĭk ah-ohn-noh-soh

ENGLISH	CHICKASAW	PRONUNCIATION
even, adj.	itilawi ittilawwi	ĭt-ĭl-ah-we
evening, n.	okbia okbiya'	ohk-be-yah
ever, adv.	bilia bílli'ya	bĭl-e-yah
everglade, n.	okpachulhi okpachalhlhi	ohk-pah-chŭlh-e
evergreen, n.	okchamali bilia okchamali bílli'ya	ohk-chah-mah-le bĭl-e-yah
everlasting, adj.	ataha iksho aataha iksho	ah-tah-hah ĭk-shoh
evermore, adv.	bilia bílli'ya	bĭl-e-yah
evert, v.	felitlichi filillichi	fe-lĭt-le-che
every, adj.	moma móma	mohn-mah
everybody, pron.	hatuk moma hattak móma	hah-tŭk mohn-mah
everyday, adj.	nitak moma nittak móma	ne-tŭk mohn-mah
everyone, n.	moma móma	mohn-mah
everything, n.	nana moma nanna móma	nah-nah mohn-mah
everywhere, adv.	kunia moma kaniya' móma	kŭn-e-yah mohn-mah
evict, v.	kochichi kochichi	koh-che-che
evidence, n.	nan isht unoa nannishtannowa'	nahn ĭsht ŭn-oh-wah
evident, adj.	pisa písa	pehn-sah
evil, adj.	ik alhpiso ikalhpí'so	ĭk-ahlh-pe-soh
evildoer, n.	nan ushichi nannashshachi'	nahn ŭsh-e-che
evil-speaking, adj.	anumpa chukoshpa anompa chokoshpa'	ah-noom-pah chook-osh- pah
evil thing, n.	nana ik chukmo nanna ikchokmo'	nah-nah ĭk chook-moh
evolve, v.	akucha aakochcha	ah-kooch-ah

ENGLISH	CHICKASAW	PRONUNCIATION
ewe, n.	chukfi tek chokfi' tiik	chōok-fe teek
ewer, n.	chuti choti'	chōot-e
exact, adj.	ulhpisa alhpisa	ŭlh-pe-sah
exaggerate, v.	atumpohlit anoli aatámpolit anoli	ah-tŭm-poh-lit-ah-nohn-le
exalt, v.	chahachi chaahachi	chah-hah-che
exaltation, n.	nayukpa naayokpa	nah-yōok-pah
examination, n.	afanachi afaana'chi	ah-fah-nah-che
examine, v.	afanachi afaana'chi	ah-fah-nah-che
example, n.	yukmishchi yakmishchi	yŭk-mĭsh-che
exanimate, adj.	illi illi	ĭl-le
exasperate, v.	im ulhchibachi imalhchibachi	ĭm ulh-che-bah-che
excavate, v.	kolli kolli	kohl-le
excavator, n.	nana kolli nanna kolli'	nah-nah kohl-le
exceed, v.	imaiya ímmayya	ĭm-ah-yah
excel, v.	imaiyachi ímmayyachi	ĭm-ah-yah-che
excellence, n.	chukma chokma	chōok-mah
excellent, adj.	chukma chokma	chōok-mah
except, v.	keyukmut ki'yokmat	ke-yōok-mŭt
excess, n.	atampa aatámpa	ah-tahm-pah
exchange, n.	itatohbichi ittatobbichi	ĭt-ah-toh-be-che
excise, v.	ulhtoba omboli alhtoba ombohli	ŭlh-toh-bah ohm-boh-le
excitable, adj.	mulha malhaa	mŭlh-ah

ENGLISH	CHICKASAW	PRONUNCIATION
excite, v.	mulhutlichi malhallichi	mŭlh-ŭt-le-che
exclaim, v.	labachi labaachi	lah-bah-che
exclamation, n.	malhata malhata	mah-lhah-tah
exclude, v.	kochichi kochchichi	koh-che-che
exclusion, n.	kucha helechi kochcha hili'chi	kooch-ah he-le-che
excommunicate, v.	kochichi kochchichi	koh-che-che
excruciating, adv.	hotopa meheli hottopa mihíli	hoh-toh-pah me-hehn-le
excursion, n.	nowut folota nowat folota	nohn-wŭt foh-loh-tah
excuse, v.	isht ilimehachi ishtilimihachi	ĭsht ĭl-le-me-hah-che
excuses, v.	nan isht amiha i lawa nannishtamiha ilawa	nahn ĭsht ah-me-hah ehn lah-wah
execrate, v.	ikyaiillo ikyay'lo	ĭk-yah-ĭl-loh
execute, v. (carry out)	aialhichi ayalhlhínchi	ah-yahn-lhen-che
execute, v. (put to death)	ubi abi	ŭb-e
execute, v. (hang)	nuksiteli noksitili	nook-se-te-le
executioner, n.	nuksitelichi noksitilichi'	nook-se-te-le-che
executive, n.	pelichi pihli'chi'	pe-le-che
exempt, v.	kochichi kochchichi	koh-che-che
exercise, v.	huknip ilhkoochi haknip ilhko'chi	hŭk-nĭp-ĭlh-koh-che
exhale, v.	foyopa kochichi foyopa kochchichi	foh-yoh-pah koh-che-che
exhaust, v.	taha taha	tah-hah
exhausted, v. (fatigued)	tekabi taha tikahbi taha	te-kah-be tah-hah
exhaustion, n. (fatigue)	tekabi tikahbi	te-kah-be

ENGLISH	CHICKASAW	PRONUNCIATION
exhibit, v.	haiyakachi hayakachi	hah-yah-kah-che
exhibited, v.	haiyakachi tok hayakachitok	hah-yah-kah-che-tohk
exhibition, n.	ayopisa aayoopiisa	ah-yoh-pe-sah
exhort, v.	atonochi atohnochi	ah-toh-noh-che
exhume, v.	kollit kochi kollit kochchi	kohl-ĭt koh-che
exile, v.	chufichi chaffichi	chŭf-e-che
exist, v.	okchat ahata okcháat ahánta	ohk-chahnt ah-hahn-tah
exit, n.	akucha aakochcha'	ah-kõoch-ah
exodus, n.	weha wiha	we-hah
exonerate, v.	i kashofa inkashoffa	ehn kah-shoh-fah
expand, v.	ishtochichi ishtochichi	ĭsh-toh-che-che
expect, v.	chetok chitok	che-tohk
expectorate, v.	tofa tofa	toh-fah
expedite, v.	atoshpachi atoshpachi	ah-tohnsh-pah-che
expedition, n.	toshpa toshpa	tohnsh-pah
expeditious, adj.	pulhki palhki	pŭlh-ke
expel, v.	kochichi kochchichi	koh-che-che
expense, n.	ulhtoba kunai alhtoba kaniya	ŭlh-toh-bah kŭn-e-yah
expensive, adj.	aiyulli ishto ayalli ishto	ah-yŭl-le-ĭsh-toh
experience, n.	isht im momaka pisa ishtimómaka' pisa	ĭsht ĭm mohn-mah-kah pe-sah
experiment, v.	im momaka pisa imómaka' pisa	ĭm-mohn-mah-kah pe-sah
expert, n.	impona imponna	ĭm-pohn-ah

expire, v. (die)	illi illi	ĭl-le
expire, v. (breathe out)	foyoput kochichi foyopat kochchichi	foh-yoh-put koh-che-che
explain, v.	imunoli imanoli	ĭm-ŭn-ohn-le
explanation, n.	imunoa imannowa	ĭm-ŭn-oh-ah
explode, v.	tokafa tokafa	toh-kah-fah
explore, v.	hoyot pisa hoyot pisa	hoh-yoht pe-sah
expose, v.	haiyakachi hayakachi	hah-yah-kah-che
exposé, n.	oktunnichi oktanichi	ohk-tŭn-ne-che
express, adj.	atokot anoli aatokoot anoli	ah-toh-koht ah-nohn-le
expulsion, n.	kochichi kochchichi	koh-che-che
expunge, v.	kashofi kashoffi	kah-shoh-fe
exquisite, adj.	ayukli fehna aayokli finha	ah-yo͞ok-le fee-nah
extend, v.	achakali achaakali	ah-chah-kah-le
extension, n.	achaka achaaka	ah-chah-kah
extensive, adj.	ishto ishto	ĭsh-toh
extent, n.	otalhi ootalhlhi	oht-ah-lhe
exterior, adj.	kocha pila kochcha' pílla	koh-chah pe-lah
extinct, adj.	moshochi moshoochi	moh-shoh-che
extinguish, v.	moshochi moshoochi	moh-shoh-che
extol, v.	holitoplichit anumpoli holiitoblichit anompoli	hoh-le-toh-ple-chit-ĭ ah-no͞om-poh-le
extort, v.	imaieshi imaaishi	ĭm-ah-e-she
extortion, n.	aiyowa ayoowa	ah-yoh-wah

extra, adj.	atampa aatámpa	ah-tahm-pah
extract, v.	imaieshi imaaishi	ĭm-ah-e-she
extravagant, adj.	pila okpuni pílla okpani	pe-lah ohk-pŭn-e
extreme, adj.	atupa aatapa	ah-tŭp-ah
extricate, v.	kochichi kochchichi	koh-che-che
exude, v.	lhitili lhitili	lhe-te-le
exult, v.	ayukpa ayokpa	ah-yo͞ok-pah
exultation, n.	ayukpa fehna ayokpa finha	ah-yo͞ok-pah fee-nah
eye, n.	ishkin ishkin	ĭsh-kĭn
eyeball, n.	ishkin lobo ishkin lobo'	ĭsh-kĭn loh-boh
eyebrow, n.	ishkin pukna heshi ishkin pakna' hishi'	ĭsh-kĭn pŭk-nah he-she
eyelash, n.	ishkin oshullo ishkin oshollo	ĭsh-kĭn oh-sho͞ol-loh
eyewitness, n.	ishkin isht pisa ishkin ishtpísa	ĭsh-kĭn ĭsht pehn-sah

fable, n.	shukonumpa shikonno'pa'	sho͞ok-ohn-no͞om-pah
fabric, n.	nafoka toba naafokha toba'	nah-foh-kah toh-bah
fabricate, v. (lie)	lushka loshka	lo͞osh-kah
face, n.	ishoka ishshoka'	e-shoh-kah
face, v.	asunalichi asaanalichi	ah-sŭn-ah-le-che

ENGLISH	CHICKASAW	PRONUNCIATION
facsimile, n.	itachufa ittachaffa	ĭt-ah-chŭf-ah
fact, n.	*a*lhi _a_lhlhi	ahn-lhe
factory, n.	atoba aatoba'	ah-toh-bah
fade, v.	masali masali	mah-sah-le
fag, v.	tikabi tikahbi	te-kah-be
fail, v.	*i*lhakofi _i_lhakoffi	ehn-lhah-koh-fe
failure, n.	*i*lhakofi _i_lhakoffi'	ehn-lhah-koh-fe
fair, n.	nan oktunnichi nannoktanichi	nahn ohk-tŭn-ne-che
fair, adj. (handsome)	chukmasi chokma'si	chŏok-mah-se
fair, adj. (not stormy, as of weather)	basheli bashili	bah-she-le
fairy, n.	*i*yaknasha _i_yaaknasha'	ehn-yahk-nah-shah
faith, n.	yimmi yimmi	yĭm-me
faithful, adj.	ai*a*lhi ay_a_lhlhi	ah-yahn-lhe
faithfulness, n.	ai*a*lhika ay_a_lhlhika'	ah-yahn-lhe-kah
faithless, adj.	ai*a*lhi iksho ay_a_lhlhi iksho	ah-yahn-lhe ĭk-shoh
fake, v.	holba holba'	hohl-bah
falcon, n.	oskanankubi oskanankabi'	ohs-kah-nahn-kŭb-e
fall, v.	ittola ittola	ĭt-toh-lah
fall, n. (autumn)	hushtola umona hashtola ammo'na	hush-toh-lah ŭm-oh-nah
fall on, v.	onutola onottola	oh-nŏot-oh-lah
fall on face, v.	lhemput ittola lhimpat ittola	lhem-pŭt ĭt-toh-lah
fallen, adj.	uk-kukoha akkakowa'	ŭk-kŭk-oh-hah

| --- | --- | --- |
false, adj.	lushka loshka	loosh-kah
falsehood, n.	lushka loshka	loosh-kah
falter, v.	fayakachi faya'kachi	fah-yah-kah-che
fame, n.	unoa ishto annowa ishto	ŭn-oh-ah ĭsh-toh
familiar, adj.	oktunni oktani	ohk-tŭn-ne
family, n.	chuka achufa chokka-achaffa'	chook-ah ah-chŭf-ah
famine, n.	hopoba hopoba	hoh-poh-bah
famish, v.	hopobut illi hopobat illi	hoh-poh-bŭt ĭl-le
fan, v.	amachi amaachi	ah-mah-che
fan, v. (winnow)	tupuk tappak	tŭp-ŭk
fan, n.	isht ilimachi ishtilimaachi'	ĭsht ĭl-e-mah-che
fan, turkey wing, n.	ulhputuk alhpatak	ŭlh-pŭt-ŭk
fanatic, adj.	huksi ahoba haksi ahooba	hŭk-se ah-hoh-bah
fandango, n.	hilha hilha'	hĭlh-ah
fang, n.	sinti nuti sinti' noti'	sĭn-te noh-te
far, adj.	hopaki hopaaki	hoh-pah-ke
fare, n.	aiyulli ayalli	ah-yŭl-le
fare, n. (food)	ilimpuk ilimpak	ĭl-ĭm-pŭk
farewell, interj.	aiyali hoke ayalihookay	ah-yah-le hoh-ke
farm, n.	osapa osaapa'	oh-sah-pah
farmer, n.	osapa toksuli osaapa' toksali'	oh-sah-pah tohk-sŭl-le
farmhouse, n.	osapa chuka osaapa' chokka'	oh-sah-pah chook-ah

ENGLISH	CHICKASAW	PRONUNCIATION
farrow, n.	shukha cheli shokha' chiili	shook-hah che-le
farther, adj.	misha foka misha' fokha	mĭsh-ah foh-kah
farthest, adj.	misha foka misha' fonka	mĭsh-ah fohn-kah
fascinate, v.	ayukpachi ayokpachi	ah-yook-pah-che
fast, v. (abstain from food)	okissa okkisa	oh-kĭss-ah
fast, adj. (swift)	pulhki palhki	pŭlh-ke
fast asleep, v.	nosit illi nosit illi	noh-sit ĭl-le
fasten, v.	akullochi akallochi	ah-kŭl-loh-che
fat, adj.	niha niha	ne-hah
fat, n.	niha niha	ne-hah
fatal, adj.	isht illi tok ishtillitok	ĭsht ĭl-le tohk
fate, n.	yummoma chi tok yámmohmachitok	yŭm-moh-mah che tohk
father, n.	iki inki'	ehn-ke
Father, n. (Holy)	piki holitopa pinki' holitto'pa'	pehn-ke hoh-lĭt-oh-pah
fatherhood, n.	iki toba inki' toba'	ehn-ke toh-bah
father-in-law, n.	iposhchi ipposhchi'	ee-pohsh-che
fatherless, n.	iki iksho inki' iksho	ehn-ke-ĭk-shoh
fathom, n.	ulhpisa alhpisa	ŭlh-pe-sah
fathomless, adj.	uka iksho akka' iksho	ŭk-ah ĭk-shoh
fatigue, n.	tikabi tikahbi	te-kah-be
fatten, v.	nihachi nihachi	ne-hah-che
fattened, v.	nihash tok nihashtok	ne-hahsh tohk

faucet, n.	oka abichili oka' aabichili'	oh-kah ah-be-che-le
fault, n.	isht ikai imono ishtikaaimóno	ĭsht ĭk-kah-e-mohn-noh
favor, v. (show kindness to)	apela apila	ah-pe-la
favor, v. (resemble)	ahoba ahooba	ah-hoh-bah
favored, v.	apelachi tok apilachitok	ah-pe-lah-che tohk
favorer, n	apelachi apilachi'	ah-pe-lah-che
favorite, n.	ayukpachi ayokpachi	ah-yōok-pah-che
fawn, n.	issoshi issoshi'	ĭss-oh-she
fay, n.	iyaknasha iyaaknasha'	ehn-yahk-nah-shah
fear, v. (doubt)	imilha imilhlha	ĭm-ĭlh-ah
fear, v. (to be afraid)	komota komota	koh-moh-tah
fearless, adj.	ikimilho ikimilhlho	ĭk-ĭm-ĭlh-oh
fearlessly, adv.	ikimilho ikimilhlho	ĭk-ĭm-ĭlh-oh
feast, n.	impa ishto impa' ishto'	ĭm-pah ĭsh-toh
feat, adj.	impona imponna	ĭm-pohn-nah
feather, n.	heshi hishi'	he-she
feather, v.	heshi holhfo hishi' holhfo	he-she holh-foh
feather bed, n.	onosha onosha'	oh-noh-shah
February, n.	Hushi Atukla Hashi' Atokla'	Hŭsh-e ah-tōok-lah
fed, v.	ipeta tok ipitatok	ee-pe-tah-tohk
fee, n.	ulhtoba alhtoba	ŭlh-toh-bah
feeble, adj.	ik kelimpo ikkili'po	ĭk-ke-lĭm-poh

ENGLISH	CHICKASAW	PRONUNCIATION
feeble-minded, adj.	im anukfilla tikabi imaanokfila tikahbi	ĭm ah-nook-fíl-lah te-kah-be
feebleness, n.	huknip tikabi haknip tikahbi	hŭk-nĭp te-kah-be
feed, n.	nan-impa nannimpa'	nahn ĭm-pah
feed, v.	ipeta chi ipita'chi	ee-pe-tah che
feel, v.	pasholi pashohli	pah-shoh-le
feeling, n.	ithana ithána	ĭt-hahn-nah
feet, n.	iyi iyyi'	ee-ye
feign, v.	ilihobachi ilihobachi	ĭl-ee-hoh-bah-che
felicity, n.	ayukpa ayokpa	ah-yook-pah
feline, n.	koi kowi'	koh-e
fell, v.	ittola tok ittolatok	ĭt-toh-lah tohk
fell, v. (cut, as trees)	akechi akkichi	ah-ke-che
fellow, n.	hatuk hattak	hah-tŭk
fellow citizens, n.	itibahchufa ittibaachaffa'	ĭt-e-bah-chŭf-ah
fellow laborer, n.	itibatoksuli ittibaatoksali'	ĭt-e bah-tohk-sul-le
fellow man, n.	itibachufa ulheha ittibaachaffa' alhiha	ĭt-e-bah-chŭf-ah ŭlh-e-hah
fellowship, n.	itibachufa ittibaachaffa	ĭt-e-bah-chŭf-ah
fellow student, n.	holisso itibapisa holisso ittibaapisa'	hoh-lĭss-oh ĭt-e-bah- pe-sah
felt, n. (material)	yalhepa toba yaalhipa toba'	yah-lhe-pah toh-bah
felt, v. (handled)	pasho tok pashohtok	pah-shoh tohk
felt, v. (sensed)	hali tok halítok	hah-lehn tohk
female, adj.	tek tiik	teek

ENGLISH	CHICKASAW	PRONUNCIATION
female, n. (aged)	eho sipokni ihoo sipokni'	ee-hoh se-pohk-ne
feminine, adj.	eho ahoba ihoo ahooba	ee-hoh ah-hoh-bah
fence, n.	holita holitta	hoh-le-tah
fence, n. (picket)	holita latussa holitta latassa'	hoh-le-tah lah-tŭss-ah
fence, v.	holitachi holittachi	hoh-le-tah-che
fenceless, adj.	holita iksho holitta iksho	hoh-le-tah ĭk-shoh
fence worm, n.	holita *i* kaha holitta inkaha'	hoh-le-tah ehn-kah-hah
ferment, n.	hawushko hawashko	hah-wŭsh-koh
ferocity, n.	issikopa issikopa	ĭss-e-koh-pah
ferret, n.	shunti ubi shanti' abi'	shŭn-te ŭb-e
ferry, n.	peni aitaiya piini' aatayya'	pe-ne ah-tah-yah
ferryman, n.	peni isht utta piini' ishtatta'	pe-ne ĭsht ŭt-tah
fertile, adj.	yakni himona yaakni' himona'	yahk ne hĭm-ohn-ah
fester, n.	unechichi aniichichi	ŭn-e-che-che
festival, n.	lawa itibaimpa lawa ittibaaimpa	lah-wah ĭt-e-bah-ĭm-pah
fetch, v.	isht minti ishminti	ĭsht mĭn-te
fetid, adj.	shoha shoha	shoh-hah
feud, v.	ik aiitimono ikaaittim<u>ó</u>no	ĭk ah-ĭt-e-mohn-noh
fever, n.	yahna yanha	yah-nah
few, adj.	iklawo ikla'wo	ĭk-lah-woh
few, very, v.	iklawoso ikla'wo'so	ĭk-lah-woh-soh
fez, n.	yalhepa oshkobeli yaalhipa oshkobili'	yah-ihe-pah osh-koh- be-le

ENGLISH	CHICKASAW	PRONUNCIATION
fib, n.	yopola yoppola	yoh-poh-lah
fib, v.	yopolachi yoppolachi	yoh-poh-lah-che
fickle, adj.	ilihuksichi ilihaksichi	ĭl-e-hŭk-se-che
fiddle, n.	isht talhepa ishtalhipa'	ĭsht tah-lhe-pah
fiddler, n.	talhepa olachi talhipa' olachi'	tah-lhe-pah oh-lah-che
fiddlestick, n.	talhepa isht olachi talhipa' ishtolachi'	tah-lhe-pah ĭsht oh-lah-che
fiddlestring, n.	talhepa isht talukchi talhipa' ishtalakchi'	tah-lhe-pah ĭsht tah-lŭk-che
fidget, v.	ik nukchito iknokchi'to	ĭk nōōk-che-toh
field, n.	osapa osaapa'	oh-sah-pah
field, n. (small)	osaposhi osaaposhi'	oh-sah-poh-she
fiend, n.	hatuk issikopa hattak issikopa'	hah-tŭk ĭss-e-koh-pah
fierce, adj.	issikopa issikopa	ĭss-e-koh-pah
fife, n.	osk-ola oskola'	ohsk-oh-lah
fifteen, adj.	awa tulhapi awa talhlhá'pi	ah-wah tŭlh-ah-pe
fifth, adj.	isht tulhapi ishtalhlhá'pi	ĭsht tŭlh-ah-pe
fiftieth, adj.	isht pokoli tulhapi ishpokkó'li talhlhá'pi	ĭsht poh-koh-le tŭlh-ah-pe
fifty, adj.	pokoli tulhapi pokkó'li talhlhá'pi	poh-kol-le tŭlh-ah-pe
fig, n.	fik fik	fík
fight, v.	itibi ittibi	ĭt-e-be
fight for, v.	im itibi imittibi	im ĭt-e-be
fighter, n.	ittibi ittibi'	ĭt-te-be
figure, n. (likeness)	ahoba ahooba	ah-hoh-bah

ENGLISH	CHICKASAW	PRONUNCIATION
figure, n. (number)	holhtina holhtina	holh-te-nah
file, n. (tool)	isht halopachi ishthaloppachi'	ĭsht hah-lohp-ah-che
file, v. (lay away)	aholhtinachi aholhtinachi	ah-hohlh-te-nah-che
filet, n. (lace)	nan tunna shachakla nanntanna' shachakla'	nahn tŭn-nah shah- chŭk-lah
fill, v.	alotoli alootoli	ah-loh-toh-le
fill, v. (to)	alotola chi alootola'chi	ah-loh-toh-lah che
filled, v.	alotoli tok alootolitok	ah-loh-toh-le tohk
filly, n.	soba tek himita soba tiik himitta'	soh-bah teek he-mĭt-ah
filth, n.	ik kahyubo ikayyo'bo	ĭk kah-yoh-boh
filthy, adj.	liteha litiha	le-te-hah
fin, n.	itushunkchi intashankchi'	ehn tŭsh-ŭnk-che
final, adj.	otalhi ootaalhlhi	oht-ahlh-e
finance, n.	tulli holissho isht atahli tali' holisso ishtatahli'	tŭl-le hoh-lĭss-oh ĭsht ah-tah-le
finch, n.	foshi foshi'	foh-she
find, v.	haiyochi hayoochi	hah-yoh-che
find (out), v.	akostinichi akostinichi	ah-kos-te-ne-che
finder, n.	na haiyochi naahayoochi	nah-hah-yoh-che
fine, adj. (good)	chukma chokma	chook-mah
fine, adj. (as powder or flour)	bota bota	boh-tah
fine, adj. (sheer, as material)	lopushki loposhki	loh-poosh-ke
fine, n. (penalty)	ulhtoba omboli alhtoba ombohli	ŭlh-toh-bah ohm-boh-le
finger, n.	ilbukoshi ilbak-oshi'	ĭl-bŭk-oh-she

ENGLISH	CHICKASAW	PRONUNCIATION
finger, v.	ilbukoshi isht pasholi ilbak-oshi' ishtpashooli	ĭl-bŭk-oh-she ĭsht pah-shoh-le
fingernail, n.	ilbukchush ilbakchosh	ĭl-bŭk-chōosh
finger ring, n.	ilbuk shulbeha ilbak shalbi'ha'	ĭl-bŭk shŭl-be-hah
finis, n.	isht aiyopa ishtayoppa	ĭsht ah-yoh-pah
finish, v.	atahli atahli	ah-tah-le
finish the day, v.	nitak atahli nittak atahli	ne-tŭk-ah-tah-le
finished, adj.	ulhtaha alhtaha	ŭlh-tah-hah
fire, n.	loah lowa	loh-ah
fire, v. (kindle)	keleli kilili	ke-le-lĭ
fire, v. (discharge a gun)	tokufi tokaffi	toh-kŭf-e
fire, build a , v.	loak oti lowak ooti	loh-ŭk oh-te
firearm, n.	tanumpo tanampo	tah-nōom-poh
fire dogs, n.	olhti i heyoli olhti' ihiyohli'	olh-te ehn he-yoh-le
fired, v. (from work)	toksuli aissachichi toksali aaissachichi	tohk-sŭl-e ah-ĭss-ah-che-che
fired, v.	tokafa tokafa	toh-kah-fah
fire poker, n.	isht chibichi ishchibi'chi'	ĭsht che-be-che
fireplace, n.	loak aiolhti lowak aaolhti'	loh-ŭk ah-olh-te
firewater, n.	oka homi oka' homi'	oh-kah hoh-me
firewood, n.	iti olhti itti' olhti'	ĭt-e olh-te
firm, adj.	kullo kallo	kŭl-loh
firmament, n	tobakaka tohbakaaka	toh-bah-kah-kah
firmness, n.	kullo kallo	kŭl-loh

ENGLISH	CHICKASAW	PRONUNCIATION
first, adj.	ummona ámmo'na	ŭm-moh-nah
first, adj. (one)	tíkba tingba	tĭng-bah
first-born, adj.	ummona utta ámmo'na atta	ŭm-moh-nah ŭt-tah
fish, n.	nunni nani'	nŭn-ne
fish, v.	nunni hotosi nani' hotosi	nŭn-ne hoh-tohn-se
fish, young, n.	nunoshi nan-oshi'	nŭn-oh-she
fishhook, n.	nunni isht holhtosi nani' ishtholhtosi'	nŭn-ne ĭsht hohlh-toh-se
fish net, n.	nunni isht yukli nani' ishtyokli'	nŭn-ne ĭsht yo͞ok-le
fish trap, n.	nun-aiyuka nanaayoka'	nŭn-ah-yo͞ok-ah
fist, n.	ilbuk pochuko ilbak pochokko'	ĭl-buk poh-cho͞ok-oh
fistula, n.	yahwushko okpulo yawashko' okpollo'	yah-wo͞osh-koh ohk-poh-loh
fit, n.	haiyuchichi hayoochichi	hah-yū-che-che
fit, adj.	im ulhpisa imalhpí'sa	ĭm ŭlh-pe-sah
five, adj.	tulhapi talhlhá'pi	tŭlh-ah-pe
five times, adj.	hetulhapi hitalhlhá'pi	he-tŭlh-ah-pe
fix, v.	ai ik sachi aaiksaachi	ah ĭk sah-che
fizz, v.	wushwoki woshwoki	wŭsh-woh-ke
flabby, adj.	winakachi wina'kachi	wĭn-ah-kah-che
flag, n.	shupha shapha'	shŭp-hah
flakes, n.	toshali toshahli	toh-shah-le
flame, n.	kela kilaa	ke-lah
flank, n.	okfechipli okfichibli	ohk-fe-chĭp-le

flannel, n.	chukfi heshi tunna chokfi' hishi' tanna'	chook-fe he-she tŭn-nah
flap, v.	fapowa faapo'wa	fah-poh-wah
flap, n. (of tent)	alhepiyah alhiipi'ya'	ah-lhe-pe-yah
flash, v.	oshopalali oshoppalali	ohn-shoh-pah-lahje
flash, n. (lightning)	shukmulli shokmalli	shook-mŭl-le
flask, n.	kitoba latussa kitoba latassa'	ke-toh-bah lah-tŭss-ah
flask, n. (for gun powder)	hotuk aiulhto hottok aayalhto'	hoh-took ah-ŭlh-toh
flat, adj.	latussa or patussa latassa or patassa	lah-tŭss-ah; pah-tŭss-ah
flatten, v.	putachi pathachi	pŭt-ah-che
flatter, v.	ayopolachi ayoppolachi	ah-yoh-poh-lah-che
flavor, v.	isht ayummi ishtayammi	ĭsht ah-yŭm-me
flaw, n.	aiokpoloka aayokpoloka	ah-ohk-poh-loh-kah
flax, n.	nuchi nochi'	nooch-e
flay, v.	mushlichi mashlichi	mŭsh-le-che
flea, n.	kushti kashti	kŭsh-te
fleabite, n.	kushti kiseli kashti kisili	kŭsh-te ke-se-le
fled, v.	mulle tok malitok	mŭl-le tohk
flee, v.	mullelachi malila'chi	mŭl-le-lah-che
fleece, n. (sheep's wool)	chukfi heshi chokfi hishi'	chook-fe he-she
fleet, adj. (swift)	pulhki palhki	pŭlh-ke
fleet, n. (naval force)	peni lawa piini' lawa	pe-ne lah-wah
flesh, n.	nipi nipi'	ne-pĭ

ENGLISH	CHICKASAW	PRONUNCIATION
flesh, dead, n.	illi nipi illi' nipi'	ĭl-le ne-pĭ
flicker, n.	bukbuk bakbak	bŭk-bŭk
flight, n.	waka wakaa	wah-kah
flimsy, n. (paper)	holisso tapusski holisso tapaski'	hoh-lĭss-oh tah-pŭss-ke
fling, v.	fapichi faapichi	fah-pe-che
flint, n.	tulli chisok tali' chisok	tŭl-le che-sohk
flirt, v.	ayushkummi ayoshkammi	ah-yoosh-kŭm-me
float, v.	okpalali okpalali	ohk-pah-lah-le
flock, n.	itapiha ittapiha	ĭt-ah-pe-hah
flog, v.	fummi fammi	fŭm-me
flood, n.	okishto okishto	oh-kĭsh-toh
floor, n.	iti patulhpo itti' patalhpo'	ĭt-e pah-tŭlh-poh
floor, v.	patulhpochi patalhpochi	pah-tŭlh-poh-che
florist, n.	napakali apisachi naapakali' apiisachi'	nah-pah-kahn-le ah-pe-sah-che
flounce, n.	awalakachi awaala'kachi'	ah-wah-lah-kah-che
flour, n. (wheat)	tiliko folowa tili'ko' folowa'	te-le-koh foh-loh-wah
flour, n. (corn)	tambota tambota	tam-boh-tah
flour, v.	ayushwachi ayoshwachi	ah-yoosh-wah-che
floured, v.	ayushwachi ayoshwachi	ah-yoosh-wah-che
flourish, v.	wala walaa	wah-lah
flow, v.	yunutli yanalli	yŭn-ŭt-le
flower, n.	napakali naapakali'	nah-pah-kahn-le

ENGLISH	CHICKASAW	PRONUNCIATION
flowing, adj.	yunutli yanalli	yŭn-ŭt-le
flown, v.	waka tok wakaatok	wah-kah tohk
flu, n.	ibishano ibishshano	e-bĭsh-ah-noh
flue, n.	ashoboli aashobohli'	ah-shoh-boh-le
fluent, adj.	anumpoli impona anompoli imponna	ah-noom-poh-le ĭm-pohn-ah
flung, v.	pitkash tok pitkashtok	pĭt-kahnsh tohk
flunk, n.	ilhakofi ilhakoffi	ehn-lhah-koh-fe
flute, n.	oskola oskola'	osk-oh-lah
flute, adj. (play)	oskola olachi oskola' olachi	osk-oh-lah oh-lah-che
flutter, v.	ilifatachi ilifata'chi	ĭl-e-fah-tah-che
fly, v.	waka wakaa	wah-kah
fly, n. (house)	chukana chokaana	chook-ah-nah
fly, n. (horse)	holhana holhaana	hohl-ah-nah
fly-blow, n.	chukana acheli chokaana aachiili'	chook-ah-nah ah-che-le
flying, v.	waka wakaa	wah-kah
foam, n.	pokpoki pokpoki	pohk-pohke
foam, v. (cause to)	bohchi bo'chi	boh-che
fodder, n.	tashi tashi'	tahn-she
foe, n.	i tunup intanap	ehn-tŭn-ŭp
fog, n.	toboklhili tohboklhili	toh-bohk-lhe-le
foggy, adj.	toboklhilika tohboklhilika	toh-bohk-lhe-le-kah
fold, adj.	polhi polhlhi	poh-lhe

ENGLISH	CHICKASAW	PRONUNCIATION
fold, n. (enclosure)	chukfichuka chokfinchokka'	chook-fen-chook-ah
fold, n. (flock)	aichufa aachaffa	ah-chŭf-ah
foliage, n.	heshi sutko hishi' sotko'	he-she soot-koh
folk, n.	aiitapeha aaittapiha'	ah-ĭt-ah-pe-hah
follow, v.	awulichi áwwali'chi	ah-wŭl-e-che
follower, n.	awulichi áwwali'chi'	ah-wŭl-ee-che
following, adj.	awulesht áwwali'sht	ah-wŭl-eesht
folly, n.	ilihuksichi ilihaksichi	ĭl-le hŭk-se-che
fond, adj.	achokolbi aachokolbi	ah-choh-kohl-be
fondle, v.	ihullo ihollo	ehn-hool-oh
font, n.	isht aibaptismochi ishtaabaptismochi'	isht ah-bŭp-tis-moh-che
food, n.	impa impa'	ĭm-pah
fool, n.	huksi haksi	hŭk-se
fool, v.	huksichi haksichi	hŭk-se-che
foolish, adj.	haiyuksi háyyaksi	hah-yŭk-se
foot, n.	iyi iyyi'	ee-ye
foot, adj. (measure)	ulhpisa alhpisa	ŭlh-pe-sah
footbridge, n.	ulhchaba iskuno alhchaba iskanno'	ŭlh-chah-bah iss-kŭn-oh
foothill, n.	ochaba sukbish onchaba sokbish	ohn-chah-bah sook-bĭsh
footing, n.	aihekia aahíkki'ya'	ah-he-ke-ya
footman, n.	hatuk itoksuli hattak intoksali'	hah-tŭk ehn-tohk-sŭl-e
footstep, n.	nowa nowa	nohn-wah

ENGLISH	CHICKASAW	PRONUNCIATION
footprint, n.	anowa tok aanowatok	ah-nohn-wah tohk
for, prep.	hotokot hootokoot	hoh-toh-koht
for, adj. (duration of time)	o o	ohn
for the sake of, prep.	pulla polla	pool-ah
forbid, v.	im molubbi imolabi	ĭm mohn-lŭb-be
force, v.	atoplichi atoblichi	ah-tohp-le-che
ford, n.	ailhopulli aalhopolli'	ah-lhoh-poh-le
fore, n.	tikba tingba	tĭng-bah
forefather, n.	i sipoknika isipongknika'	ehn se-pohnk-ne-kah
forefoot, n.	iyi tikba iyyi' tikba'	ee-ye tĭk-bah
forehead, n.	itifun ittifon	ĭt-e-foon
foreign, adj.	okla ila okla' ila	ohk-lah ehn-lah
foreigner, n.	okla ila hatuk okla ila hattak	ohk-lah ehn-lah hah-tŭk
forejudge, v.	tikba ulhpisa tingba alhpisa'	tĭng-bah ŭlh-pe-sah
foreknow, v.	tikbali ithana tingbali ithána	tĭk-bahn-le ĭt-hahn-nah
foreman, n.	pelichi pihli'chi'	pe-le-che
foremost, adj.	tikba fehna tingba finha	tĭng-bah fee-nah
forenoon, n.	nitaki pila nittaki pílla	ne-tŭk-e pe-lah
foreordain, v.	tikba ulhtoka tingba alhtoka'	tĭng-bah ŭlh-toh-kah
forerunner, n.	tikba aiya tingba aya	tĭng-bah ah-yah
foresee, v.	tikba pisa tingba pisa	tĭng-bah pe-sah
foresight, v.	tikba isht anukfilli tingba ishtanokfilli	tĭng-bah ĭsht ah-nook-fĭl-le

ENGLISH	CHICKASAW	PRONUNCIATION
forest, n.	patasachi pataasachi	pah-tah-sah-che
foretell, v.	tĩkba im munoli tingba imanoli	tĭng-bah ĭm mŭn-ohn-le
forethought, n.	tĩkba isht anukfilli tingba ishtanokfilli	tĭng-bah ĭsht ah-nook-fĭl-le
forever, adv.	bilia bílli'ya	bĭl-e-ya
forewarn, v.	tĩkba im munoli tingba imanoli	tĭng-bah ĭm mŭn-ohn-le
forfeit, n.	ilhakofi ilhakoffi	ehn-lhah-koh-fe
forgave, v.	ikashofi tok inkashoffitok	ehn-kah-shoh-fe tohk
forge, v. (advance)	pit kunutli pitkanatli	pĭt kŭn-ŭt-le
forge, v. (smithy)	tulli aboli tali' aabo'li'	tŭl-le ah-boh-le
forge, v. (counterfeit)	hobachi hobachi	hoh-bah-che
forget, v.	im mulhkunia imalhkaniya	ĭm mŭlh-kŭn-e-ah
forgive, v.	i kashofi inkashoffi	ehn kah-shoh-fe
forgiven, v.	ikashofa inkashofa	ehn-kah-shoh-fah
forgotten, v.	im mulhkunia imalhkaniya	ĭm mŭlh-kŭn-e-ah
fork, n. (table)	chofuk isht impa chofaak ishtimpa'	choh-fŭk ĭsht ĭm-pah
fork, n. (tool)	tulli chofuk tali' chofaak	tŭl-le choh-fŭk
fork, adj. (road)	hina afalukto hina' aafalakto'	he-nah ah-fah-lŭk-toh
fork, n. (creek)	bokoshi bookoshi'	bohk-oh-she
forlorn, adj.	ikachaho ikacha'ho	ĭk-ah-chah-hoh
former, adj.	tĩkba tingba	tĭng-bah
fornicate, v.	itimulaka ittimalaka	ĭt-e-mŭl-ah-kah
forsake, v.	kashcha kashcha	kahnsh-chah

ENGLISH	CHICKASAW	PRONUNCIATION
forsaken, v.	kash tok kashtok	kahnsh tohk
fort, n.	holita kullo holitta' kallo'	hoh-le-tah kŭl-loh
fortieth, adj.	isht pokoli oshta ishtpokkó'li oshta	ĭsht poh-koh-le ohsh-tah
fortification, n.	holita kullo holitta' kallo'	hoh-le-tah kŭl-loh
fortify, v.	holita kullo ikbi holitta' kallo' ikbi'	hoh-le-tah kŭl-loh ĭk-be
fortunate, n.	ayolha ayolhlha	ah-yoh-lha
fortuneteller, n.	hopaii ilahobi hopayi' ilahobbi	hoh-pah-e ĭl-ah-hohb-e
forty, adj.	pokoli oshta pokkó'li oshta	poh-koh-le ohsh-tah
forward, adv.	pit kunutli pitkanatli	pĭt kŭn-ŭt-le
found, v. (discovered)	haiyush tok hayooshtok	hah-yōosh tok
found, v. (originate)	isht abawa ishtabaawaa	ĭsht ah-bah-wah
found, v. (mold)	bileet ikbi bilit ikbi	bĭl-eet ĭk-be
foundation, n.	nuta itowa nota' intó'wa'	nōot-ah ehn-toh-wah
fount, n. (spring)	kulli kali	kŭl-le
fountain, n. (natural spring)	kulli kali	kŭl-le
fountain, n. (artificial jet)	oka aiishko oka' aaishko'	ohk-ah ah-ĭsh-koh
four, adj.	oshta oshta	ohsh-tah
four times, v.	aioshtalichi ayyoshtalichi	ah-ohsh-tah-le-che
fourteen, adj.	awaoshta awa oshta	ah-wah ohsh-tah
fourth, adj.	aioshta aaoshta	ah-ohsh-tah
fowl, n.	foshi foshi'	foh-she
fox, n.	chula chola	chōo-lah

ENGLISH	CHICKASAW	PRONUNCIATION
fox, n. (bark)	chula kawa chola kawa	choo-lah kahn-wah
fracas, n.	itimalha ittimalhaa	ĭt-e-mah-lhah
fractious, adj.	malha malhaa	mah-lhah
fragile, adj.	yawutli yawatli	yah-wŭt-le
fragment, adj.	boshotli boshotli	boh-shoht-le
fragrant, adj.	belama bilama	be-lah-mah
fragrant, make, v.	belamachi bilamachi	be-lah-mah-che
frail, adj.	ikilimpo ikili'po	ĭk-ĭl-ĭm-poh
frame, n.	huknip haknip	hŭk-nĭp
France, n.	Filachi Filanchi'	Fe-lahn-che
frank, adj.	apist anumpoli apistanompoli	ah-peest ah-noom-poh-le
frankincense, n.	nan belama nannbilama'	nahn be-lah-mah
frantic, adj.	mulhata malhata	mŭ-lhah-tah
fraud, n.	huksichi haksichi	hŭk-se-che
fray, v.	washopa washopa	wah-shoh-pah
frazzle, v.	washopa washopa	wah-shoh-pah
freckle, n.	ishoka chelesa ishshoka' chilisa'	ĭsh-oh-kah che-le-sah
free, adj. (without cost)	ulhtoba iksho alhtoba iksho	ŭlh-toh-bah ĭk-shoh
free, adj. (unrestrained)	talhofa talhofa	tah-lhoh-fah
free, v.	talhofichi talhoffichi	tah-lhoh-fe-che
freeborn, adj.	yuka keyut utta yoka ki'yot atta	yook-ah ke-yoot ŭt-tah
freeze, v.	hukmi hakmi	hŭk-me

ENGLISH	CHICKASAW	PRONUNCIATION
freight, n.	ulhpoyuk alhpooyak	ŭlh-poh-yahk
French, n.	Filachi Filanchi'	Fe-lahn-che
frenzy, n.	huksi haksi	hŭk-se
frequency, n.	ulhkunia alhkánni'ya	ŭlh-kŭn-e-yah
fresh, adj.	himona himona	he-moh-nah
fret, v.	malha malhaa	mah-lhah
friction, n.	isht itishochi ishtittishoochi	ĭsht ĭt-e-shoh-che
Friday, n.	Nan Ulhchifa Nitak Nannalhchifa' Nittak	Nahn Ŭlh-che-fah Ne-tŭk
fried, adj.	awalhali awaalhaali	ah-wah-lhah-le
fried bread, n.	puska awalhali paska awaalhali'	pŭs-kah ah-wah-lhah-le
fried meat, n.	nipi awalhali nipi' awaalhali'	ne-pe ah-wah-lhah-le
friend, n.	ikana inkana	ehn-kahn-nah
friendship, n.	itikana ittinkana	ĭt-ehn-kahn-nah
fright, v.	malhata malhata	mah-lhah-tah
frigid, adj.	ayukmichi aayakmichi'	ah-yŭk-me-che
frill, n.	awalakachi awaala'kachi	ah-wah-lah-kah-che
fringe, n.	weshopa wishopa	we-shoh-pah
frisk, v.	ilifoyochi ilifoyo'chi	ĭl-e-foh-yoh-che
frizzle, adj.	oshchiloli oshchiloli	osh-che-loh-le
frock, n.	nafoka tupa naafokha tapa'	nah-foh-kah tŭp-ah
frog, n.	chunti cho'ti'	choon-te
frog, n. (toad)	hoyokni hoyo'kni'	hoh-yok-ne

ENGLISH	CHICKASAW	PRONUNCIATION
frog, young, n.	chuntoshi cho'toshi'	chōon-toh-she
frolic, v.	toklhakafa toklhakafa	tohk-lhah-kahn-fah
from, prep.	aminti aaminti	ah-mĭn-te
front, n.	tikba tingba	tĭk-bah
frost, n.	hototi hotonti	hoh-tohn-te
froth, v.	pokpoki pokpoki	pohk-poh-ke
froe, n.	iti isht chulhi itti' ishchalhlhi'	ĭt-e ĭsht chŭlh-e
frozen, adj.	hukmi hakmi	hŭk-me
fruit, n. (edible plant product)	nan uni nannani'	nahn ŭn-e
fruit, n. (food plant)	uni wa ani' waa'	ŭn-e wah
fry, v.	awalhali awaalhaali	ah-wah-lhah-le
fuel, n.	loak toba lowak toba'	loh-ŭk toh-bah
fugitive, n.	hatuk malili hattak malili'	hah-tŭk-mah-le-le
full, adj.	alota aloota	ah-loh-tah
full, adv.	alotowa alótto'wa	ah-loh-toh-wah
funeral, n.	illi isht anumpa illi' ishtanompa'	ĭl-le ĭsht ah nōom-pah
fungus, n.	pukti pakti'	pŭk-te
fur, n.	heshi hishi'	he-she
furniture, n.	aboa nan asha aboowa nannaa-aasha'	ah-boh-ah nahn ah-shah
further, adj.	misha pila misha' pílla	mĭsh-ah pe-lah
fury, n.	hasha hashaa	hah-shah
fuss, n.	itinukoa ittinókko'wa	ĭt-ehn-nōok-oh-ah

ENGLISH	CHICKASAW	PRONUNCIATION
future, adj.	himak pila himmak pílla	he-mŭk pe-lah
fuzz, n.	woksho woksho	wohk-shoh

ENGLISH	CHICKASAW	PRONUNCIATION
gab, n.	anumpa lawachi anompa lawachi	ah-noōm-pah lah-wah-che
gabardine, n.	nafoka toba naafokha toba'	nah-foh-kah toh-bah
gabble, v.	anumpa i lawa anompa ilawa	ah-noōm-pah ehn lah-wah
gadget, n.	isht asawachi ishtasawachi'	ĭsht ah-sah-wah-che
gaff, n.	isht bahfa ishtbaafa	ĭsht bah-fah
gag, n.	nuktakali noktakaali	noōk-tah-kah-le
gain, n.	ibafoka ibaafokha	ee-bah-foh-kah
gait, n.	nowa nowa	nohn-wah
gaitor, n.	sholush nuksika shepa sholosh naksika' shiipa'	shoh-loōsh nŭk-se-kah she-pah
galaxy, n.	ofi tobi i hina ofi' tohbi ihina'	oh-fe toh-be ehn he-nah
gale, n.	mahli kullo mahli kallo'	mah-le kŭl-loh
gall, n.	i homi ihomi'	ehn hoh-me
gallant, adj. (brave)	ikimilho ikimilhlho	ĭk-ĭm-ĭlh-oh
gallery, n.	shuktika shoktika'	shoōk-tĭk-ah
gallon, n.	ulhpisa chufa alhpisa chaffa	ŭlh-pe-sah chŭf-ah
gallop, v.	ubayowa abaayo'wa	ŭb-ah-yoh-wah

ENGLISH	CHICKASAW	PRONUNCIATION
gallows, n.	anuksitili aanoksitili'	ah-nook-se-te-le
galluses, n.	isht ilabanali ishtiliabanna'li'	isht il-ah-bah-nah-le
galore, adj.	lawa lawa	lah-wah
galosh, n.	sholush pukna hohlo sholosh pakna' ho'lo'	shoh-loosh puk-nah hoh-loh
gamble, v.	itasita; chulhka ittasiita; chalhka	it-ah-se-tah; chulh-kah
gambler, n.	hatuk itasita hattak ittasiita'	hah-tuk it-ah-se-tah
gambol, n.	toklhakafa toklhakafa	tohk-lhah-kahn-fah
game, n. (wild animals)	nan imilha nannimilhlha'	nahn im-ilh-ah
game, v.	chukoshkomo chokoshkomo	chook-ohsh-koh-moh
gander, n.	shalukluk nukni shalaklak nakni'	shah-luk-luk nuk-ne
gang, n.	kunomi kánnohmi	kun-oh-me
gangrene, n.	issish okpulo issish okpolo'	iss-ish ohk-poh-loh
gap, n.	akocha aakochcha'	ah-koh-chah
gape, v.	afapa afaapa	ah-fah-pah
garb, n.	nafoka naafokha	nah-foh-kah
garbage, n.	impa boshotli impa' boshotli'	im-pah boh-shoht-le
garden, n.	osap-oshi osaaposhi'	oh-sah-poh-she
garfish, n.	nunni kullo nani' kallo'	nun-ne kul-loh
gargle, n. (medicine)	isht tokbolhochi ishtokbolhlhochi'	isht tohk-bolh-oh-che
gargle, v.	tokbolhochi tokbolhlhochi	tohk-bolh-oh-che
garment, n.	nafoka naafokha	nah-foh-kah
garner, n.	itanali ittanaali	it-ah-nah-le

ENGLISH	CHICKASAW	PRONUNCIATION
gar pike, n.	nunni kullo nani' kallo'	nŭn-ne kŭl-loh
garret, n.	aboa uba aboowa aba'	ah-boh-ah ŭb-ah
garrote, v.	nukihitofi noklhitoffi	no͝ok-lhe-toh-fe
garter, n.	ebes*o*a isht talukchi ibiso̲wa' ishtalakchi'	ee-be-sohn-ah ĭsht tah- lŭk-che
garter snake, n.	sinti sinti'	sĭn-te
gas, n.	neha kofota niha' kofota	ne-hah koh-foh-tah
gash, n.	abashafa aabashafa	ah-bah-sha-fah
gash, v.	bashafi bashaffi	bah-shah-fe
gasp, v.	foyopa bunna foyopa banna	foh-yoh-pah bŭn-nah
gate, n.	holita okhissa holitta' okhissa'	hoh-le-tah ohk-hĭss-ah
gather, v.	itanali ittanaali	ĭt-ah-nah-le
gauge, n.	isht ulhpisa ishtalhpisa'	ĭsht ŭlh-pe-sah
gaunt, adj.	ch*o*na chonna	chohn-ah
gauntlet, n.	ilbuk foka ilbak fokha'	ĭl-bŭk foh-kah
gave, v.	ima tok imatok	ĭm-ah tohk
gavel, n.	isht bohli ishbo'li'	ĭsht boh-le
gay, adj.	ayukpa ayokpa	ah-yo͝ok-pah
gaze, v.	pisa pisa	pe-sah
geese, n.	shalukluk shalaklak	shah-lŭk-lŭk
gem, n.	tulli holitopa tali' holiitopa'	tŭl-le-hoh-le-toh-pah
general, n. (commander)	kupitunni kapitanni'	kŭp-e-tŭn-ne
generation, n.	isht ai*o*chololi ishtaaonchololi'	ĭsht ah-ohn-choh-loh-le

ENGLISH	CHICKASAW	PRONUNCIATION
generous, adj.	ayukpasht ima ayokpasht ima	ah-yook-pahnsht ĭm-ah
genesis, n. (origin)	isht aiya umona ishtaya ámmo'na	ĭsht ah-yah ŭm-oh-nah
Genesis, n. (book of Bible)	Holisso Holitopa Umona Holisso Holitto'pa' Ámmo'na	hoh-lĭss-oh hoh-lĭt-oh-pah ŭm-oh-nah
genial, adj.	ayukpa ayokpa	ah-yook-pah
genius, n.	nan impona nannimponna	nahn ĭm-poh-nah
gentile, adj.	Chu keyu Choo' ki'yo	chŭe ke-yoh
gentle, adj.	hapashi hapashshi	hah-pahnsh-e
gentleman, n.	hatuk hopoyukso hattak hopoyokso'	hah-tŭk hoh-poh-yook-soh
genuine, adj.	mi fehna mi finha	me-feh-nah
gesture, v.	ilbuk isht anoli ilbak ishtanoli	ĭl-bŭk ĭsht ah-nohn-le
get, v.	ishi ishi	e-she
get well, v.	lhakofi lhakoffi	lhah-koh-fe
ghastly, adj.	tokbakali tokbakali	tohk-bah-kah-le
ghost, n.	sholop sholop	shoh-lohp
Ghost, Holy, n.	Shilombish Holitopa Shilombish Holitto'pa'	She-lohm-bĭsh Hoh-lĭt-oh-pah
giant, n.	ishto atumpa ishto aatámpa	ĭsh-toh ah-tŭm-pah
gib, n.	koi hobuk kowi' hobak	koh-e hoh-bŭk
gibber, v.	anumpa i lawa anompa ilawa	ah-noom-pah ehn lah-wah
gibbous, adj. (hump-backed)	kobokshi kobokshi	koh-bohk-she
giddy, adj.	chukfoloha chokfoloha	chook-foh-loh-hah
gift, n.	hulbina halbina	hŭl-be-nah

gigantic, adj.	ishto atumpa ishto aatámpa	ĭsh-toh ah-tŭm-pah
giggle, v.	olulli ollali	ohl-lŭl-le
Gila monster, n.	toksalapa ishto toksala'pa' ishto'	tohk-sah-lah-pah ĭsh-toh
gill, n.	*i* tushunkchi intashankchi'	ehn tŭsh-ŭnk-che
gilt, n.	shukha tek himita shokha' tiik himitta'	shōōk-hah teek hĭm-e-tah
gimlet, n.	isht foloha ishtfoloha	ĭsht foh-loh-hah
gin, n. (machinery)	anehechi aanihichi'	ah-ne-he-che
gin, n. (liquor)	oka homi oka' homi'	ohk-ah hoh-me
gingerbread, n.	puska chumpoli paska champoli'	pŭs-kah chŭm-poh-le
gingerly, adj.	nukwaiya nokwaya	nōōk-wah-yah
gingham, n.	nofka toba naafka toba'	nah-foh-kah toh-bah
ginseng, n.	shomatik ishto shommatik ishto'	shoh-mah-tĭk ĭsh-toh
giraffe, n.	soba chaha soba chaaha'	soh-bah chah-hah
girdle, n.	isht ilikulochi ishtilikallochi'	ĭsht-ĭl e-kŭl-oh-che
girl, n.	eho himita ihoo himitta'	e-hoh he-mĭt-ah
girn, v. (grin)	chuklheheli choklhihiili	chōōk-lhe-he-lĭ
girth, n.	isht ashulhchi ishtasholhchi'	ĭsht ah-shōōlh-che
give, v.	imma ima	ĭm-mah
give back, v.	falumisht imma falammishtima	fah-lŭm-ĭsht ĭm-mah
give up, v.	ilitalhofichi ilitalhoffichi	ĭl-ee-tah-lhoh-fe-che
gizzard, n.	*i* chakafa inchakaffa'	ehn chah-kah-fah
glacier, n.	oka hukmi shalutli oka' hakmi' shalatli'	oh-kah hŭk-me shah-lŭt-le

ENGLISH	CHICKASAW	PRONUNCIATION
glad, adj.	ayukpa ayokpa	ah-yook-pah
gladden, v.	ayukpachichi ayokpachichi	ah-yook-pah-che-che
glade, n.	otakoshi otaakoshi'	oh-tahk-oh-she
gladsome, adj.	nayukpa naayokpa	nah-yook-pah
glance, n. (quick look)	chukmut ikpiso chokmat ikpi'so	chook-mŭt ĭk-pe-soh
glance, v. (strike)	atebutli attiballi	ah-te-bŭt-le
glare, v. (shine brightly)	shokmalali shokmalali	shohk-mah-lah-le
glare, v. (with piercing eyes)	apisalit pisa aapíssa'lit pisa	ah-pe-sah-lit pe-sah
glass, n. (transparent)	shokowali shokkowali	shoh-koh-wah-le
glass, n. (mirror)	aiilipisa aailipisa'	ah-ĭl-ee-pe-sah
gleam, n.	shokmalali shokmalali	shohk-mah-lah-le
glean, v.	itanali ittanahli	ĭt-ah-nah-le
glee, v.	ayukpa ayokpa	ah-yook-pah
glen, n.	otaak otaak	oh-tahk
glide, v.	shalutli shalatli	shah-lŭt-le
glimmer, v.	shopala shoppala	shoh-pah-lah
glimpse, n.	chukmut ikpiso chokmat ikpi'so	chook-mŭt ĭk-pe-soh
glint, n.	shokmalali shokmalali	shohk-mah-lah-le
gloaming, n.	oklheleli umona oklhilili ámmo'na	ohk-lhe-le-lĭ ŭm-oh-nah
gloat, v.	anushkona anoshkonna	ah-noosh-kohn-ah
globe, n.	bolokta bolokta	boh-lohk-tah
gloom, n. (dimness)	aioklhilichi aaoklhilichi	ah-ohk-lhe-le-che

ENGLISH	CHICKASAW	PRONUNCIATION
gloomy, adj. (depressed)	nukhaklo nokhángklo	nōok-hŭnk-loh
glorify, v.	holitoplichi holiitoplichi	hoh-le-tohp-le-che
glory, n.	aiholitopaka aaholiitopaka'	ah-hoh-le-toh-pah-kah
gloss, n.	halussbi halasbi	hah-lŭss-be
glove, n.	ilbuk foka ilbak fokha'	ĭk-bŭk foh-kah
glow, v. (warm)	lushpa lashpa	lŭsh-pah
glow, adj. (brilliant)	shokmalali shokmalali	shohk-mah-lah-le
glowworm, n.	haiyowuni shokmalali hayoowani' shokmalali'	hah-yoh-wah-ne shohk- mah-lah-le
glue, n.	isht achakissa ishtachakissa'	ĭsht ah-chah-kĭss-ah
glum, adj.	ikimono ikimo'no	ĭk-e-moh-noh
glutton, n.	amosholi amosholi	ah-mohn-shoh-le
gnarled, adj.	shanayowa shanaayo'wa	shah-nah-yoh-wah
gnash, v.	kalushli kalashli	kah-lŭsh-le
gnat, n.	hashokani hashonkani'	hah-shohn-kah-ne
gnaw, v.	kilhi kilhlhi	ke-lhe
gnome, n.	i yaknasha iyaaknaasha'	ehn yahk-nah-shah
go, v.	aiya aya	ah-yah
go across, v.	lhopulli lhopolli	lhoh-poh-le
go on, v.	mah yah mahya	mah-yah
go out, v.	kochut aiya kochchaat aya	koh-chŭt ah-yah
go over, v.	ubanupli abaanabli	ŭb-ah-nŭp-le
go past, v.	ot aiya ootaya	oht ah-yah

ENGLISH	CHICKASAW	PRONUNCIATION
go around, v.	afolopa afoolopa	ah-foh-loh-pah
go through, v.	lhopulli lhopolli	lhoh-poh-le
go under water, v.	oklobushli okloboshli	ohk-loh-boosh-le
go with, v.	ibaiya ibaa-aya	e-bah-yah
goad, n.	isht bahli ishbahli	isht bah-le
goal, n. (score)	afohki aafokhi	ah-foh-ke
goat, n.	issi kosoma issi' kosoma'	iss-e koh-soh-mah
goat, n. (male)	issi kosoma nukni issi' kosoma' nakni'	iss-e koh-soh-mah nŭk-ne
goat, n. (female)	issi kosoma tek issi' kosoma' tiik	iss-e koh-soh-mah teek
goatee, n.	notuk hishi notak hishi'	noh-tŭk he-she
gobble, v. (eat greedily)	amosholi amosholi	ah-mohn-shoh-le
gobble, v. (make sound)	chalukloha taktaha chalokloha' taktaha	chah-lŭk-loh-hah tŭk-tah-hah
gobbler, n.	chalukloa nukni chalokloha' nakni'	chah-lŭk-loh-ah nŭk-ne
goblin, n.	*i* yaknasha iyaaknaasha'	ehn-yahk-nah-shah
God, n.	Chihowa Chihoowa	Che-hoh-wah
goiter, n.	haluk hanlak	hahn-lŭk
gold, n.	tulli lakna tali' lakna'	tŭl-le lak-nah
gone, v.	kunia kaniya	kŭn-e-ah
gong, n.	achamapa achaamapa	ah-chah-mah-pah
good, adj.	chukma chokma	chook-mah
good, adj. (place)	achukma aachokma	ah-chook-mah
good, make	chukmalichi chokmalichi	chook-mah-le-che

ENGLISH	CHICKASAW	PRONUNCIATION
good fortune, v.	ayolha ayolhlha	ah-yohlh-ah
good luck, v.	ayolha ayolhlha	ah-yolh-ah
goodness, n.	aichukmaka achokmánka'	ah-chook-mŭnk-kah
goods, n.	ulhpoyuk alhpooyak	ŭlh-poh-yŭk
goose, n.	shalukluk shalaklak	shah-lŭk-lŭk
goose egg, n.	shalukluk oshi shalaklakoshi'	shah-lŭk-lŭk oh-she
gopher, n.	yulhkun yolhkon	yoolh-kŭn
gore, v.	bafa baafa	bah-fah
gorge, n.	akolokbi aakolokbi	ah-koh-lok-be
gorgeous, adj.	chukmasi chokma'si	chook-mah-se
gorilla, n.	hatuk shawi ishto hattak shawi' ishto'	hah-tŭk shah-we ĭsh-toh
gosling, n.	shalukluk himita shalaklak himitta'	shah-lŭk-lŭk he-mit-ah
gospel, n.	ubanumpa abaanompa'	ŭb-ah-noom-pah
gossip, n.	chukoshpa chokoshpa	chook-ohsh-pah
gossiper, n.	chukoshpachi chokoshpachi'	chook-ohsh-pah-che
gouge, v.	bahli bahli	bah-le
gourd, n.	lokush lokosh	loh-koosh
gourmand, n.	amosholi amosholi	ah-mohn-shoh-le
govern, n.	nan ulhpisa i notaka nannalhpisa' inotaka'	nahn ŭlh-pe-sah ehn noh-tah-kah
governess, n.	chepota apisa chi chipota apiisachi'	che-poh-tah ah-pe-sah-che
government, n.	nan apisa nannapiisa'	nahn ah-pe-sah
governor, n.	miko minko'	mĭnk-oh

ENGLISH	CHICKASAW	PRONUNCIATION
gown, n.	nafoka naafokha	nah-foh-kah
gown, evening, n.	nafoka fala naafokha falaa'	nah-foh-kah fah-lah
gown, night, n.	nusi foka nosi fo'kha'	noh-se foh-kah
grab, v.	yukli yokli	yook-le
grackle, n.	foshi' losa' foshi' losa'	foh-she loh-sah
grain, n.	onush onoosh	oh-noosh
grand, adj.	oktunni fehna oktani finha	ohk-tŭn-ne feh-nah
grandchild, n.	ipok ipok	e-pohk
granddaughter, n.	ipok tek ipok tiik	e-pohk teek
grandfather, n.	imafosi imafo'si'	ĭm-ah-foh-se
grandmother, n.	iposi ippo'si'	e-poh-se
grandson, n.	ipok nukni ipok nakni'	e-pohk nŭk-ne
granite, n.	tulli kawuski tali' kawaski'	tŭl-le kah-wŭs-ke
granny, n.	iposi ippo'si'	e-poh-se
grant, v.	im ma ima	ĭm-mah
grape, n.	punki panki'	pŭnk-e
grapejuice, n.	punk-okchi pankokchi'	pŭnk-ohk-che
grapevine, n.	punkupi pankapi'	pŭnk-ŭp-e
grapple, v.	itisholi ittishooli	ĭt-e-shoh-le
grasp, v.	yukli yokli	yook-le
grass, n.	hushok hashshok	hŭsh-ohk
grass, tall, n.	hushok chaha hashshok chaaha'	hŭsh-ohk chah-hah

grasshopper, n.	hatafo hatafo'	hah-tahn-foh
grassy, adj.	hushok bieka hashshok bíyyi'ka	hŭsh-ohk be-ee-kah
grate, v.	shachi shaachi	shah-che
grateful, adj.	ayukpa ayokpa	ah-yo͞ok-pah
gratify, v.	ayukpachi ayokpánchi	ah-yo͞ok-pahn-che
grave, n.	ahollopi aaholloppi'	ah-hohl-loh-pe
gravedigger, n.	yakni kolli yaakni' kolli'	yahk-ne kohl-le
gravel, n.	tuloshik tal-oshik	tŭl-oh-shĭk
gravestone, n.	ahollopi tulli hekia aaholloppi' tali' híkki'ya'	ah-hohl-loh-pe tŭl-le he- ke-ah
graveyard, n.	illi asha illi' aa-asha'	ĭl-le ah-shah
gravitate, v.	afalamochi aafalamo'chi	ah-fah-lah-moh-che
gravy, n.	neha sutko niha' sotko'	ne-hah so͞ot-koh
gray, adj.	shobokoli shobbokoli	shoh-boh-koh-le
graze, v.	hushok upa hashshok apa	hŭsh-ohk ŭp-ah
grease, n.	neha niha	ne-hah
grease, v.	nehachi nihachi	ne-hah-che
greasy, adj.	neha yummi niha yammi	ne-hah yŭm-me
great, adj.	ishto ishto	ĭsh-toh
greatcoat, n.	nafoka ishto naafokha ishto'	nah-foh-kah ĭsh-toh
greatest, adj.	ishto imaiya ishto ímmayya	ĭsh-toh ĭm-ah-yah
great-grandfather, n.	imafosi imafo'si'	ĭm-ah-foh-se

ENGLISH	CHICKASAW	PRONUNCIATION
great-grandmother, n.	iposi ippo'si'	e-poh-se
great man, n.	hatuk oktunni hattak oktani	hah-tŭk ohk-tŭn-ne
greed, n.	anushkona anoshkonna	ah-noosh-kohn-ah
greedy, adj.	amosholi amosholi	ah-mohn-shoh-le
green, adj.	okchamali okchamali	ohk-chah-mah-le
greet, v.	ayukpachi ayokpachi	ah-yook-pah-che
gremlin, n.	iyaknasha iyaaknaasha'	ehn-yŭk-nah-shah
grey, adj.	shobokoli shobbokoli	shoh-boh-koh-le
greyhound, n.	ofi pulhki ofi' palhki'	oh-fe pŭlh-ke
grief, n.	nukhaklo nokhángklo	nook-hŭnk-loh
grieve, v.	nukhaklo nokhángklo	nook-hŭnk-loh
grim, adj.	ilihulutli ilihalalli	ĭl-e-hŭl-ŭt-le
grime, n.	liteha litiha	le-te-hah
grin, v.	chuklheheli choklhihiili	chook-lhe-he-le
grind, v.	fololi folohli	foh-loh-le
grindstone, n.	tulli felekachi tali' fili'kachi'	tŭl-le fe-le-kah-che
grip, v.	yukli yokli	yook-le
gripe, v. (have colic)	ittakoba keseli ittakoba' kisili	ĭt-tah-kohb-ah ke-se-le
grist, n.	chiloha chiloha	che-loh-hah
grit, n.	shinok shinok	she-nohk
grits, n.	tunchi pulha tanchi' palha'	tŭn-che pŭlh-ah
groan, v.	ha ha haha	hahn hah

grocer, n.	impa kunchi impa' kanchi'	ĭm-pah kŭn-che
groin, n.	ittakoba sukbish ittakoba' sokbish	ĭt-tah-koh-bah sook-bĭsh
groove, n.	okatukafa okaatokafa	ohk-ah-took-ah-fah
grope, v.	mefokasht pasholi mifokhasht pashooli	me-foh-kahsht pah-shoh-le
grouch, n.	isht ilimakali ishtilimákka'li	ĭsht ĭl-e-mah-kah-le
ground, n.	yakni yaakni'	yahk-ne
ground, v.	folowa folowa	foh-loh-wah
group, n.	kunomi kánnohmi	kŭn-oh-me
grove, n.	iti talaha itti' tálla'ha'	ĭt-e tah-lah-hah
grovel, v.	ilayukpali ilayokpali	ĭl-ah-yook-pah-le
grow, v. (plants)	wah lah walaa	wah lah
grow, v. (child)	ofunti ofanti	oh-fŭn-te
growl, v.	kilia kiliya	kĭl-ee-yah
grown, adj. (person)	ofunti ona ofanti ona	oh-fŭn-te oh-nah
grown, adj. (plant)	wah waa	wah
grub, n. (larvae)	apanukfila apaanokfila	ah-pah-nook-fe-lah
grub, v. (dig up)	kolli kolli	kohl-le
grubbing hoe, n.	tukshish isht chaha taksish ishtcha'ha'	tŭk-shĭsh ĭsht chahn-hah
grubby, adj.	liteha litiha	le-te-hah
grubworm, n.	yula yala	yŭl-ah
grudge, v.	ik ayukpacho ikayokpa'cho	ĭk ah-yook-pah-choh
gruel, n.	ashela ashiila	ah-she-lah

ENGLISH	CHICKASAW	PRONUNCIATION
gruesome, adj.	ikaiyubo ikayyo'bo	ĭk-kah-yoh-boh
grumble, v.	kileia kiliya	kĭl-ee-yah
grunt, v.	kefa kifaa	ke-fahn
guarantee, v.	isht ikaiono iksho ishtikaao'no iksho	ĭsht ĭk-ah-oh-noh ĭk-shoh
guard, n.	apisachi apiisachi'	ah-pe-sah-che
guardian, n.	atoni atooni'	ah-tohn-e
guess, v.	imahoba imahooba	ĭm-ah-hoh-bah
guest, n.	chukalaha chokkaalaha'	chook-ah-lah-hah
guide, n.	apisachi im munoli apiisachi' imanoli	ah-pe-sah-che im mŭn- ohn-le
guile, n.	huksichi haksichi	hŭk-se-che
guillotine, n.	ishkobo atupli ishkobo' aatabli'	ĭsh-koh-boh ah-tŭp-le
guilt, n.	imalhi imalhlhi	ĭm-ahlh-e
guinea, n.	akak holisso akank holisso	ah-kŭnk hoh-lĭss-oh
guitar, n.	isht talhepa ishtalhipa'	ĭsht tah-lhe-pah
gulch, n.	akolubi aakolobbi	ah-koh-loob-e
gull, n.	oka foshi oka' foshi'	oh-kah foh-she
gully, n.	akolubi aakolobbi	ah-koh-loob-e
gulp, v.	nunupli nannabli	nŭn-ŭp-le
gum, n. (place for teeth)	nuti aheyoli noti' aahiyohli'	noot-e ah-he-yoh-le
gum, n. (chewing)	takcheli taakchili'	tahk-che-le
gumbo, n. (okra)	kombo kombo'	kohm-boh
gumbo, n. (sticky mud)	lokfi chukissa lokfi' chakissa'	lohk-fe chŭk-ĭss-ah

ENGLISH	CHICKASAW	PRONUNCIATION
gun, n.	tanumpo tanampo	tah-noom-poh
gunner, n.	tanumpo tokachi tanampo tokaachi'	tah-noom-poh toh-kah-che
gurgle, v.	choboachi choboowachi	choh-boh-ah-che
gush, v.	lhatapa lhatapa	lhah-tah-pah
gust, n.	mahli mahli	mah-le
gut, n.	sulhkona salhkona	sŭlh-kohn-ah
gutter, n.	oka ayunali oka' aayanahli'	oh-kah ah-yŭn-ah-le
gyp, n.	huksichi haksichi	hŭk-se-che
gyrate, v.	chanahut folota chanahat folota	cha-nah-hŭt foh-loh-tah

ENGLISH	CHICKASAW	PRONUNCIATION
habit, n.	ai immomachi aaimomachi	ah ĭm-mohn-mah-che
hack, n.	iti chuna-pulhki itti' chanaa' palhki'	ĭt-e chŭn-ah-hah-pŭlh-ke
hack, v. (chop)	chali cha'li	chahn-le
hades, n.	ai okpoloka aayokpoloka'	ah-yohk-poh-loh-kah
had, v.	esh-tok í'shtok	ehnsh-tohk
had (been), v.	atok atok	ah-tohk
hag, n. (ugly old woman)	eho aiyubi ihoo ayyobi'	ee-hoh ah-yoh-be
hag, n. (witch)	eho isht ahollo ihoo ishtahollo'	ee-hoh ĭsht ah-hohl-loh
haggard, adj.	tikabi tikahbi	te-kah-be

ENGLISH	CHICKASAW	PRONUNCIATION
hail, n. (ice pellets)	okti weleli okti' wilili	ohk-te we-le-le
hail, v. (greeting)	pit ayukpachi pitayokpachi	pĭt ah-yook-pah-che
hair, n.	ip_a_shi ip_a_shi'	ee-pahn-she
hair, curly, n.	ip_a_shi oshchololi ip_a_shi' oshchololi'	ee-pahn-she ohsh-choh- loh-le
hair, gray, n.	ip_a_shi shobokoli ip_a_shi' shobbokoli'	ee-pahn-she shoh-boh- koh-le
hair, short, n.	ip_a_shi tilofasi ip_a_shi' til_o_fa'si'	ee-pahn-she te-lohn-fah-se
hair, n. (off a tail)	hasimbish hishi hasimbish hishi'	hah-sem-bĭsh he-she
hale, adj. (robust)	ilokchina ilokchina	ĭl-ohk-che-nah
half, adj.	iklunna iklanna	ĭk-lŭn-nah
half a day, n.	nitak iklunna nittak iklanna	ne-tŭk ĭk-lŭn-nah
halfway, adj.	ai iklunna aaiklanna	ah-ĭk-lŭn-nah
half-witted, adj.	im anukfila tikabi imaanokfila tikahbi	ĭm -ah-nook-fĭl-ah te-kah- be
halibut, n.	nunni nani'	nŭn-ne
hall, n.	aboa it titukla aboowa ittitakla'	ah-boh-ah ĭt-te-tŭk-lah
halloo, v.	tasali tasahli	tah-sah-le
hallow, v.	holitopa holitto'pa	hoh-le-toh-pah
hallucination, n.	_i_holba _i_holba	ehn-hohl-bah
halt, v.	hika hika	he-kah
halt, n. (lameness)	shumela shommiila	shoom-e-lah
halter, n.	ishkobo afoka ishkobo aafo'kha'	ĭsh-koh-boh ah-foh-kah
halve, adj.	iklunnasht kashupli iklannasht kashabli	ĭk-lŭn-nŭsht kah-shŭp-le
ham, n.	shukha eyubi shokha' iyyobi'	shook-hah e-yoob-e

hammer, n.	na isht boa naaishtbo'wa'	nah-ĭsht boh-ah
hammer, v.	boli bo'li	boh-le
hammock, n.	afapa aafa'pa'	ah-fah-pah
hamper, n.	kishi ishto kishi ishto'	ke-she ĭsh-toh
hamper, v. (impede)	atuklummi ataklammi	ah-tŭk-lŭm-me
hamstring, n.	eyubi hukshish iyyobi' hakshish	ee-yoͦob-e hŭk-shĭsh
hand, n.	ilbuk ilbak	il-bŭk
hand, v. (give to me)	osht umma oshtama	ohsht ŭm-mah
hand, v. (give to another)	pit imma pitima	pĭt ĭm-mah
hand, v. (assist)	apela apila	ah-pe-lah
handkerchief, n.	inochi inno'chi'	ĭn-oh-che
handle, n.	alhpi aalhpi'	ahlh-pe
handle, v.	isht utta ishtatta	ĭsht ŭt-tah
handsaw, n.	iti isht busha itti' ishtbasha'	ĭt-e ĭsht bŭsh-ah
handsome, adj.	pisa chukma pisa chokma	pe-sah choͦok-mah
handy, adj. (close at hand)	amilikasi aamilínka'si	ah-me-lehn-kah-se
hang, v.	tukali tákka'li	tŭk-ah-le
hang, v. (execute)	nuksitili noksitili	noͦok-se-te-le
hanging, adj.	tukali tákka'li	tŭk-ah-le
hang up, v.	uba takachi aba' takaachi	ŭb-ah tah-kah-che
hanker, v.	bunna banna	bŭn-nah
haphazard, adj.	mifokachi mifokhachi	me-foh-kah-che

happen, v.	yomi tok yohmitok	yoh-me tohk
happiness, n.	na-yukpa naayokpa	nah-yook-pah
happy, adj.	ayukpa ayokpa	ah-yook-pah
happy, make, v.	yukpalichi yokpalichi	yook-pah-le-che
harass, v.	atuklummi ataklammi	ah-tŭk-lŭm-me
harbor, n.	peni ataiya piini' aatayya'	pe-ne ah-tah-yah
hard, adj.	kullo kallo	kŭl-loh
hard bread, n.	puska kullo paska kallo'	pŭs-kah kŭl-loh
hardhead, n.	ishkobo kullo ishkobo' kallo'	ĭsh-koh-boh kŭl-loh
hard-hearted, n.	chukush kullo chonkash kallo'	choonk-ŭsh kŭl-loh
hardship, n.	apulummi aapalammi	ah-pŭl-ŭm-me
hardwood, n.	iti kawaski itti' kawaski'	ĭt-e kah-was-ke
hare, n.	chukfi chokfi	chook-fe
hare-brained, adj.	ik-imanukfillo ikimanokfi'lo	ĭk-ĭm-ah-nook-fĭl-loh
hark, v.	haklo haklo	hahk-loh
harlot, v.	hawii hawi	hah-we
harm, n.	hotopachi hottopachi	hoht-toh-pah-che
harmony, n.	itibachufa ittibaachaffa	ĭt-e-bah-chŭf-ah
harness, n.	isht shapoli ishtshaapoli'	ĭsht shah-poh-le
harp, n.	isht talhepa ishtalhipa'	ĭsht tah-lhe-pah
harp, v. (give expression to)	anumpa isht i lawa anompa ishtilawa	ah-noom-pah ĭsht ehn lah-wah
harrow, n.	isht loposhki ishtloposhki'	ĭsht loh-pohsh-ke

ENGLISH	CHICKASAW	PRONUNCIATION
harsh, adj.	illikullochi ilikallochi	ĭl-le-kŭl-oh-che
hart, n.	issi nukni issi' nakni'	ĭss-e nŭk-ne
harvest, n.	na wah ittanali naawaa' ittanahli	nah-wah ĭt-tah-nah-le
has, v.	ishe í'shi	ehn-she
hash, n.	nipi holosi nipi' hollosi'	ne-pe hoh-loh-se
hasp, n.	isht akullochi ishtakallochi'	ĭsht ah-kŭl-loh-che
haste, n.	toshpa toshpa	tohnsh-pah
hasten, v.	toshpachi toshpachi	tohnsh-pah-che
hat, n.	yalhepa yaalhipa	yah-lhe-pah
hatch, v.	hofuntichi hofantichi	hoh-fŭn-te-che
hatchery, n.	ahofuntichi aahofantichi'	ah-hoh-fŭn-te-che
hatchet, n.	oksifoshi oksifoshi'	ohk-sehn-foh-she
hate, v.	ikyaillo ikyay'ilo	ĭk-yah-ĭl-loh
hateful, adj.	issi-kopalichi issikopalichi	ĭss-e-koh-pah-le-che
haughty, adj.	ilifenenachi ilifinhachi	ĭl-e-fe-nah-che
haul, v.	shali shaali	shah-le
hauled, v.	sha-tok shaatok	shah-tohk
haunt, n. (refuge for outlaws)	aloma aalohma'	ah-loh-mah
haunted, adj.	aholba aaholba	ah-hohl-bah
have, v. (I possess)	ishli í'shli	ehnsh-le
have, v.	ishi í'shi	ehn-she
haven, n. (a refuge)	afoka aafokha'	ah-foh-kah

| --- | --- | --- |
havoc, n.	aiokpuni aayokpani	ah-ohk-pŭn-e
haw, n. (hawthorne)	chuna fala chona falaa'	choon-ah fah-lah
hawk, n.	biyokak biyyo'kak	be-yŭnk-ŭk
hay, n.	hushok hashshok	hŭsh-ok
haymaker, n.	hushok sheleli hashshok shilili'	hŭsh-ok she-le-le
haze, n.	toboklheleka tooboklhilika'	toh-bok-lhe-le-kah
he, pron.	nukni nakni'	nŭk-ne
head, n.	ishkobo ishkobo'	ĭsh-koh-boh
head, n. (of stream)	bokoshi ebetup bookoshi' ibiitop	boh-koh-she ee-be-toop
head, v.	ikatupli inkatabli	ehn-kah-tŭp-le
headache, n.	ishkobo hotopa ishkobo' hottopa'	ĭsh-koh-boh hoh-toh-pah
headband, n.	ishkobo apokfota ishkobo' apokfo'ta'	ĭsh-koh-boh ah-pohk-foh-tah
headdress, n.	miko iyachuka minko' iyaachokka'	mĭnk-oh ehn-yah-chook-ah
headman, n.	im ishkobo ka imishkoboka'	ĭm- ĭsh-koh-boh-kah
headstrong, adj.	ishkobo kullo ishkobo' kallo'	ĭsh-koh-boh kŭl-loh
heal, v.	masachi masachi	mah-sah-che
heal, v. (restore health)	lhakofichi lhakoffichi	lhah-koh-fe-che
health, n.	huknip i chukma haknip inchokma	hŭk-nĭp ehn chŭk-mah
healthy, adj.	illokchina ilokchina	ĭl-lohk-che-nah
heap, n.	lawa lawa	lah-wah
hear, v.	haklo haklo	hŭk-loh
hear, v. (cause to)	haklochi haklochi	hŭk-loh-che

ENGLISH	CHICKASAW	PRONUNCIATION
hearsay, n.	chukushpa chokoshpa	chook-osh-pah
heart, n.	chukush chonkash	choonk-ŭsh
heartache, n.	chukush hotopa chonkash hottopa	choonk-ŭsh hoh-toh-pah
heartbreak, n.	chukush kobafa chonkash kobafa	choonk-ŭsh koh-bah-fah
hearth, n.	toksika toksika'	tohk-se-kah
heartless, adj.	issikopa issikopa	ĭss-e-koh-pah
hearty, adj.	ayukpachi ayokpánchi	ah-yook-pahn-che
heat, n.	pulli palli	pŭl-le
heathen, n.	Chihowa ikyimmo Chihoowa ikyimmo	che-hoh-wah ĭk-yĭm-moh
heave, v.	ilafoha ilafoha	ĭl-ah-foh-ah
heaven, n.	uba yakni aba' yaakni'	ŭb-ah yahk-ne
Heavenly Father, n.	Uba Píki Aba' Pinki'	ŭb-ah pehn-ke
Heavenly King, n.	Uba Míko Aba' Minko'	ŭb-ah Mĭnk-oh
heavens, n.	shutik shotik	shoot-ĭk
heaviest, adj.	weki moma imaiya wiiki móma ímmayya	we-ke mohn-mah ĭm-ah-yah
heaviness, adj.	isht i weki ishtiwiiki	ĭsht ehn we-ke
heavy, adj.	weki wiiki	we-ke
heavy, very, adj.	weki atumpa wiiki aatámpa	we-ke ah-tŭm-pah
Hebrew, n.	Heblu Hiiblo'	He-blew
heckle, v.	yopolachi yoppolachi	yoh-poh-lah-che
hector, v.	ilahobi ilahobbi	ĭl-ah-hoh-be
hedge, n.	kusbi apotaka kasbi apotaka'	kŭs-be ah-poh-tah-kah

145

ENGLISH	CHICKASAW	PRONUNCIATION
heed, v.	yukomi ahni yakohmi ahni	yŭk-oh-me ah-ne
heedless, adj.	nan ikano nannikahno	nahn ĭk-ah-noh
heel, n.	ikotoba inkotoba'	ehn-koh-toh-bah
heft, n.	weki wiiki	we-ke
hefty, adj.	nehasi niha'si	ne-hah-se
heifer, n.	wak tek himita waak tiik himitta'	wahk teek hĭm-ĭt-ah
height, adj.	chaha chaaha	chah-hah
heighten, v.	chahachi chaahachi	chah-hah-che
heir, n.	aiyachufa ayachaffa'	ah-yah-chŭf-ah
hell, n.	aiokpoloka aayokpoloka'	ah- ohk-poh-lok-kah
hello, interj.	mishiho mishiho	mĭsh-e-hoh
help, v.	apela apila	ah-pe-lah
helper, n.	apelachi apilachi	ah-pe-lah-che
hem, n.	apakota apaakota	ah-pah-koh-tah
hem, v.	apakotlichi apaakollichi	ah-pah-koht-le-che
hemmed, v.	apakotlichi tok apaakollichitok	ah-pah-koht-le-che tohk
hen, n.	akak tek akank tiik	ah-kŭnk teek
hen-house, n.	akak i chukka akankinchokka'	ah-kŭnk ehn chook-ah
herb, n.	ulba alba	ŭl-bah
herd, n.	waka lawa waaka' lawa	wah-kah lah-wah
here, adv.	yuppa yappa	yŭp-pah
heredity, n.	ai i haiyuchi aaihayoochi	ah-ehn-hah-yoh-che

hermit, n.	ila pila utta illa pílla atta	ĭl-ah pĭl-ah ŭt-tah
hero, n.	moma im aiya móma ímmayya	mohn-mah ĭm-ah-yah
heron, n.	puskawo paskawo'	pŭs-kah-woh
hesitate, v.	fehna keyu finha ki'yo	feh-nah ke-yoh
hew, v.	atulhichi atalhlhichi	ah-tŭlh-e-che
hex, v.	isht ahollo okpune ishtahollo' okpani	ĭsht ah-hol-oh ohk-pŭn-ĭ
hibernate, v.	hushtola nusi hashtola' nosi	hŭsh-toh-lah noh-se
hiccup, n.	chukfiyummi chokfiyammi	chook-fe-yŭm-me
hickory, n.	osak osak	oh-sŭk
hickory bark, n.	osak upi hukshup osak api' hakshop	oh-sŭk ŭp-e hŭk-shoop
hickory, n. (tree)	osak upi osak api'	oh-sŭk ŭp-e
hickory nut, n.	osak uni osak ani'	oh-sŭk ŭn-e
hid, v.	loma lohma	loh-mah
hide, v.	lomi lohmi	loh-me
hide, n. (skin)	hukshup hakshop	hŭk-shoop
hiding (place), adj.	aloma aalohma'	ah-loh-mah
high, adj.	chaha chaaha	chah-hah
high, adj. (as price)	aiyulli ishto ayalli ishto	ah-yŭl-le ĭsh-toh
higher, adj.	chaha cháha	chahn-hah
highest, adj.	chaha imaiya chaaha ímmayya	chah-hah ĭm-ah-yah
highjack, v.	wehpoli wihpoli	weh-poh-le
highway, n.	hina putha ishto hina' patha' ishto'	he-nah put-hah ĭsh-toh

ENGLISH	CHICKASAW	PRONUNCIATION
hike, v.	nowa nowa	nohn-wah
hill, n.	onchuba onchaba	ohn-chah-bah
hill, high, n.	onchuba chaha onchaba chaaha	ohn-chŭb-ah chah-hah
him, pron.	yumma yamma	yŭm-mah
himself, pron.	ilap akili ilaap akili	ee-lahp ah-ke-le
hind, adj.	olbuluk olballak	ohl-bŭl-lŭk
hinder, v.	atuklummi ataklammi	ah-tŭk-lŭm-me
hindrance, n.	isht atuklumma ishtataklama	ĭsht ah-tŭk-lŭm-mah
hinge, n.	atukali aatakaali'	ah-tŭk-ah-le
hinge, v.	atakalichi atakalichi	ah-tŭk-ah-le-che
hint, v.	moma ikanolo móma ikano'lo	mohn-mah ĭk-ah-noh-loh
hip, n.	hutip hatip	hŭt-ĭp
hire, v.	tohno tohno	toh-noh
hire out, v.	ilepafi ilipafi	ĭl-ee-pahn-fe
his, pron.	ilap immi ilaap immi'	ĭl-ahp ĭm-me
history, n.	nan isht unoa nannishtannowa'	nahn ĭsht ŭn-oh-ah
hit, v.	isso isso	ĭss-oh
hitch, v.	atakalichi atakalichi	ah-tah-kah-le-che
hive, n. (of bee)	fohi ichuka fohi' inchokka'	foh-he ehn-chook-ah
hive, v.	fohi binichi fohi' biniichi	foh-he be-ne-che
hives, n.	fohapa fohapa	foh-hah-pah
hoar, adj.	shobokoli shobbokoli	shoh-boh-koh-le

ENGLISH	CHICKASAW	PRONUNCIATION
hoard, n.	alomi aalohmi'	ah-loh-me
hoarse, n.	nukshila nokshila	nook-she-lah
hoax, n.	huksichi haksichi	hŭk-se-che
hobble, n.	shumelachi shomilachi	shoom-el-lah-che
hobble, v.	iyi itukchi iyyi' intakchi'	ee-ye ehn tŭk-che
hoe, n.	ishla ishlaa'	ĭsh-lah
hog, n.	shukha shokha'	shook-hah
hoggish, adj.	amosholi amosholi	ah-mohn-shoh-le
hog pen, n.	shuk i holita shokhiholitta'	shook ehn hoh-le-tah
hoist, v.	ubaweli abaawiili	ŭb-ah-we-le
hold, v.	yukli yokli	yook-le
holdup, n.	wehpolichi wihpolichi	weh-poh-le-che
hole, n.	choluk cholok	choh-look
hollow, n. (valley)	okaiina okaaina'	ohk-ah-ee-nah
hollow, adj. (in tree)	iti choluk itti' cholok	ĭt-e choh-look
hollow-hearted, adj.	alhi keyu alhlhi ki'yo	ahnlh-e ke-yoh
holly, n.	iti heshi halopa itti' hishi' haloppa'	ĭt-e he-she hah-loh-pah
hollyhock, n.	na-pakali naapakali'	nah pah-kahn-le
holy, adj.	holitopa holitto'pa	hoh-lĭt-oh-pah
holy day, n.	nitak hullo nittak hollo'	ne-tŭk hool-loh
Holy Spirit, n.	Shilombish Holitopa Shilombish Holitto'pa'	She-lohm-bĭsh Hoh-lĭt-toh-pah
homage, n.	ayukpachi ayokpánchi	ah-yook-pahn-che

ENGLISH	CHICKASAW	PRONUNCIATION
home, n.	chuka chokka'	chook-ah
homesick, adj.	ikachaho ikacha'ho	ĭk-ah-chah-hoh
homicide, n.	hatuk ubi hattak-abi'	hah-tŭk ŭb-e
hominy, n.	talobo talobo	tahn-loh-boh
hone, v.	halopachi haloppachi	hah-loh-pah-che
honest, adj.	alhi alhlhi	ahn-lhe
honey, n.	fohi bela fohi' bila'	foh-he be-lah
honeycomb, n.	fohi i puska fohi' impaska	foh-he ehn pŭs-kah
honeysuckle, n.	na pakali tohya naapakali' toyya'	nah pah-kahn-le toh-yah
honor, n.	holitopli holiitobli	hoh-le-tohp-le
honor, v.	holitoplichi holiitoblichi	hoh-le-tohp-le-che
honorable, adj.	holitompa holiitómpa	hoh-le-tohm-pah
hood, n.	yalhipili yaalhipi'li'	yah-lhe-pe-le
hoof, n.	iyukchush iyyakchosh	ee-yŭk-choosh
hook, n.	isht yukli ishtyokli'	ĭsht yook-le
hook, n. (fish)	nunni isht holhtosi nani' ishtholhtosi'	nŭn-ne ĭsht holh-toh-se
hook, n. (iron)	tulli chanukbi tali' chanakbi'	tŭl-le chah-nŭk-be
hook, make a	chanukbichi chanakbichi	chah-nŭk-be-che
hoot, v.	ola ola	oh-lah
hop, v.	mulit tukali mallittakali	mŭl-eet tŭk-ah-le
hope, v.	aiyanili áyyanhili	ah-yah-ne-le
horde, n.	itapeha ittapiha	ĭt-ah-pe-hah

ENGLISH	CHICKASAW	PRONUNCIATION
horn, n.	lupish lapish	lŭp-ĭsh
horn, n. (musical instrument)	sonuk banata sonak banna'ta'	soh-nŭk bah-nah-tah
hornet, n.	fohkol fokkol	foh-kohl
horrible, adj.	ikaiyubo ikayyo'bo	ĭk-ah-yo͞ob-oh
horrid, adj.	ikaiyubo ikayyo'bo	ĭk-ah-yo͞ob-oh
horrify, v.	im milhachi imilhlhachi	ĭm mĭlh-ah-che
horse, n.	soba soba	soh-bah
horseback, n.	soba ombinili soba ombiniili'	soh-bah ohm-be-ne-le
horsefly, n.	holhano holhaano	hoh-lhah-noh
horse-hide, n.	soba hukshup soba hakshop	soh-bah hŭk-sho͞op
horselaugh, n.	olulli kullochi ollali kallochi	oh-lŭl-le kŭl-loh-che
horseleech, n.	asolo asolo'	ahn-sohn-loh
horsemint, n. (herb)	sholup telheli sholop tilhi'li'	shoh-lo͞op te-lhe-le
horseshoe, n.	sob-i-sholush soba isholosh	sohb-ehn-shoh-losh
horse thief, n.	soba hokopa soba honkopa'	soh-bah hohn-koh-pah
horsewhip, n.	soba isht fumma soba ishtfama'	soh-bah ĭsht fŭm-mah
hose, n.	ebesoa ibisowa'	ee-be-soh-ah
hosiery, n.	ebesoa ibisowa'	ee-be-soh-ah
hospital, n.	abeka aiiasha abika' aa-áyya'sha'	ah-be-kah ah-yah-sha
host, n.	afama afaama	ah-fah-mah
host, n. (large army)	tushka chepota lawa tashka chipota lawa'	tŭsh-kah che-poh-tah lah-wah
hostage, n.	yuka yoka	yo͞ok-ah

151

| --- | --- | --- |
hostel, n.	afoha aboa aafoha' aboowa	ah-foh-hah ah-boh-ah
hostile, adj.	issikopa issikopa	ĭss-e-koh-pah
hot, adj.	pulli palli	pŭl-le
hotel, n.	aboa afoha aboowa aafoha'	ah-boh-ah ah-foh-hah
hound, n.	ofi huksobish fala ofi' haksobish falaa'	oh-fe hŭk-soh-bĭsh fah-lah
hour, n.	hushi kunutli chufa hashi' kanatli' chaffa'	hŭsh-e kŭn-ŭt-le chŭf-ah
house, n.	aboa aboowa	ah-boh-ah
hovel, n.	aboshi abooshi'	ah-boh-she
how, adv.	kati̱shchi kati̱shchi	kah-tehnsh-che
how (many), adv.	kutomi kattohmi	kŭt-oh-me
however, adv.	yohmi kia yohmikya	yoh-me-ke-ah
howl, n.	woha wooha	woh-hah
howl, v.	wohowa wohó̱wa	woh-ohn-ah
huddle, adj.	itahobi ittahobbi	ĭt-ah-hoh-be
huffy, adj.	ilahobi ilahobbi	ĭl-ah-hoh-be
hug, v.	sholi shooli	shoh-le
huge, adj.	ishto fehna ishto finha	ĭsh-toh feh-nah
hull, n.	hukshup hakshop	hŭk-sho͞op
human, n.	hatuk hattak	hah-tŭk
humble, adj.	ukalosi akka̱lo'si	ŭk-ahn-loh-se
humblebee, n.	hosino hosiino	hoh-se-noh
humid, adj.	lushpa lashpa	lŭsh-pah

ENGLISH	CHICKASAW	PRONUNCIATION
humiliate, v.	hofayachi hofahyachi	hoh-fah-yah-che
humility, n.	ukalosi akkalo'si	ŭk-ahn-loh-se
hummingbird, n.	lhokomuk lhokommak	lhoh-koh-mŭk
humor, v.	ayukpa ayokpa	ah-yo͞ok-pah
hump, n.	kobokshi kobokshi	koh-bohk-she
hundred, n.	talhepa talhipa	tah-lhe-pah
hundred, one, adj.	talhepa chufa talhipa chaffa	tah-lhe-pah chŭf-ah
hundred, adj. (times)	talhepa bot talhipa boht	tah-lhe-pah boht
hung, v.	tukali takaali	tŭk-ah-le
hunger, adj.	hopoba hopoba	hoh-poh-bah
hunt, v. (search)	hoyo hoyo	hoh-yoh
hunt, v. (for game)	owata owwatta	oh-wah-tah
hunter, n.	hatuk owutta hattak owwatta'	hah-tŭk oh-wŭt-tah
hunting, v.	itapehut owutta ittapihaat owwatta	ĭt-ah-pe-hŭt oh-wŭt-tah
hunting ground, n.	aiowutta yakni aayowwatta' yaakni'	ahoh-wŭt-tah yahk-ne
hurdle, v.	ubanupli abaanabli	ŭb-ah-nŭp-le
hurl, v.	fapichi faapichi	fah-pih-che
hurricane, n.	mahli ishto mahli ishto'	mah-le ĭsh-toh
hurry, n.	toshpa toshpa	tohnsh-pah
hurt, v.	hotopa hottopa	hoh-toh-pah
hurt, v.	hotopachi hottopachi	hoh-tah-pah-che
hurtful, adj.	isht hotopachi ishthottopachi'	ĭsht hoh-toh-pah-che

ENGLISH	CHICKASAW	PRONUNCIATION
husband, n.	*i* hatuk ihattak	ehn hah-tŭk
hush, v.	samata samata	sah-mah-tah
husk, n.	hosholo hoshollo'	hoh-shoh-loh
hustle, v.	im malummi imaalami	ĭm mah-lŭm-mĭ
hut, n.	aboshi abooshi'	ah-boh-she
hydrophobia, n.	huksi haksi	hŭk-se
hyena, n.	nan imilha nannimilhlha'	nahn ĭm-ĭlh-ah
hymn, n.	taloa taloowa'	tah-loh-ah
hymn book, n.	holisso aitoloa holisso aataloowa'	hoh-lĭss-oh ah-tah-loh-ah
hypocrite, n.	ilahobi ilahobbi	ĭl-ah-hoh-be
hypnosis, n.	nusichi nosichi'	noh-se-che
hysteria, n.	abeka ilhkoli abika ilhko'li'	ah-be-kah ĭlh-koh-le

ENGLISH	CHICKASAW	PRONUNCIATION
I, pron.	uno ano'	ŭn-oh
ice, n.	oka hukmi oka' hakmi'	oh-kah hŭk-me
icicle, n.	nukso-basali naksobasali'	nŭk-soh bah-sah-le
idea, n.	anukfilli anokfilli	ah-nook-fil-le
identify, v.	atokolichi atookolichi	ah-tohk-oh-le-che
idiot, n.	huksi haksi	hŭk-se

idle, adj.	itakobi intakho'bi	ehn-tah-koh-be
idol, n.	holba holba'	hohl-bah
if, conj.	henikma hínikma	hehn-nĭk-mahn
if not, conj.	keyukma ki'yokma	ke-yook-mahn
ignite, v.	keleli kilili	ke-le-le
ignorant, adj.	nan ikithano nannikitha'no	nahn ĭk-ĭt-hah-noh
iguana, n.	toksalapa ishto toksala'pa' ishto'	tohk-sah-lah-pah ĭsh-toh
ill, adj.	abekamo abiikamo	ah-be-kah-moh
illegitimate, adj.	chepota loma chipota lohma'	che-poh-tah loh-mah
illness, n.	abeka abika	ah-be-kah
image, n.	holba holba'	hohl-bah
imagine, v.	imahoba imahooba	ĭm-ah-hoh-bah
imbecile, n.	im anukfilla ik im mono imaanokfila ikimo'no	ĭm-ah-nook-fel-lah ik-ĭm-moh-noh
imitate, v.	hibachi hobachi	hoh-bah-che
imitation, adj.	holba holba'	hohl-bah
immaculate, adj.	chofata chofata	choh-fah-tah
immediate, adj.	chekosi chiiko'si	che-koh-se
immediately, adv.	himmonali himmonaali	hĭm-ohn-nah-le
immense, adj.	ishto atumpa ishto aatámpa	ĭsh-toh ah-tŭm-pah
immerge, v.	okakania okaakaniya	oh-kah-kah-ne-ah
immerse, v.	oklobushli okloboshli	ohk-loh-boosh-le
immigrant, n.	hatuk weha hattak wiha'	hah-tŭk-we-hah

ENGLISH	CHICKASAW	PRONUNCIATION
immigrate, v.	weha wiha	we-hah
immodest, adj.	ik hofayo ikhofahyo	ĭk hoh-fah-yoh
imp, n.	*i* yaknasha i̱yaaknasha'	ehn yahk-nah-shah
impair, v.	aiokpanichi aayokpanichi	ah-ohk-pah-ne-che
impart, v.	an*o*li an*o*li	ah-nohn-le
impeach, v.	kochichi kochchichi	koh-che-che
impel, v.	atonochi atohnochi	ah-toh-noh-che
imperfect, adj.	chukma ikono chokma iko'no	chook-mah ik-oh-noh
impersonate, v.	illitobachi ilitobachi	ĭl-le-toh-bah-che
impious, v.	holitopa ilahobi holitto'pa ilahobbi	hoh-le-toh-pah ĭl-ah-hohb-e
implore, v.	*i* habena i̱habina	ehn hah-be-nah
imply, v.	ahobachi ahoobachi	ah-hoh-bah-che
importance, n.	afehna aafinha	ah-feh-nah
important, adj.	afehna aafinha	ah-feh-nah
impose, v.	omboli ombohli	ohm-boh-le
impossible, adj.	yohma keyu yohma' ki'yo	yoh-mah ke-yoh
imposter, n.	*a*lhi ilahobi a̱lhlhi ilahobbi	ahnlh-e ĭl-ah-hohb-e
impress, v.	yimmiche yimmichi	yĭm-me-che
impressive, adj.	yimmichi yimmichi	yĭm-me-che
imprison, v.	yukachi yokachi	yook-ah-che
improper, adj.	ikchukmo ikchokmo	ĭk-chook-moh
improve, v.	pit kanimi pitkanihmi	pĭt kŭn-ne-me

ENGLISH	CHICKASAW	PRONUNCIATION
impudent, adj.	ilefenachi ilifinhachi	ĭl-e-fe-nah-che
in, prep.	anokaka anonkaka'	ah-nohn-kah-kah
inaccurate, adj.	ikalhpiso ikalhpi'so	ĭk-ahlh-pe-soh
inactive, adj.	itakobi intakho'bi	ehn-tah-koh-be
inane, adj.	huksi ahoba haksi ahooba	hŭk-se ah-hoh-bah
inaugurate, v.	holitoplichit binichi holiitoblichit biniichi	hoh-le-tohp-le-chĭt be-ne-che
Inca, n.	hatuk upi homa hattak api' homma'	hah-tŭk-ŭp-e hoh-mah
incense, n.	num-belama nambilama'	nŭm-be-lah-mah
inch, n.	ulhpisa iskunosi alhpisa iskanno'si'	ŭlh-pe-sah ĭss-kŭn-oh-se
incline, n.	sukti sakti	sŭk-te
incline, v. (tend)	yohmi bunna yohmi banna	yoh-me bŭn-nah
include, v.	aninchi anhínchi	ah-nĭn-che
income, n.	aminti aaminti'	ah-mĭn-te
incorporate, v.	itibafoka ittibaafokha	ĭt-e-bah-foh-kah
increase, adj.	lawachi lawachi	lah-wah-che
indecent, adj.	pisa ikono pisa iko'no	pe-sah ĭk-ohn-noh
indent, v.	pachufi pachoffi	pah-chōof-e
indeed, adv.	alhi alhlhi	ahn-lhe
Indian, n.	hatuk upi homa hattak api' homma'	hah-tŭk-ŭp-e hoh-mah
indicate, v.	yumma yamma	yŭm-mah
indict, v.	anumpa omboli anompa ombohli	ah-nōom-pah ohm-boh-le
indigent, adj.	ilbusha ilbashsha'	ĭl-bŭsh-ah

ENGLISH	CHICKASAW	PRONUNCIATION
indigestion, n.	ittakoba itopa ittakoba' ittopa'	ĭt-tah-koh-bah ĭt-oh-pah
indignant, adj.	hasha hashaa	hah-shah
indigo, adj.	okchamali okchamali	ohk-chah-mah-le
individual, adj.	ilapila ilaap ílla	ĭl-ah-pĭl-ah
indolent, adj.	*i*takobi intakho'bi	ehn-tah-koh-be
indoors, adv.	aboa anokaka aboowa anonkaka'	ah-boh-ah ah-nohn-kah-kah
induce, v.	*i* habena ihabina	ehn hah-be-nah
indulge, v.	imbatiya imbaatiya	ĭm-bah-te-yah
industrious, adj.	toksuli chukma toksali chokma	tohk-sŭl-e chook-mah
industry, n.	atoksuli fehna aatoksali finha	ah-tohk-sŭl-e feh-nah
inebriate, adj.	huksi haksi	hŭk-se
infamous, adj.	ikchukmo mehele ikchokmo mihíli	ĭk-chook-moh me-he-le
infant, n.	puskush poskosh	poos-koosh
infantry, n.	tushka chepota tashka chipota'	tŭsh-kah che-poh-tah
infect, v.	ai ikbechi aaikbichi	ah ĭk-be-che
inferior, adj.	ikono iko'no	ĭk-ohn-noh
infest, v.	ombelhepa ombilhipa	ohm-be-lhe-pah
infidel, n.	nana ila yimmi nanna illa yimmi	nah-nah ĭl-ah yĭm-me
infirm, adj.	abekamo abiikamo	ah-be-kah-moh
inflict, v.	hotopachi hottopachi	hoh-toh-pah-che
influence, v.	yimmichi yimmichi	yĭm-me-che
influenza, n.	ebishano ibishshano	ee-bĭsh-ah-noh

ENGLISH	CHICKASAW	PRONUNCIATION
inform, v.	immunoli imanoli	ĭm-mŭn-ohn-le
informant, n.	nana anoli nanna anoli	nah-nah ah-nohn-le
informer, n.	hatuk o anoli hattak onanoli	hah-tŭk ohn ah-nohn-le
infuriate, v.	hasheli hashiili	hah-she-lĭ
ingenious, adj.	nan impona nannimponna	nahn ĭm-poh-nah
ingrate, n.	nana ik ayukpacho nanna ikayokpa'cho	nah-nah ĭk ah-yo͞ok-pah-choh
ingredient, n.	nan itebulhto nannittibalhto'	nahn ĭt-ee-bŭlh-toh
inhabit, v.	aiyutta aayatta	ah-yŭt-tah
inhale, v.	ilafoyopa ilafoyopa	ĭl-ah-foh-yoh-pah
inherit, v.	iba habena ibaahabina	ee-bah hah-be-nah
iniquity, n.	ushichi ashshichi	ŭsh-e-che
initial, adj.	holhchifo isht oktunni holhchifo ishtoktani'	holh-che-foh ĭsht ok-tŭn-ne
initiate, v.	ibafoka ibaafokha	e-bah-foh-kah
injure, v.	hotopachi hottopachi	hoh-toh-pah-che
injustice, n.	nan isht ikano nannishtikanho	nahn ĭsht ĭk-ah-noh
ink, n.	isht holissochi okchi ishtholissochi' okchi'	ĭsht hoh-lĭss-oh-che ok-che
inkling, n.	hopo hopoo	hoh-poh
inmate, n.	ibaiyata ibaayatta	e-bah-yŭt-tah
inn, n.	aboa afoha aboowa aafoha'	ah-boh-ah ah-foh-ah
inner, adj.	anokaka anonkaka'	ah-nohn-kah-kah
innocence, n.	alhpisa alhpí'sa	ahlh-pe-sah
innocent, adj.	im malhi keyu imalhlhi ki'yo	ĭm mahn-lhe ke-yoh

ENGLISH	CHICKASAW	PRONUNCIATION
innumerous, adj.	holhtina imaiya holhtina ímmayya	hohlh-te-nah ĭm-ah-yah
inoffensive, adj.	alhpisa alhpí'sa	ahlh-pe-sah
inquest, n.	afanachit asilha afaana'chit asilhha	ah-fah-nah-chĭt ah-sĭlh-ah
inquire, v.	asilhfoha asilhfoha	ah-sĭlh-foh-hah
insane, adj.	huksi haksi	hŭk-se
insanity, n.	huksi haksi	hŭk-se
insect, n.	issosh issosh	ĭss-ohnsh
insensible, adj.	nan ikanimi keyu nanninkanihmi ki'yo	nahn ehn-kah-ne-me ke-yoh
insert, v.	ibafoki ibaafokhi	ee-bah-foh-ke
inside, adj.	anokaka anonkaka'	ah-nohn-kah-kah
insist, v.	yummish chi yammishchi	yŭm-mĭsh che
inspect, v.	afanachi afaana'chi	ah-fahn-nah-che
inspire, v.	anukfokachi anokfokachi	ah-noŏk-foh-kah-che
install, v.	holitoplit helichi holiitoblit hilichi	hoh-le-tohp-lĭt he-le-che
instant, adj.	himakos-akeni himmako'sakíni	he-mŭk-ohs-ah-kehn-ne
instead, adv.	atobichi atobbichi	ah-toh-be-che
instruct, v.	immunoli imanoli	ĭm-mŭn-ohn-le
instructor, n.	immunoli imanoli'	ĭm-mŭn-ohn-le
insufficient, adj.	ikono iko'no	ĭk-ohn-noh
insult, v.	hasheli hashiili	hah-she-le
integrate, v.	itibafoki ittibaafokhi	ĭt-e-bah-foh-ke
intend, v.	chetok chitok	che-tohk

ENGLISH	CHICKASAW	PRONUNCIATION
intense, adj.	fehna finha	feh-nah
inter, v.	bohli bohli	boh-le
inter-, prefix (between)	itibafoka ittibaafokha	ĭt-e-bah-foh-kah
intercede, v.	imme-habena imihabina	ĭm-mehn-hah-be-nah
intercept, v.	atuklummi ataklammi	ah-tŭk-lŭm-me
interest, n. (on money)	ulhtoba ochololi alhtoba' onchololi'	ŭlh-toh-bah ohn-choh- loh-le
interest, v. (concern)	isht immalami ishtimaalami	ĭsht ĭm-mah-lah-me
interfere, v.	atuklummi ataklammi	ah-tŭk-lŭm-me
interior, adj.	anokaka anonkaka'	ah-nohn-kah-kah
internal, adj.	huknip anokaka haknip anonkaka'	hŭk-nĭp ah-nohn-kah-kah
interpose, v.	atuklummi ataklammi	ah-tŭk-lŭm-me
interpret, v.	tosholi toshooli	toh-shoh-le
interpreter, n.	anumpa tosholi anompa toshooli	ah-noom-pah toh-shoh-le
interrogate, v.	asilhfoha asilhfoha	ah-sĭlh-foh-hah
interrupt, v.	atuklummi ataklammi	ah-tŭk-lŭm-me
interval, n.	ulh kunia yukma alhkaniyakma	ŭlh-kŭn-e-yŭk-mahn
intervene, v.	olabechi olabichi	ohn-lah-be-che
intestine, n.	sulhkona salhkona	sŭlh-koh-nah
intimate, adj.	iti melika ittimilínka	ĭt-e me-lehn-kah
into, prep.	ot chukwa ootchokwaa	oht chook-wah
intoxicate, v.	huksi haksi	hŭk-se
introduce, v.	ititanachi ittithanachi	ĭt-e-tah-nah-che

ENGLISH	CHICKASAW	PRONUNCIATION
intrude, v.	atuklummichi ataklammichi	ah-tŭk-lŭm-me-che
invade, v.	ibachukwa ibaachokwaa	e-bah-chook-wah
invalid, adj. (not valid)	ikholitopo ikholitto'po	ĭk hoh-le-tohp-loh
invalid, n. (sick person)	immo mokpulo imomokpolo'	ĭm-moh mohk-poh-loh
invalidate, v.	kobuffi kobaffi	koh-bŭf-fe
invasion, v.	ibachukwa ibaachokwaa	ee-bah-chook-wah
invent, v.	ikbi tok ikbitok	ĭk-be tohk
investigate, v.	afanachi afaana'chi	ah-fah-nah-che
invite, v.	imasilha imasilhha	ĭm-ah-sĭlh-ah
inward, adj.	anokaka pila anonkaka' pílla	ah-nohn-kah-kah pĭl-ah
iron, n. (metal)	tulli tali'	tŭl-le
iron, n. (for pressing clothes)	nan isht hummi nannishthammi'	nahn ĭsht hŭm-me
iron, v.	hummi hammi	hŭm-me
iron chain, n.	tulli ittatakali tali' ittatakali'	tŭl-le ĭt-tah-tah-kah-le
iron hook, n.	tulli chufola tali' chaffola'	tŭl-le choof-oh-lah
ironwood, n.	inyunubbi inyannabi'	ehn-yŭn-ŭb-be
irrigate, v.	oka o yanachi oka' oyanahchi	ohk-ah ohn-yah-nah-che
irritate, v.	hasheli hashiili	hah-she-le
island, n.	tashaiyi tashayyi'	tah-shah-ye
isolate, v.	itifilummichi ittifilammichi	ĭt-ehn-fe-lŭm-me-che
it, pron.	yumma yamma'	yŭm-mah
itch, n.	wushkubi washkabi	wŭsh-kŭb-e

| itch, v. | yawochi
yawoochi | yah-woh-che |

jab, v.	bafa baafa	bah-fah
jabber, v.	labachi labaachi	lah-bah-che
jack, n.	isht ubaweli ishtabaawiili	ĭsht ŭb-ah-we-le
jail, n.	aboa kullo aboowa kallo'	ah-boh-ah kŭl-loh
jail, v.	aboa kullo foki aboowa kallo' fokhi	ah-boh-ah kŭl-loh foh-ke
jam, v	itakullochi ittakallochi	ĭt-ah-kŭl-loh-che
janitor, n.	aboa chofutli aboowa chofatli'	ah-boh-ah choh-fŭt-le
January, n.	Hushi Ummona Hashi' Ámmo'na'	Hŭsh-e Ŭm-moh-nah
Japanese, n.	hatuk nipi lakna hattak nipi' lakna'	hah-tŭk ne-pe lŭk-nah
jar, n. (container)	kitoba kitoba	ke-toh-bah
jar, v. (shake)	fakayachi faya'kachi	fah-yah-kah-che
javelin, n.	isht ittibi ishtittibi'	ĭsht ĭt-te-be
jaw, n.	notukfa notakfa	noh-tŭk-fah
jawbone, n.	notukfa foni notakfa foni'	noh-tŭk-fah foh-ne
jaybird, n.	tishkila tishkila	tehnsh-ke-lah
jealous, adj.	hopo hopoo	hoh-poh
Jehovah, n.	Chihowa Chihoowa	che-hoh-wah

ENGLISH	CHICKASAW	PRONUNCIATION
jelly, n.	takolo okchi sutko takolo okchi' sotko'	tah-kohn-loh ohk-che soot-koh
jerk, v.	hulluklichi hállakli'chi	hŭl-lŭk-le-che
Jerusalem, n.	Chilusalim Chiloosalim	Che-loo-sah-lĭm
jest, v.	yopola yoppola	yoh-poh-lah
jester, n.	yopolachi yoppolachi	yoh-poh-lah-che
Jesus, n.	Chisus Chiisas	Che-sŭs
Jesus Christ, n.	Chisus Klaist Chiisas Klaayist	Che-sŭs Klah-ĭst
Jew, n.	Chu Choo'	Choo
jiffy, n.	chekosi chiiko'si	che-koh-se
Jimson weed, n.	shomatik ishto shommatik ishto'	shoh-mah-tĭk ĭsh-toh
job, n.	atoksuli aatoksali'	ah-took-sŭl-e
join, v.	itachaka ittachaka	ĭt-ah-chah-kah
joke, v.	yopola yoppola	yoh-poh-lah
jolt, v.	hulluklichi hállakli'chi	hŭl-lŭk-le-che
josh, v.	yopola yoppola	yoh-poh-lah
jot, n.	iskunosi iskanno'si	ĭss-kŭn-oh-se
journey, n.	nowut a nowaat áa	nohn-wŭt ahn
jowl, n.	notukfa notakfa	noh-tŭk-fah
joy, adj.	ayukpa ayokpa	ah-yook-pah
joyous, adj.	na yukpa naayokpa	nah yook-pah
jubilant, adj.	ayukpa fehna ayokpa finha	ah-yook-pah feh-nah
judge, v.	nan im apisa nannimapiisa	nahn ĭm ah-pe-sah

jug, n.	lokfi kitoba lokfi' kitoba'	lohk-fe ke-toh-bah
juice, n.	okchi okchi'	ohk-che
July, n.	Chulai Choola	Chōō-lah
jump, v.	mulli malli	mŭl-le
June, n.	Chun Choon	Chūne
junk, n.	nan boshotli nannboshotli'	nahn-boh-shoh-oht-le
just, adj.	alhpisa alhpí'sa	ahlh-pe-sah
justice, n.	aiyalhika ayyalhlhika'	ah-yahn-lhe-kah
justification, n.	aiyalhikachi ayyalhlhikachi	ah-yahn-lhe-kah-che
justify, v.	aiyalhich ayyalhlhínchi	ah-yahn-lhen-che

kale, n.	tohe tohi'	toh-he
katydid, n.	shalutha shalatha'	shah-lŭt-hah
keen, adj. (sharp)	halopasi haloppa'si	hah-lohp-ah-se
keen eye, n.	ishkin halopa ishkin haloppa	ĭsh-kĭn hah-lohp-ah
keep, v.	ish í'sh	ehnsh
keep, v. (carry on)	ishlachi í'shla'chi	ehnsh-lah-che
keep going, v.	immot aiya imootaya	ĭm-moht ah-yah
keep company, v.	itahina ittahiina	ĭt-ah-he-nah

ENGLISH	CHICKASAW	PRONUNCIATION
keep holy, v.	holitopli holiitobli	hoh-le-tohp-le
keep still, v.	nukchito nokchito	noͦok-che-toh
keg, n.	iti kolofoshi itti' kolofoshi'	ĭt-e koh-loh-foh-she
kennel, n.	ofi immumboa ofi' imamboowa	oh-fe ĭm-mŭm-boh-ah
kerchief, n.	inochi inno'chi'	ehn-oh-che
kettle, n.	iyasha iyyaa-asha'	ee-yah-shah
key, n.	isht tiwa ishtiwa'	ĭsht te-wah
kick, v. (recoil)	halhupli halhabli	hah-lhŭp-le
kick, v. (to strike)	halhi halhlhi	hah-lhe
kid, n.	issi kosoma oshi issi' kosoma' oshi'	ĭss-e koh-soh-mah oh-she
kid, v.	yopola yoppola	yoh-poh-lah
kidnap, v.	hatuk hokapa hattak honkopa'	hah-tŭk hohn-kah-pah
kidney, n.	bulbo bolbo'	bool-boh
kill, v.	ubi abi	ŭb-e
killer, n.	ubi abi'	ŭb-e
kin, n.	ikanomi inkano'mi	ehn-kah-noh-me
kind, n. (class or group)	itachufa ittachaffa	ĭt-ah-chŭf-ah
kind, adj. (sympathetic)	inkana inkána	ehn-kahn-nah
kindle, v.	keleli kilili	ke-le-le
kindness, adj.	inkana inkána	en-kahn-nah
king, n.	miko minko'	mehn-koh
kingdom, n.	apelichika aapihlichika'	ah-pe-le-che-kah

ENGLISH	CHICKASAW	PRONUNCIATION
kink, adj.	oshchololi oshchololi	ohsh-choh-loh-le
kinsfolk, n.	itikanomi ittinkano'mi	ĭlt-ehn-kah-noh-me
kiss, v.	shoka sho'ka	shohn-kah
kitchen, n.	aiolhponi aayolhponi'	ah-ohlh-poh-ne
kitten, n.	koi oshi kow-oshi'	koh-e oh-she
knead, v.	okomo okommo	oh-koh-moh
knee, n.	etolhka iito'lhka'	ee-tohlh-kah
kneel, v.	achukmilhka achokmilhka	ah-chook-mĭlh-kah
knew, v.	ithana tok ithánatok	ĭt-hahn-nah tohk
knife, n.	bushpo bashpo	bŭsh-poh
knit, v.	tunna tanna	tŭn-nah
knock, v.	kabachi kaba'chi	kah-bah-che
knoll, n.	shintok shintok	shĭn-tohk
know, v.	ithana ithána	ĭt-hahn-nah
knuckle, n.	ilbuk oshi awatli ilbak oshi' awalli'	ĭl-bŭk oh-she ah-wŭt-le

ENGLISH	CHICKASAW	PRONUNCIATION
labor, v.	toksuli toksali	tohk-sŭl-e
laborer, n.	hatuk toksuli hattak toksali'	hah-tŭk tohk-sŭl-e
lace, n.	na shachukla naashachakla'	nah shah-chŭk-lah

ENGLISH	CHICKASAW	PRONUNCIATION
lace, v.	tukchi takchi	tŭk-che
lack, v.	ikono iko'no	ĭk-ohn-noh
lad, n.	chepota nukni chipota nakni'	che-poh-tah nŭk-ne
ladder, n.	atoleya aatoliyya'	ah-toh-le-yah
ladle, n.	isht takufa ishtaka'fa'	ĭsht tah-kŭf-ah
lady, n.	eho ihoo	ee-hoh
lag, v.	iktoshpo iktoshpo	ĭk-tohnsh-poh
laggard, n.	hatuk yuputli hattak yáppatli	hah-tŭk yŭp-ŭt-le
laid, v.	boli bohli	boh-le
lake, n.	haiyip hayip	hah-yĭp
lamb, n.	chukfoshi chokfoshi'	chook-foh-she
lambaste, v.	isso isso	ĭss-oh
lame, adj.	shumela shomila	shoom-e-lah
lament, v.	nukhaklo nokhángklo	nook-hŭnk-loh
lamp, n.	ashopulla aashoppola'	ah-shoh-pool-lah
land, n.	yakni yaakni'	yahk-ne
landing, n.	peni ataiya piini' aatayya'	pe-ne ah-tah-yah
lane, n.	holita ittintakla holitta' ittintakla'	hoh-le-tah ĭt-tĭn-tŭk-lah
language, n.	anumpa anompa	ah-noom-pah
language, bad, n.	anumpa okpulo anompa okpolo'	ah-noom-pah ohk-poh-loh
lank, adj.	chona chonna	chohn-ah
lantern, n.	shopulla hululli shoppala' hala'li'	shoh-pŭl-lah hŭl-lŭl-lĭ

ENGLISH	CHICKASAW	PRONUNCIATION
lap, n.	tikba aiombinili tikba' aaombiniili'	tĭk-bah ah-ohm-be-ne-le
larceny, n.	hokopa honkopa	hohn-koh-pah
lard, n.	neha niha'	ne-hah
large, adj.	ishto ishto	ĭsh-toh
lariat, adj.	isht talukchi ishtalakchi'	ĭsht tah-lŭk-che
lark, n.	sosolo sosolo'	sohn-soh-loh
lash, v.	fummi fammi	fŭm-me
lash, n. (thong)	isht fumma ishtfama'	ĭsht fŭm-mah
lasso, n.	isht talukchi ishtalakchi'	ĭsht tah-lŭk-che
last, adj.	isht alhi ishtaalhlhi'	ĭsht ah-lhe
lasting, adj.	taha kullo taha kallo	tah-hah kŭl-loh
latch, n.	isht afachi ishtafa'chi'	ĭsht ah-fah-che
late, adj.	ulhchibut alhchibat	ŭlh-che-but
lately, adv.	chekosi chiiko'si	che-koh-se
later, adj.	himmuk o himmako	hĭm-mŭk ohn
latter, adj.	i himmuk o ihimmako	ehn hĭm-mŭk ohn
laudanum, n.	isht nusichi ishnosichi'	ĭsht noh-se-che
laugh, v.	olulli ollali	oh-lŭl-le
laugh, v. (cause to)	olullichi ollalichi	oh-lŭl-le-che
launder, v.	achefa achifa	ah-che-fah
laundress, n.	eho nachefa ihoo naachifa'	ee-hoh nah-che-fah
laundry, n.	nan achefa aboa nannachifa' aboowa	nahn ah-che-fah ah-boh-ah

| --- | --- | --- |
lava, n.	tulli bela tali' bila'	tŭl-le be-lah
law, n.	nan ulhpisa nannalhpisa'	nahn ŭlh-pe-sah
law book, n.	nan ulhpisa holisso nannalhpisa' holisso	nahn ŭlh-pe-sah hoh-lĭss-oh
lawbreaker, n.	nan ulhpisa kobuffi nannalhpisa' kobaffi'	nahn ŭlh-pe-sah koh-bŭf-fe
lawn, n.	kusbi kasbi	kŭs-be
lawyer, n.	nan ulhpisa impona nannalhpisa' imponna	nahn ŭlh-pe-sah ĭm-pohn-ah
lax, adj.	nana isht tekano nanna ishtikanho	nah-nah ĭsht te-kah-noh
laxative, n.	isht alhoputli ishtaalhopotli'	ĭsht ah-lhoh-p͞oot-le
lay, v.	bohli bohli	boh-le
lay, v. (a plan)	yummishchi yammishchi	yŭm-mĭsh-che
lay aside, v.	nuksika bohli naksika' bohli	nŭk-se-kah boh-le
lazy, adj.	*i*takobi intakho'bi	ehn-tah-koh-be
lazy man, n.	hatuk *i*takobi hattak intakho'bi'	hah-tŭk ehn-tah-koh-be
leach, v.	ho yachi hoyyachi	hoh yah-che
lead, n. (for making bullets)	nuki toba naki' toba'	nŭk-e toh-bah
lead, v. (guide)	ahalalichi ahalahlichi	ah-hah-lah-le-che
leader, n. (military)	kupitunni kapittani'	kŭp-e-tŭn-ne
leader, n.	pehlichi pihli'chi'	pe-le-che
leaf, n.	heshi hishi'	he-she
leafless, adj.	heshi iksho hishi' iksho	he-she ĭk-shoh
leak, adj.	ahoya aahoyya	ah-hoh-yah
lean, adj.	chuna chonna	ch͞oon-ah

ENGLISH	CHICKASAW	PRONUNCIATION
lean, v.	waiya wáyya	wah-yah
lean on, v.	ataiya atáyya'	ah-tah-yah
leap, v.	sepowa siipo'wa	se-poh-wah
learn, v.	ithana ithana	ĭt-hah-nah
learned, adj.	impona imponna	ĭm-pohn-ah
lease, n.	pota ponta	pohn-tah
lease, v.	ipota imponta	ehn-pohn-tah
leash, n.	isht talukchi ishtalakchi'	ĭsht tah-lŭk-che
least, adj.	iskunnosi iskanno'si	ĭss-kŭn-oh-se
leather, n.	asita asiita	ah-se-tah
leave, v.	aiya aya	ah-yah
leaven, v.	shatupli shatabli	shah-tŭp-le
lecture, v.	im anumpoli imanompoli	ĭm ah-noom-poh-le
leech, n.	asolo a̱solo	ahn-sohn-loh
left, adj.	ulhfabeka alhfabika'	ŭlh-fah-be-kah
left hand, n.	ilbuk alhfabeka ilbak alhfabika'	ĭl-bŭk ahlh-fah-be-kah
left, turn to, v.	ulhfubbi pila alhfabi' pílla	ŭlh-fŭb-be pe-lah
leg, n. (thigh)	iyubi iyyobi'	ee-yŭ-be
leg, n. (lower)	iyi i takali iyyintakaali'	ee-ye ehn tah-kah-lĭ
leg, n. (shin)	i chamo incha'mo'	ehn chah-moh
legal, adj.	alhpisa alhpí'sa	ahlh-pe-sah
legend, n.	yohmi tok ahoba yohmitok ahooba	yoh-me tohk ah-hoh-bah

legislate, v.	yukomushki yakohma'shki	yŭk-oh-mŭsh-ke
legislator, n.	nan apisa nannapiisa'	nahn ah-pe-sah
leisure, n.	akenemi iksho aakanihmi iksho	ah-ke-ne-me ĭk-shoh
lemon, n.	takolo wasacha tokolo wasacha'	tah-kohn-loh wah-sah- chah
lend, v.	ipota imponta	ehn-pohn-tah
lender, n.	nan ipota nannimponta'	nahn ehn-pohn-tah
length, adj.	fala falaa	fah-lah
length, adj. (of time)	hopaki hopaaki	hoh-pah-ke
lenient, adj.	inukhaklo tok inokhángklotok	ehn-noŏk-hunk-loh tohk
Lent, n.	uba-nuplit taha abaanablit taha	ŭb-ah nŭp-lĭt tah-hah
leopard, n.	koi ishto kowi' ishto'	koh-e ĭsh-toh
less, adj.	ikono iko'no	ĭk-ohn-oh
lessee, n.	ipota imponta'	ehn-pohn-tah
lesson, n.	ish ittanashke ishtithana'shki	ĭsh ĭt-tah-nahsh-ke
let, v.	immulhpisa imalhpí'sa	ĭm mŭlh-pe-sah
letter, n.	holisso holisso	hoh-lĭss-oh
lettuce, n.	heshi oshcheloli hishi' oshchiloli'	he-she ohsh-che-loh-le
leukemia, n.	issish tohbi issish tohbi'	ĭss-ĭsh toh-be
levee, n.	oka isht ikatupli oka' ishtinkatabli'	ohk-ah ĭsht ehn-kah-tŭp-le
level, adj.	it ilawi ittilawwi	ĭt ĭl-ah-we
lever, n.	isht ubaweli ishtabaawiili'	ĭsht ŭb-ah we-le
levy, v.	omboli ombohli	ohm-boh-le

ENGLISH	CHICKASAW	PRONUNCIATION
lewd, adj.	ushichi ashshachi	ŭsh-e-che
liable, adj.	isht *o* tiwa ishtontí'wa	ĭsht ohn te-wah
liar, n.	lushka loshka	loōsh-kah
liberal, adj.	*i* hullo keyu ihollo ki'yo	ehn-hoōl-loh ke-yoh
liberate, v.	chufichi chaffichi	chŭf-e-che
liberty, n.	isht atuklumma iksho ishtataklama iksho	ĭsht ah-tŭk-lŭm-mah ĭk-shoh
library, n.	holisso asha holisso aa-asha'	hoh-lĭss-oh ah-shah
lice, n.	issup issap	ĭss-ŭp
license, n.	ulhpisa imahni alhpí'sa imanhi	ŭlh-pe-sah ĭm-ah-ne
lick, v.	fohli fohli	foh-le
lick, n. (salt)	lukfupa lokfapa'	loōk-fah-pah
lid, n.	alhepiya alhiipi'ya'	ahlh-e-pe-yah
lie, n. (falsehood)	lushka loshka	loōsh-kah
lie, v. (recline)	tushki tashki	tŭsh-ke
lie on, v.	otiwa ontí'wa	ohn-te-wah
lie, v. (face down)	lhimpa lhímpa	lhĭm-pah
life, adj.	okch*a* okch*a͟a*	ohk-chahn
lifeless, adj.	illi illi	ĭl-le
lifetime, adj.	okch*a a*lhi okch*a͟a a*lhlhi	ohk-chahn ahn-lhe
lift, v.	ubaweli abaawiili	ŭb-ah-we-le
ligament, n.	hukshish hakshish	hŭk-shĭsh
light, adj. (weight)	shokpaya shokpaya	shohk-pah-yah

| --- | --- | --- |
light, n. (day)	ushtali ashtahli	ŭsh-tah-le
light, v.	shopullali shoppalali	shoh-pŭl-lah-le
light-hearted, adj.	ayukpa ayokpa	ah-yook-pah
lightning, n.	shukmulli shokmalli'	shook-mŭl-le
lights, n.	sholopa sholoppa'	shoh-loh-pah
like, adj.	itihoba ittihooba	ĭt-e-hoh-bah
like, v.	ayukpachi ayokpánchi	ah-yook-pahn-chĭ
lilac, n.	napakali naapakali'	nah-pah-kahn-le
lily, n.	napakali naapakali'	nah-pah-kahn-le
limb, n. (of tree)	iti nuksish itti' naksish	ĭt-e nŭk-sĭsh
limb, n. (arm or leg)	nuksish naksish	nŭk-sĭsh
limber, adj.	bichokachi bicho'kachi	be-choh-kah-che
lime, n.	tulli loah tali' lowa'	tŭl-le loh-ah
limit, adj.	otulhi ootalhlhi	oh-tŭlh-e
limp, adj. (not stiff)	lebosha libosha	le-boh-shah
limp, v. (walk lamely)	shumela shommiila	shoom-e-lah
limpid, adj.	anuktawali anoktawali	ah-nook-tah-wahn-le
line, n.	lhafa lhafa	lhahn-fah
linen, n.	na tapuski naatapaski'	nah tah-pŭs-ke
linger, v.	ulhchibachi alhchibachi	ŭlh-che-bah-che
liniment, n.	ithensh ittish	ĭt-hensh
link, n.	itachakali ittachakali	ĭt-ah-chah-kah-le

ENGLISH	CHICKASAW	PRONUNCIATION
linseed, n.	pulla neha okchi pala' niha' okchi'	pŭl-lah ne-hah ohk-che
lion, n.	koi ishto kowi' ishto'	koh-e ĭsh-toh
lioness, n.	koi ishto tek kowi' ishto' tiik	koh-e ĭsh-toh teek
lip, n.	itiyulbi ittialbi'	ĭt-e yŭl-be
liquid, n.	oka oka'	oh-kah
liquor, n.	oka homi oka' homi'	oh-kah hoh-me
listen, v.	haponuklo haponaklo	hah-poh-nŭk-loh
listless, adj.	itakobi intakho'bi	ehn-tah-koh-be
literate, adj.	holisso impona holisso imponna	hoh-lĭss-oh ĭm-pohn-ah
little, adj.	iskunosi iskanno'si	ĭss-kŭn-oh-se
live, v.	ahunta ahánta	ah-hŭn-tah
liver, n.	salaka salakha'	sah-lah-kah
livid, n.	lotowa lotowa	loh-toh-wah
lizard, n. (green striped)	kanunuk kanannak	kah-nŭn-ŭk
lizard, n. (black)	toksalapa toksala'pa'	tohk-sah-lah-pah
lizard, n. (slick)	halambo halambo	hah-lahm-boh
load, n.	shah shaa	shah
loaf, n.	lombo lómbo	lohm-boh
loaf of bread, n.	puska lombo paska lómbo'	pŭs-kah lohm-boh
loathe, v.	ikayukpacho ikayokpa'cho	ĭk-ah-yo͞ok-pah-choh
lobster, n.	shukchi homa shakchi' homma'	shŭk-che hohm-ah
local, adj.	lokoli lókko'li'	loh-koh-lĭ

ENGLISH	CHICKASAW	PRONUNCIATION
locate, v.	haiyochi hayoochi	hah-yoh-che
lock, n.	ashunichi ashannichi	ah-shŭn-e-che
loco, adj.	huksi haksi	hŭk-se
locomotion, v.	kunutli kanalli	kŭn-ŭt-le
locust, n.	wawo waawo'	wah-woh
lodge, n.	ulbina albina	ŭl-be-nah
loft, n.	aboa uba aboowa aba'	ah-boh-ah ŭb-ah
lofty, adj.	chaha chaaha	chah-hah
log, n.	iti tupa itti' tapa'	ĭt-e tŭp-ah
log house, n.	iti tabana aboa itti' tabaana' aboowa	ĭt-e tah-bah-nah ah-boh-ah
logic, n.	alhpisa anukfilli alhpí'sa anokfilli	ahlh-pe-sah ah-nook-fĭl-le
loin, n.	okfechipli okfichibli	ohk-fe-chĭp-le
loiter, v.	pila ahunta pílla ahánta	pĭl-ah ah-hŭn-tah
lone, adj.	illa pila illa pílla	ĭl-lah pĭl-ah
lonesome, adj.	ikachaho ikacha'ho	ĭk-ah-chah-hoh
long, adj.	fala falaa	fah-lah
longer, adj.	pit fala pitfaláa	pĭt fah-lahn
look, v.	pisa pisa	pe-sah
look here, v.	yuppa pisa yappa' pisa	yŭp-pah pe-sah
look for, v.	hoyo hoyo	hoh-yoh
looking glass, n.	aiilepisa aailipisa'	ah-e-le-pe-sah
loom, n.	atunna aatanna'	ah-tŭn-nah

ENGLISH	CHICKASAW	PRONUNCIATION
loop, n.	isht akullochi telikpi ishtakallochi' tilikpi'	ĭsht ah-kŭl-loh-che te- lik-pe
loose, adj.	yolha yolhaa	yoh-lhah
loot, n.	holhkopa holhkopa'	hohlh-koh-pah
lope, v.	ubayowa abaayo'wa	ŭb-ah-yoh-wah
lord, n.	mi̱ko ishto minko' ishto'	mĭnk-oh ĭsh-toh
lose, v.	i̱kunia inkaniya	ehn-kŭn-e-ah
lost, v.	kunia kaniya	kŭn-e-ah
loud, adj.	kullochi kallochi	kŭl-loh-che
lounge, n. (place)	afoha aafoha'	ah-foh-hah
lounge, v. (loll)	tehwa tí'wa	teh-wah
louse, n.	issup issap	ĭss-ŭp
love, v.	i̱hullo i̱hollo	ehn-ho͞ol-loh
low, adj.	ukasi akka'si	ŭk-ah-se
lubricate, v.	nehachi nihachi	ne-hah-che
luck, n.	ayulha ayolhlha	ah-yo͞olh-ah
lug, v. (drag)	lhefechi lhifi'chi	lhe-fe-che
luggage, n.	shapo shapo	shah-poh
lukewarm, adj.	lushpa lashpa	lŭsh-pah
lull, v.	chukilissa chokkilissa	cho͞ok-e-lĭss-ah
lumber, n.	iti busha itti' basha'	ĭt-e bŭsh-ah
luminous, adj.	shokwalali shokwalali	shohk-wah-lah-le
lump, n.	lombo lómbo	lohm-boh

ENGLISH	CHICKASAW	PRONUNCIATION
lunatic, n.	huksi haksi	hŭk-se
lunch, n.	impa impa'	ĭm-pah
lung, n.	sholopa sholopha'	shoh-loh-pah
lurch, v.	hulluklichi hállakli'chi	hŭl-lŭk-le-che
lure, v.	isht huksichi ishthaksichi	ĭsht hŭk-se-che
lurk, v.	alomichi aalohmichi	ah-loh-me-che
luscious, adj.	chumpoli champoli	chŭm-poh-le
lush, adj.	wala meheli walaa mihíli	wah-lah me-he-le
lust, n.	anushkona anoshkonna	ah-noosh-kohn-ah
luster, adj.	shokmalali shokmalali	shohk-mah-lah-le
lustrous, adj.	shokmalali shokmalali	shohk-mah-lah-le
lusty, adj.	kelimpi alota kilimpi aloota	ke-lĭm-pe ah-loh-tah
lye, n.	hotuk homi hottok homi'	hoh-took hoh-me
lying, adj. (reclining)	tehwut foha tí'waat foha	teh-wŭt foh-hah
lying, adj.	lushka loshka	loosh-kah
lynch, v.	nuksiteli noksitili	nook-se-te-le
lynx, n.	kowi imilha kowi' imilhlha'	koh-e ĭm-ĭlh-ah

ENGLISH	CHICKASAW	PRONUNCIATION
macaroni, n.	tiliko ohlkomo shila tili'ko' olhkomo' shila'	te-le-koh ohlh-koh-moh she-lah

ENGLISH	CHICKASAW	PRONUNCIATION
machete, n.	bushpo fala bashpo falaa'	bŭsh-poh-fah-lah
mackinaw, n.	nafoka ishto naafohka ishto'	nah-foh-kah ĭsh-toh
mad, adj. (angry)	hasha hashaa	hah-shah
mad, adj. (insane, rabid)	huksi haksi	hŭk-se
made, v.	ikbi tok ikbitok	ĭk-be tohk
maggot, n.	koisht upa kowishtapa'	koh-ĭsht ŭp-ah
magnificent, adj.	pisa chukma pisa chokma	pe-sah chŏŏk-mah
magnolia, n.	iti heshi halusbi itti' hishi' halasbi'	ĭt-e he-she hah-lŭs-be
magpie, n.	foshi foshi'	foh-she
mahogany, n.	iti holitopa itti' holiitopa'	ĭt-e hoh-le-toh-pah
maid, n.	eho himita ihoo himitta'	ee-hoh hĭm-ĭt-ah
maiden, n.	eho himita ihoo himitta'	ee-hoh hĭm-ĭt-ah
mail, n.	holisso itola holisso ittola'	hoh-lĭss-oh ĭt-oh-lah
maim, v.	immo-mokpulo imomokpolo	ĭm-moh-mohk-poh-loh
main, adj.	fehna finha	feh-nah
maize, n.	tunchi tanchi'	tŭn-che
major, adj.	imaiya ímmayya	ĭm-ah-yah
major general, n.	kupitunni kapitanni'	kŭp-e-tŭn-ne
majority, adj.	lawa imaiya lawa ímmayya	lah-wah ĭm-ah-yah
make, v.	ikbi ikbi	ĭk-be
make, going to, v.	ikbachi ikba'chi	ĭk-bah che
make fun, v.	yopolachi yoppolachi	yoh-pah-lah-che

ENGLISH	CHICKASAW	PRONUNCIATION
maker, n.	ikbichi ikbichi'	ĭk-be-che
malady, n.	abeka abika	ah-be-kah
malaria, n.	yunha yanha	yŭn-hah
male, adj.	nukni nakni'	nŭk-ne
malice, n.	nukilli nokilli	no͞ok-il-le
malice, v. (to bear)	inuk illi inokilli	ehn-no͞ok-il-le
malign, adj.	isht anumpoli ishtanompoli	isht ah-no͞om-poh-le
mall, n.	iti isht boa itti' ishtbo'wa'	ĭt-e ĭsht boh-ah
mallard, n.	fochush nukni fochosh nakni'	foh-choͦosh nŭk-ne
mallet, n.	iti isht boa iskunno itti' ishtbo'wa' iskanno'	ĭt-e ĭsht bo-ah ĭss-kŭn-oh
mama, n.	sushki sashki'	sŭsh-ke
mammoth, adj.	ishto ishto	ĭsh-toh
mammy, n.	hatuk losa eho hattak losa' ihoo	hah-tŭk loh-sah ee-hoh
man, n.	hatuk hattak	hah-tŭk
manacle, n.	tulli ilbuk abeli tali' ilbak abihli'	tŭl-le ĭl-bŭk ah-be-le
manage, v.	isht utta ishtatta	ĭsht ŭt-tah
manager, n.	apisachi apiisachi'	ah-pe-sah-che
mandate, n.	yukmishchi yakmishchi'	yŭk-mish-che
mandrake, n. (May apple)	fula anusi fala aanosi'	fŭl-ah ah-noͦos-e
mane, n. (hair on animal's neck)	nokistup ipashi nokhistap ipashi'	noh-kĭss-tŭp e-pahn-she
mangle, v. (cut to pieces)	busht okpuni bashtokpani	bŭsht ohk-pŭn-e
manifest, n.	iloktunnichi iloktanichi	ĭl-ohk-tŭn-ne-che

ENGLISH	CHICKASAW	PRONUNCIATION
manipulate, v.	isht afolochi ishtafoloochi	ĭsht ah-foh-loh-che
manna, n.	shilombish impa shilombish impa'	she-lohm-bĭsh ĭm-pah
mansion, n.	aboa holitopa aboowa holiitopa'	ah-boh-ah hoh-le-toh-pah
manslaughter, n.	hatuk ubi hattak abi'	hah-tŭk ŭb-e
mantel, n. (shelf above a fireplace)	lowak aaolhti' aatilipoha'	ŭn-che
mantle, n.	unchi a'chi'	ŭn-che
manufactory, n.	nana atoba nanna aatoba'	nah-nah ah-toh-bah
manufacture, v.	nana ikbi nanna ikbi'	nah-nah ĭk-be
many, adj.	lawa lawa	lah-wah
map, n.	yakni isht ulhpisa holisso yaakni' ishtalhpisa' holisso	yahk-ne ĭsht ŭlh-pe-sah hoh-lĭss-oh
maple, n.	chukcho chokcho'	chook-choh
maple syrup, n.	chukcho shokola okchi chokcho' shookola' okchi'	chook-choh shoh-koh-lah ohk-che
March, n.	Hushi Atuchina Hashi' Atochchí'na	Hŭsh-e Ah-tooch-e-nah
march, v.	tushka chepota itunowa tashka chipota ittanowa	tŭsh-kah che-poh-tah ĭt- ŭn-ohn-wah
mare, n.	soba tek soba tiik	soh-bah teek
mark, n.	icholi incho'li	ehn-choh-le
market, n.	achumpa aachompa'	ah-choom-pah
maroon, n. (fugitive slave)	ila pila utta ilaapilla atta	ĭl-ah pĭl-ah ŭt-tah
marriage, n.	itti halutli ittihaalalli	ĭt-te hah-lŭt-le
marrow, n.	lupi lopi'	loop-e
marry, v.	ittihalutli ittihaalalli	ĭt-te hah-lŭt-le

marsh, n.	lhabeta lhabita	lhah-be-tah
marshal, n.	ulhtoka alhtoka'	ŭlh-toh-kah
mart, n.	achumpa aachompa'	ah-chŏom-pah
martin, n. (bird)	chuki cho'ki'	chŏonk-e
masculine, adj.	nukni nakni'	nŭk-ne
mash, n. (malt mixture)	oka homi toba oka' homi' toba'	ohk-ah hoh-me toh-bah
mash, v. (injure)	latuffi lataffi	lah-tŭf-fe
mass, adj.	lawasht itanali lawasht ittanahli	lah-wahsht ĭt-ah-nah-le
massage, v.	pasholi pashooli	pah-shoh-le
massive, adj.	weki wiiki	we-ke
master, n.	ishkoboka ishkoboka'	ĭsh-koh-boh-kah
match, adj.	itilawa ittilawa	ĭt-e-lah-wah
mate, v.	itawaiya ittawáyya'	ĭt-tah-wah-yah
material, n.	isht ulhtaha ishtalhtaha'	ĭsht ŭlh-tah-hah
maternal, n.	ishki pila ishki' pílla	ĭsh-ke pǐ-lah
matrimony, n.	itihalutli ittihaalalli	ĭt-e-hah-lŭt-le
matron, n.	apisachi eho apiisachi ihoo	ah-pe-sah-che ee-hoh
matter, n.	itayoma ittayohma	ĭt-ah-yoh-mah
mattress, n.	patulhpo patalhpo	pah-tŭlh-poh
mature, adj.	ofunti alota ofanti aloota	oh-fŭn-te ah-loh-tah
maverick, n.	wak oshi ulhtukla waakoshi' alhtakla'	wahk oh-she ŭlh-tŭk-lah
maybe, adv.	hila keli hilakili	hehn-lah kehn-le

mayor, n.	ulhtoka alhtoka'	ŭlh-toh-kah
me, pron.	uno ano'	ŭn-oh
meadow, n.	hushok abusha hashshok aabasha'	hŭsh-ohk ah-bŭsh-ah
meager, adj.	ikono iko'no	ĭk-ohn-oh
meal, n. (food)	impa impa	ĭm-pah
meal, corn, n.	tansh pushi tashposhi'	tahnsh posh-e
mean, v.	chetok chitok	che-tohk
mean, adj.	issikopa issikopa	ĭss-e-koh-pah
measles, n.	toshubi toshabbi'	tohnsh-ŭb-e
measure, n.	ulhpisa alhpisa	ŭlh-pe-sah
meat, n.	nipi nipi'	ne-pe
medal, n.	isht iloktunichi ishtiloktanichi'	ĭsht ĭl-ohk-tŭn-e-che
meddle, v.	atuklummi ataklammi	ah-tŭk-lŭm-me
mediate, adj.	itinayachi ittinaayachi	ĭt-ehn-nah-yah-che
medical, adj.	isht alikchi ishtalikchi'	ĭsht ah-lĭk-che
medicate, v.	im alikchi imalikchi	ĭm ah-lĭk-che
medicine, n.	ithensh ittish	ĭt-hensh
medico, n.	alikchi alikchi'	ah-lĭk-che
meditate, v.	anukfilli anokfilli	ah-nook-fĭl-le
medium, adj.	alhpisasi alhpí'sa'si	ahlh-pe-sah-se
meek, adj.	ukalosi akkálo'si	ŭk-ahn-loh-se
meet, v.	itafama ittafama	ĭt-ah-fah-mah

| --- | --- | --- |
meetinghouse, n.	aiitafama aaittafama'	ah-ĭt-fah-mah
melancholy, n.	atuklumma ataklama	ah-tŭk-lŭm-mah
melee, n.	itibohli ittibo'li	ĭt-e-boh-le
mell, v.	atuklummi ataklammi	ah-tŭk-lŭm-me
mellow, adj.	yabofa yabofa	yah-boh-fah
melody, n.	ola chukma ola chokma	oh-lah chook-mah
melon, n.	iss-tokchuk istokchank	ĭss-tohk-chŭnk
melt, v. (become softened)	bela bila	be-lah
melt, v. (dissolve)	beleli bilili	be-le-le
member, n.	achufa achaffa'	ah-chŭf-ah
membership, n.	ibachufa ibaachaffa	ee-bah-chŭf-ah
memory, n.	anukfoka anokfokha	ah-nook-foh-kah
men, n. (plural of man)	hatuk hattak	hah-tŭk
menace, n.	atuklummichi ataklammichi	ah-tŭk-lŭm-me-che
mend, v. (repair)	alatali alaatali	ah-lah-tah-le
mend, v. (improve physically)	ikanema inkanihma	ehn-kah-ne-mah
mental, adj.	isht anukfilli ishtanokfilli	ĭsht ah-nook-fĭl-le
mention, n.	anukfokachi anokfokhachi	ah-nook-foh-kah-che
meow, v.	koi yah kowi' yaa	koh-e yah
merchandise, n.	ulhpoyak alhpooyak	ŭlh-poh-yŭk
merchant, n.	nakachi naakanchi'	nah-kahn-che
mercy, n.	inukhaklo inokhángklo	ehn-nook-hŭnk-loh

ENGLISH	CHICKASAW	PRONUNCIATION
merge, v.	itibafoki ittibaafokhi	ĭt-e-bah-foh-ke
merry, adj.	ayukpa ayokpa	ah-yook-pah
mess, n. (portion of food)	impa kashupa impa' kashapa'	ĭm-pah kah-shŭp-ah
mess, adj. (soiled)	leteya litiya	le-te-yah
message, n.	anumpa anompa	ah-noom-pah
messenger, n.	anumpa shali anompa shaali'	ah-noom-pah shah-le
Messiah, n.	Messias Misaayas	Me-sah-ŭs
met, v.	itifama tok ittafamatok	ĭt-e-fah-mah tohk
metal, n.	tulli kawusski tali' kawaski'	tŭl-le kah-wŭss-ke
meteor, n.	fuchik muleli fochik malili'	fooch-ĭk mŭl-ee-le
method, n.	yummishchi impona yahmishchi imponna	yŭm-mĭsh-che ĭm-pohn-ah
Methodist, n.	Methdist Methdist	Meth-dĭst
mew, v.	koi yah kowi' yaa	koh-e yah
mid, adj.	aiiklunna aaiklanna'	ah-ĭk-lŭn-nah
midday, n.	tabokoli tabookoli	tah-boh-koh-le
middle, adj.	iklunna iklanna	ĭk-lŭn-nah
midget, n.	hatuk iskuno hattak iskanno'	hah-tŭk ĭss-kŭn-oh
midnight, n.	oklhili iklunna oklhili iklanna'	ohk-lhe-le ĭk-lŭn-nah
midst, n.	iklunna iklanna	ĭk-lŭn-nah
midsummer, n.	tohmi pulli iklunna toomi palli iklanna	toh-me pŭl-le ĭk-lŭn-nah
midway, adj.	pit iklunnachi pitiklannachi	pit ĭk-lŭn-nah-che
midwinter, n.	hushtola iklunna hashtola' iklanna'	hŭsh-toh-lah ĭk-lŭn-nah

ENGLISH	CHICKASAW	PRONUNCIATION
might, n. (power)	kelimpi kilimpi	ke-lĭm-pe
mighty, adj.	kelimpi kilimpi	ke-lĭm-pe
migrant, n.	wehut folokachi wihaat folo'kachi	we-hŭt foh-loh-kah-che
migrate, v.	weha wiha	we-hah
migrated, v.	weha tok wihatok	we-hah tohk
migration, n.	weha wiha	we-hah
milch, adj.	osh peshichi oshpishichi	ohsh pe-she-che
mild, adj.	ukalosi akkálo'si	ŭk-ahn-lohn-se
mildew, n.	hukboli hakboli	hŭk-boh-le
mile, n.	yakni ulhpisa chufa yaakni' alhpisa chaffa	yahk-ne ŭlh-pe-sah chŭf-ah
military, n.	tushka chepota apila tashka chipota aapila	tŭsh-kah che-poh-tah ah- pelah
milk, n.	pishokchi pishokchi'	pĭsh-ohk-che
milk, n. (clabber)	pishokchi sutko pishokchi' sotko'	pĭsh-ohk-che so͞ot-koh
milk, v.	bishlichi bishlichi	bĭsh-le-che
milk-livered, adj.	nukwaiya nokwaya	no͞ok-wah-yah
milkmaid, n.	eho wak ilbishlichi ihoo waak ilbishlichi	ee-hoh wahk ĭl-bĭsh-le-che
milkman, n.	pishokchi kachi pishokchi' kanchi'	pĭsh-ohk-che kahn-che
Milky Way, n.	ofi tohbi ihina ofi' tohbi' ihina'	oh-fe toh-be ehn-he-nah
mill, n.	afolowa aafolowa'	ah-foh-loh-wah
miller, n.	fololi folohli'	foh-loh-le
millet, n.	hushok hashshok	hŭsh-ohk
milt, n.	itukshuchi intakshachi'	ehn-tŭk-shah-che

ENGLISH	CHICKASAW	PRONUNCIATION
mimic, n.	hobachi hobachi	hoh-bah-che
mind, n.	imanukfilla imaanokfila	ĭm-ah-nŏok-fil-lah
mind, v. (pay attention)	imbatiya imbaatiya	ĭm-bah-te-yah
mindless, adj.	imanukfilla iksho imaanokfila iksho	ĭm-ah-nŏok-fil-lah ĭk-shoh
mine, n.	akolla aakola'	ah-koh-lah
mine, v.	yakni kolli yaakni' kolli	yahk-ne koh-le
mine, pron.	umi ammi'	ŭm-e
miner, n.	nakolli naakolli'	nah-kohl-le
mineral, n.	tulli itimilaiyuka tali' ittimilayyoka	tŭl-le ĭt-e-me-lah-yŭe-kah
mingle, v.	itibafoka ittibaafokha	ĭt-e bah-foh-kah
minister, n.	ubanumpoli abaanompoli'	ŭb-ah nŏom-poh-le
mink, n.	okfincha okfincha'	ohk-fen-chah
minnow, n.	nunoshik nanoshik	nŭn-oh-shĭk
mirage, n.	holba holba	hohl-bah
mire, n.	lhabeta; haiimo lhabita, hayimo	lhah-be-tah; hah-e-moh
mire, v.	haiimo okahika hayimo okaahika	hah-e-moh oh-kah he-kah
mirror, n.	ai ilepisa aailipisa'	ah ĭl-e-pe-sah
mirth, n.	ayukpa ayokpa	ah-yŏok-pah
miry, adj.	lhabeta lhabita	lhah-be-tah
miscellaneous, adj.	isht ilayuka ishtilayyoka	ĭsht ĭl-ah-yŏok-ah
mischief, n.	iknukchito iknokchi'to	ĭk-nŏok-chĭt-oh
mise, n.	ịhullo ilatoba ịhollo ilatoba	ehn-hŏol-loh ĭl-ah-toh-bah

| --- | --- | --- |
misery, n.	impalummi impalammi	ĭm-pah-lŭm-me
mislead, v.	yoshobli yoshobli	yoh-shohb-le
miss, n.	eho himita ihoo himitta'	ee-hoh he-me-tah
miss, v.	ilhakofi ilhakoffi	lhah-koh-fe
miss, v. (lose)	ikunia inkaniya	ehn-kŭn-e-yah
missing, v.	ikunia tok inkaniyatok	ehn-kŭn-e-yah tohk
mission, n.	imalamit aiya imaalamit aya	ĭm-ahl-ah-mĭt ah-yah
missionary, n.	ubanumpa shali abaanompa' shaali'	ŭb-ah-noom-pah shah-le
mist, n.	shobichi shobbichi	shoh-be-che
mistake, v.	ilhakofi ilhakoffi	ehn-lhah-koh-fe
mistletoe, n.	funni i shupha fani' ishapha'	fŭn-ne ehn shŭp-hah
mistrust, n.	ikyimmo ikyimmo	ĭk-yĭm-moh
misty, adj.	toboklhili tohboklhili	toh-bohk-lhe-le
misunderstand, v.	ik akostinicho ikakostini'cho	ĭk ah-kohs-te-ne-choh
mitt, n.	ilbuk foka shachukla ilbak fo'kha' shachakla'	ĭl-bŭk foh-kah shah-chŭk-lah
mitten, v.	ilbuk foka ilbak fo'kha'	ĭl-bŭk foh-kah
mix, v.	itibani ittibaani	ĭt-e-bah-ne
mixed, v.	itibani tok ittibaanitok	ĭt-e-bah-ne tohk
mixture, n.	itibulhto ittibalhto	ĭt-e bŭlh-toh
moan, v. (in pain)	haha; kefa haha; kifaa	hahn-hah; ke-fahn
moan, v. (in sorrow)	tabashi tabashi	tah-bah-she
mob, n.	hatuk lawa hattak lawa	hah-tŭk lah-wah

ENGLISH	CHICKASAW	PRONUNCIATION
moccasin, n.	tulhko sholush talhko sholosh	tŭlh-koh shoh-lōosh
moccasin, n. (snake)	chunasha chana'sha'	chŭn-ah-shah
mock, n.	hobachi hobachi	hoh-bah-che
mock, v.	hobachi hobachi	hoh-bah-che
mockery, n.	yopolachi yoppolachi	yoh-poh-lah-che
mockingbird, n.	foshatochi fosh-ato'chi'	fohsh-ah-toh-che
modest, adj.	ilihulutli ilihalalli	ĭl-le-hŭl-lŭt-le
moil, v. (weary)	tekabi tikahbi	te-kah-be
moist, adj.	yukolbi yokolbi	yōok-ohl-be
moisture, n.	yukolbi yokolbi	yōok-ohl-be
molasses, n.	shokola okchi shookola' okchi'	shoh-koh-lah ohk-che
mold, n.	hukboli hakboli	hŭk-boh-le
mole, n. (nevus)	tulli losa tali' losa'	tŭl-lĭ loh-sah
mole, n. (animal)	yulhkun yolhkon	yŭlh-kōon
molest, v.	atuklummi ataklammi	ah-tŭk-lŭm-me
mollusk, n.	fulush hutta folosh hata'	foh-lōosh hŭt-tah
molt, v.	boyafa boyafa	boh-yah-fah
moment, n.	chekosi chiiko'si	che-koh-se
money, n.	touso ta'osso'	tow-soh
monkey, n.	hatuk shawi hattak shawi'	hah-tŭk shah-we
month, n.	hushi ulhpisa hashi' alhpisa	hŭsh-e ŭlh-pe-sah
month, n. (one)	hushi chufa hashi' chaffa	hŭsh-e chŭf-ah

ENGLISH	CHICKASAW	PRONUNCIATION
monument, n. (tombstone)	illi aihekia illi' aahíkki'ya'	ĭl-le ah-he-ke-ah
monument, n. (marker)	isht aiithana ishtaayith<u>á</u>na'	ĭsht ah-ĭt-hahn-nah
moon, full, n.	hushi alota hashi' aloota	hŭsh-e ah-loh-tah
moon, new, n.	hushi himona hashi' himona'	hŭsh-e him-oh-nah
moonlight, n.	ninak tohmi ninak toomi	ne-nŭk toh-me
moonshine, n.	ninak tohmi ninak toomi	ne-nŭk toh-me
moose, n.	lupish putha lapish patha'	lŭp-ish pŭt-hah
morass, n.	patasachi patassachi	pah-tah-sah-che
morbid, adj.	abekamo abiikamo	ah-be-kah-moh
more, adj.	an<u>o</u>a an<u>o</u>wa'	ah-nohn-ah
morn, n.	nitaki nittaki	ne-tah-ke
morning, n.	nitaki nittaki	ne-tah-ke
moron, n.	imanukfilla ikono imaanokfila iko'no	ĭm-ah-nook-fĭl-ah ĭk-oh-noh
morose, n.	malha malhaa	mah-lhah
morsel, n.	toshafasi toshafa'si'	toh-shah-fah-se
mortar, n. (used with cement)	isht ulhpolosa ishtalhpolosa'	isht ŭlh-poh-loh-sah
mosquito, n.	sap<u>o</u>tuki sapontaki'	sah-pohn-tŭk-e
moss, n.	okchamali lopushki okchamali loposhki'	ohk-chah-mah-le loh-poosh-ke
most, adj.	lawa imaiya lawa ímmayya	lah-wah ĭm-ah-yah
mote, n.	osh<u>o</u>luk osh<u>o</u>lok	oh-shohn-lŭk
moth, n.	tulhposhik talhposhik	tŭlh-poh-shik
mother, n.	ishki ishki'	ĭsh-ke

ENGLISH	CHICKASAW	PRONUNCIATION
motion, n.	ilhkoli ilhko'li	ĭlh-koh-le
motive, n.	ahni anhi	ah-ne
mound, n. (small hill)	shintok shintok	shĭn-tohk
mound, n. (grave)	lokfi towa lokfi' tó'wa'	lohk-fe toh-wah
mound, v. (make a mound)	chikbichi chikbichi	chĭk-be-che
mountain, n.	ochaba onchaba	ohn-chah-bah
mourn, v.	nukhaklo nokhángklo	nōok-hŭnk-loh
mourner, n.	illi-nukhaklochi ilinokhángklochi	ĭl-le nōok-hŭnk-loh-che
mourning, adj.	illi-tabashechi ilitabashichi	ĭl-le tah-bah-she-che
mourning dove, n.	puchi yoshoba pachi' yoshoba'	pŭch-e yoh-shoh-bah
mouse, n.	pinti pinti'	pĭn-te
mouser, n.	pint-ubi pintabi'	pent-ŭb-e
mousing, n.	pinti hoyo pinti' hoyo	pĭn-te hoh-yoh
mousy, adj.	pinti cheomi pinti' chiyohmi	pĭn-te che-oh-me
mouth, n.	itih iti	ĭt-eh
mouthful, adj.	itih alota iti aloota	ĭt-eh ah-loh-tah
mouthy, adj.	labachi labaachi	lah-bah-che
movable, adj.	kanutla hebeka kanalla'hi bíyyi'ka	kah-nŭt-lah he-be-kah
move, v. (change place)	kanutli kanalli	kah-nŭt-le
move, v. (change position of belongings)	weha wiha	we-hah
movement, n.	kanali kanaali	kah-nah-le
mow, v. (cut grain or grass)	umo amo	ŭm-oh

ENGLISH	CHICKASAW	PRONUNCIATION
mowing, v.	umo amo	ŭm-oh
much, adj.	lawa lawa	lah-wah
mucilage, n.	isht achakusichi ishtachakissachi'	ĭsht ah-chah-kŭss-e-che
muck, n.	lukchuk lokchok	look-chook
mucky, adj.	lhabeta lhabita	lhah-be-tah
mucous, n.	kalhafa kalhafa	kah-lhahn-fah
mud, n.	lokfi chukissa lokfi' chakissa	lohk-fe chŭk-ĭss-ah
mud dauber, n.	tekati tiika'ti'	te-kahn-te
muddle, v.	chukfoloha chokfoloha	chook-foh-loh-hah
muddle-headed, adj.	atuklumma ataklama	ah-tŭk-lŭm-mah
muddy, adj.	lokchobeka lokchobiika	lohk-choh-be-kah
mud hen, n.	ohoho ohoho	oh-hohn-hohn
mud puppy, n.	oka ofi oka' ofi'	oh-kah oh-fe
muff, n. (for ears)	huksobish alhepia haksobish alhiipi'ya'	hŭk-soh-bĭsh ah-lhe-pe-ah
muff, v.	ilhakofi ilhakoffi	ehn lhah-koh-fe
muffin, n.	puska tushtowa paska toshtowa'	pŭs-kah tŭsh-toh-wah
muffle, v.	atuplichi aatablichi	ah-tŭp-le-che
muffler, n.	inochi inno'chi'	ehn-noh-che
mug, n.	aiishko aaishko'	ah-ĭsh-koh
muggy, adj.	pulli chukussa palli chakassa	pŭl-le chŭk-ŭss-ah
mulatto, n.	losa iklunna losa iklanna'	loh-sah ĭk-lŭn-nah
mulberry, n.	behi bihi'	be-he

ENGLISH	CHICKASAW	PRONUNCIATION
mulch, n.	isht aheteli ishtahiitili'	ĭsht ah-he-te-le
mule, n.	soba huksobish fala soba haksobish falaa'	soh-bah hŭk-soh-bĭsh fah-lah
muleteer, n.	atupechi atappichi'	ah-tŭp-e-che
mulish, adj.	huksobish fala cheomi haksobish falaa' chiyohmi	hŭk-soh-bĭsh fah-lah che-oh-me
mull, n. (muslin)	na-tupuski naatapaski'	nah-tŭp-ŭs-ke
mull, v. (ponder)	isht anukfilli ishtanokfilli	ĭsht ah-nŏok-fĭl-le
mullein, n.	wak i chomak waak inchomak	wahk ehn choh-mŭk
muller, n.	ai itayummi aaittayammi	ah ĭt-ah-yŭm-me
mullet, n. (fish)	nunni nani'	nŭn-ne
mulley, adj.	lupish tupa lapish tapa'	lŭp-ĭsh-tŭp-ah
multimillionaire, n.	ai ikloha holitopa aaikloha holiitopa'	ah ĭk-lohn-hah hoh-le-toh-pah
multiple, n.	italutkachi ittalatkachi'	ĭt-ah-lŭt-kah-che
multiply, v.	illalawachi ilalawachi	ĭl-lah-lah-wah-che
multitude, n.	hatuk lawa hattak lawa	hah-tŭk lah-wah
mum, adj.	sumata sámma'ta	sŭm-ah-tah
mumps, n.	chelhali chilhlha'li'	che-lhahn-le
munch, v.	howasa howasa	hoh-wahn-sah
municipality, n.	okla illapisachi okla' ilapisachi'	ohk-lah ĭl-lah-pe-sah-che
munition, n.	isht itibi ishtittibi'	ĭsht ĭt-e-be
mural, n.	aboa huknip ichowa aboowa haknip incho'wa'	ah-boh-ah hŭk-nĭp ehn-choh-wah
murder, v.	hatuk ubi hattak abi	hah-tŭk-ŭb-e
murderer, n.	hatuk ubi hattak abi'	hah-tŭk ŭb-e

ENGLISH	CHICKASAW	PRONUNCIATION
murderous, adj.	illi issikopachi ilissikopachi	ĭl-le ĭss-e-koh-pah-che
murky, adj.	oklhilika oklhilika'	ohk-lhe-le-kah
murmur, n.	koshofa koshofa	koh-shohn-fah
muscadine, n.	sukko sokko'	sook-koh
muscle, n.	hukshish hakshish	hŭk-shĭsh
muscular, adj.	kilimpi kilimpi	ke-lĭm-pe
muse, v. (meditate)	anukfilli anokfilli	ah-nook-fĭl-le
museum, n.	nana sipokni aiiasha nanna sipokni' áyya'sha'	nah-nah se-pohk-ne ah-yah-shah
mush, n. (food)	isht ashela ishtashiila	ĭsht ah-she-lah
mush, v. (travel in snow)	ofi okti ibatunowa ofi' okti' ibaatanowa	oh-fe ohk-te ee-bah-tŭn-ohn-wah
mushroom, n.	pukti pakti	pŭk-te
mushy, adj.	yabofa yabofa	yah-boh-fah
music, n.	nan-ola nannola'	nahn oh-lah
musical instrument, n.	isht talhepa ishtalhipa'	ĭsht tah-lhe-pah
musician, n.	nan olachi nannolachi'	nahn oh-lah-che
musing, n.	anukfilli anokfilli	ah-nook-fĭl-le
musk, n.	ikosoma inkosoma'	ehn-koh-soh-mah
musk cat, n.	koni chukcho koni chokcho'	koh-ne chook-choh
muskellunge, n.	nunni kullo nani' kallo'	nŭn-ne kŭl-loh
musket, n.	tanumpo tanampo	tah-noom-poh
musketeer, n.	tushka chepota tashka chipota'	tŭsh-kah che-poh-tah
muskmelon, n.	isstokchuk belama istokchank bilama'	ĭss-tohk-chŭnk be-lah-mah

ENGLISH	CHICKASAW	PRONUNCIATION
muskrat, n.	shuti shoha shanti' shoha'	shŭn-te shoh-hah
musky, adj.	kosoma kosoma	koh-soh-mah
muslin, n.	nofka toba tupuski naafka toba' tapaski'	nof-kah toh-bah tŭp-ŭs-ke
muss, n.	aiok panichi ayokpanichi	ah-ohk pah-ne-che
mussel, n.	folush hutta folosh hata'	foh-loosh hŭt-tah
mussy, adj.	leteha litiha	le-te-hah
must, n. (grape juice)	punk-okchi pankokchi'	pŭnk-ohk-che
must, v.	ik kanemi hokia ikkanihmihookya	ĭk kah-ne-me hoh-ke-ah
mustache, n.	notukshish notakshish	noh-tŭk-shĭsh
mustachio, n.	notukshish notakshish	noh-tŭk-shĭsh
mustard, n.	mustut mastat	mŭs-tŭt
mustang, n.	soba imilha soba imilhlha'	soh-bah ĭm-ĭlh-ah
musteline, n.	okfincha okfincha	ohk-fin-chah
muster, v.	ithanut oktunnichi ithánat oktanichi'	ĭt-hahn-nŭt ohk-tŭn-ne-che
musty, adj. (moldy)	hukboli hakboli	hŭk-boh-le
mutable, adj.	alhi keyu alhlhi ki'yo	ahnlh-e ke-yoh
mute, adj.	ik kanumpolo ikanompo'lo	ĭk kah-noom-poh-loh
mutilate, v.	ai okpanichi ayokpanichi	ah-ohk-pah-ne-che
mutineer, n.	yelhiple yilhibli	ye-lhĭp-le
mutinous, adj.	yelhichi yilhlhichi	ye-lhe-che
mutism, n.	ik kanumpolo ikanompo'lo	ĭk kah-noom-poh-loh
mutt, n.	nan ik ithano nannikitha'no	nahn ĭk ĭt-hah-noh

ENGLISH	CHICKASAW	PRONUNCIATION
mutter, v.	koshofa koshofa	kosh-ohn-fah
mutton, n.	chukulhpoba nipi chokfalhpooba' nipi'	chook-ŭlh-poh-bah ne-pe
mutual, adj.	isht ithana ishtithana	isht ĭt-hah-nah
muzzle, n.	ebichela afoka ibichchala' aafo'kha'	ee-bĭch-e-lah ah-foh-kah
muzzle, n. (mouth of firearm)	tanumpo inuki afoka tanampo inaki' aafo'kha'	tah-noom-poh ehn-nŭk-e ah-foh-kah
muzzle-loader, n.	ilapit abeli ilapit abihli	ĭl-ahn-pent ah-be-le
my, adj.	umi ammi'	ŭm-e
my, exclamation	tah taa	tah
myope, n.	ikpiso cheomi ikpi'so chiyohmi	ĭk-pe-soh che-oh-me
myriad, n.	talhepa sipokni lawa talhipa sipokni' lawa'	tah-lhe-pah se-pohk-ne lah-wah
myrrh, n.	muh maa	mŭh
myself, pron.	uno akini ano'akíni	ŭn-oh ah-kehn-e
mystery, n.	nana loma nanna lohma'	nah-nah loh-mah
myth, n.	shekunopa shikonno'pa'	she-koon-oh-pah

ENGLISH	CHICKASAW	PRONUNCIATION
nab, v.	yukachi yokachi	yook-ah-che
nabob, n.	hatuk holitopa hattak holiitopa	hah-tŭk hoh-le-toh-pah
nag, n.	soba soba	soh-bah

ENGLISH	CHICKASAW	PRONUNCIATION
nail, n.	isht analha ishtanalha'	ĭsht ah-nah-lhah
nail, v.	anulhichi analhlhichi	ah-nŭlh-e-che
nailer, n.	isht analha ikbi ishtanalha' ikbi	ĭsht ah-nah-lhah ĭk-be
nail, n. (toe)	iyukchush iyyakchosh	ee-yŭk-chōōsh
nainsook, n.	nan tupuski nanntapaski'	nahn tŭp-ŭs-ke
naive, adj.	na yimmi naayimmi	nah yĭm-me
naked, adj.	nafoka iksho naafokha iksho	nah-foh-kah ĭk-shoh
naked eye, n.	ishkin alutta iksho ishkin alátta' iksho	ĭsh-kĭn ah-lŭt-tah ĭk-shoh
nakedness, n.	huknip beka haknip bíyyi'ka	hŭk-nĭp be-kah
namable, adj.	holhchifo chukma holhchifo chokma	hohlh-che-foh chōōk-mah
namby-pamby, n.	isht tapipowachi ishtapipowa'chi	isht tah-pe-poh-wah-che
name, n.	holhchifo holhchifo	holh-che-foh
nameless, adj.	holhchifo iksho holhchifo iksho	holh-che-foh ik-shoh
namely, adv.	yuppa yappa	yŭp-pah
namesake, n.	aholhchifo aaholhchifo	ah-holh-che-foh
nankeen, n.	hoto-lakna hotolakna'	hoh-toh-lŭk-nah
Naomi, n.	Neomi Niiyomi'	Ne-oh-me
nap, n. (fuzz on fabric)	nafoka woksho naafokha woksho'	nah-foh-kah wohk-shoh
nap, v.	nost okcha nost okcha	nohst ohk-chah
nape, n.	yachenoko yaachino'ko'	yah-che-nohn-koh
naphtha, n.	neha itimelaiyuka niha' ittimilayyoka	ne-hah it-ee-me-lah-yoh- kah
napiform, adj.	tunup ahoba tanap ahooba	tŭn-ŭp ah-hoh-bah

ENGLISH	CHICKASAW	PRONUNCIATION
napkin, n.	iteh isht kushochi iti ishkasho'chi'	ĭt-eh ĭsht kŭsh-oh-che
nappy, n. (shallow dish)	umposhi malussa amposhi' malassa'	ŭm-poh-she mah-lŭss-ah
narcissus, n.	na pakali naapakali'	nah pah-kahn-le
narcotic, n.	isht nusichi ishnosichi'	ĭsht noh-se-che
narrate, v.	anoli anoli	ah-nohn-le
narration, n.	anoli anoli	ah-nohn-le
narrative, n.	holba anoli holba anoli	hohl-bah ah-nohn-le
narrow, adj.	lhebafa lhibafa	lhe-bahn-fah
narrow-minded, adj.	anukfillit ikonacho anokfillit iko'nacho	ah-nook-fĭl-lĭt ĭk-ohn-nah-choh
narthex, n.	achukwa ummona aachokwaa ámmo'na	ah-chook-wah ŭm moh-nah
nasal, adj.	ebichela isht anumpoli ibichchala' ishtanompoli'	ee-bĭch-e-lah ĭsht ah-noom-poh-le
nastiness, n.	ik kaiyubo ikayyo'bo	ĭk kah-yoh-boh
nasturtium, n.	na pakali naapakali'	nah pah-kahn-le
nasty, adj.	ik kaiyubo ikayyo'bo	ĭk kah-yoh-boh
natant, adj.	okpalali okpalali	ohk-pah-lah-le
nation, n.	yakni tashaiyi yaakni' tashayyi'	yahk ne tah-shah ye
national, adj.	yakni moma yaakni' móma	yahk-ne mohn-mah
nationality, n.	oklushi okloshi'	ohk-loosh-e
native, n.	aiyahuta aayahánta	ah-yah-hŭn-tah
nativity, n.	aiyahuta tok aayahántatok	ah-yah-hŭn-tah tohk
natty, adj.	ilapisachi impona ilapisachi imponna	ĭl-ah-pe-sah-che ĭm-pohn-ah
natural, adj.	isht aiimoma ishtaaimóma'	ĭsht ah-ee-mohn-mah

English	Chickasaw	Pronunciation
naturalism, n.	ai yummomi cha-tok aayámmohmichatok	ah yŭm-moh-me chah-tohk
naturalist, adj.	moma ithána imahoba móma itháana imahooba	mohn-mah ĭt-hah-nah ĭm-ah-hoh-bah
naturalization, n.	okla chufa ikbi okla' chaffa ikbi	ohk-lah chŭf-ah ĭk-be
naturalize, v.	okla chufa ikbi okla' chaffa ikbi	ohk-lah chŭf-ah ĭk-be
nature, n.	Chihowa nan atali Chihoowa nannatahli'	che-hoh-wah nahn ah-tah-le
naughty, adj.	ik haponuklo ikhaponaklo	ĭk hah-pohn-nŭk-loh
nausea, n.	howeta bunna howiita banna	hoh-we-tah bŭn-nah
nauseate, v.	abekachi abikachi	ah-be-kah-che
nautical, n.	peni atoksuli piini' aatoksali'	pe-ne ah-tohk-sŭl-e
Navaho, n.	oklushi okloshi'	ohk-loōsh-e
naval, adj.	peni isht itibi piini' ishtittibi'	pe-ne ĭsht ĭt-e-be
nave, n.	aiitanaha aboa anukaka aaittanaaha' aboowa anonkaka'	ah-ĭt-ah-nah-hah ah-boh-ah ah-noōnk-kah-kah
navel, n.	itulbish ittalbish	ĭt-ŭl-bĭsh
navigable, adv.	peni aiitanowa piini' aaittanowa'	pe-ne ah-ĭt-ah-nohn-wah
navigate, v.	oka pukna tunoa oka' pakna' tanowa'	ohk-ah pŭk-nah tŭn-ohn-ah
navigation, n.	peni aiitanowa piini' aaittanowa'	pe-ne ah-ĭt-ah-nohn-wah
navigator, n.	peni isht nowa piini' ishnowa'	pe-ne ĭsht nohn-wah
navy, n.	peni moma aiyachufa piini' móma aya' chaffa	pe-ne mohn-mah ah-yah-chŭf-ah
nay, adv.	keyu ki'yo	ke-yoh
Nazarine, n.	Nasalat Naasalit	nah-sah-let
near, adj.	melíka milínka	me-lĭnk-ah

| --- | --- | --- |
nearby, adj.	olalosi olálo'si	oh-lahn-loh-se
nearly, adv.	aosi aao'si	ah-ohn-se
nearsighted, adj.	olalosi opisa olálo'si onpisa	oh-lahn-loh-se ohn-peh-sah
neat, adj.	chofata chofata	choh-fah-tah
neb, n. (bird's bill)	foshi ebichela foshi' ibichchala'	foh-she ee-bĭch-e-lah
nebula, n.	akonoli aakonoli	ah-koh-noh-le
nebular, adj.	akonoli aakonoli	ah-koh-noh-le
nebulous, adj.	akonoli aakonoli	ah-koh-noh-le
necessary, adj.	afehna aafinha	ah-feh-nah
necessitate, v.	afehnachi aafinhachi	ah-feh-nah-che
necessitous, adj.	ilbusha fehna ilbashsha finha	ĭl-bŭsh-ah feh-nah
necessity, n.	afehna aafinha	ah-feh-nah
neck, n.	nokistup nokhistap	noh-kis-tŭp
neckcloth, n.	inochi inno'chi'	ehn-noh-che
neckerchief, n.	inochi inno'chi'	ehn-noh-che
necklace, n.	isht telatapoli ishtilatahpoli'	ĭsht te-lah-tah-poh-le
necktie, n.	inochi inno'chi'	ehn-noh-che
neckwear, n.	inochi inno'chi'	ehn-noh-che
necropolis, n.	illi asha sipokni illi' aa-asha' sipokni'	ĭl-le ah-shah se-pohk-ne
necrosis, n.	huknip toshbi haknip toshbi	hŭk-nĭp tosh-be
nectar, n.	chumpoli toba champoli toba	chŭm-poh-le toh-bah
nectarine, n.	takolo takolo	tah-kohn-loh

ENGLISH	CHICKASAW	PRONUNCIATION
need, n.	bunna banna	bŭn-nah
needful, adj.	bunna fehna banna finha	bŭn-nah feh-nah
needle, n.	nan isht ulhchowa nannishtalhcho'wa'	nahn ĭsht ŭlh-choh-wah
needleful, n.	ponola tupa ponola tapa'	poh-noh-lah tŭp-ah
needless, adj.	mik yaba mikya'ba	mĭk yah-bah
needlewoman, n.	eho nacholi ihoo naacho'li'	ee-hoh nah-choh-le
needlework, n.	nan ulhchowa nannalhcho'wa'	nahn ŭlh-choh-wah
needy, adj.	bunna fehna banna finha	bŭn-nah feh-nah
nefarious, adj.	ushichi atumpa ashshachi aatámpa	ŭsh-e-che ah-tŭm-pah
negate, v.	keyu ki'yo	ke-yoh
negation, n.	keyu ki'yo	ke-yoh
negative, adj.	keyu ki'yo	ke-yoh
neglect, v.	isht ikano ishtikanho	ĭsht ĭk-ah-noh
neglectful, adj.	nan isht ikano nannishtikanho	nahn ĭsht ĭk-ah-noh
negligence, n.	yimmi ikano yimmi ikanho	yĭm-me ĭk-ah-noh
negligent, adj.	isht ikano ishtikanho	ĭsht ĭk-ah-noh
negligible, adj.	isht ikano ishtikanho	ĭsht ĭk-ah-noh
negotiate, v.	itatoba bunna ittatoba banna	ĭt-tah-toh-bah bŭn-nah
negotiation, n.	itatoba bunna ittatoba banna	ĭt-tah-toh-bah bŭn-nah
Negress, n.	hatuk losa eho hattak losa' ihoo	hah-tŭk loh-sah ee-hoh
negrillo, n.	hatuk losa iskuno hattak losa' iskanno'	hah-tŭk loh-sah ĭss-kŭn-oh
Negrito, n.	hatuk losa iskuno hattak losa' iskanno'	hah-tŭk loh-sah ĭss-kŭn-oh

ENGLISH	CHICKASAW	PRONUNCIATION
Negro, n.	hatuk losa hattak losa'	hah-tŭk loh-sah
Negroid, n.	hatuk losa ahoba hattak losa' ahooba	hah-tŭk-loh-sah ah-hoh-bah
negus, n.	nan ishko chumpoli nannishko' champoli'	nahn ĭsh-koh chŭm-poh-le
Nehemiah, n.	Nemiya Niimiya'	Ne-me-yah
neigh, v.	soba itiwa soba ittiwa	soh-bah ĭt-ehn-wah
neighbor, n.	ichukaputa inchokkapanta'	ehn-chook-ah-pŭn-tah
neighborhood, n.	chuka lokoli chokka' lokoli'	chook-ah loh-koh-le
neighboring, adj.	chuka lokoli chokka' lokoli'	chook-ah loh-koh-le
neighborly, adj.	itikana ittinkana	ĭt-ehn-kahn-ah
neither, pron.	kanimpi hokia kanimpihookya	kah-nĭm-pe hoh-ke-ah
nematode, n.	salhlona salhkona	sahlh-koh-nah
nep, n.	ulba belama alba bilama	ŭl-bah be-lah-mah
nephew, n.	ebaiyi ibayyi	ee-bah-ye
nephritis, n.	bulba isht abeka bolbo ishtabika	bool-boh ĭsht ah-be-kah
nerve, n.	hukshish hakshish	hŭk-shĭsh
nervine, n.	ithensh ittish	ĭt-heensh
nervous, adj.	yulichi yollichi	yool-e-che
nervy, adj.	ik nukwaiyo iknokwayyo	ĭk nook-wah-yoh
nest, n.	pichik pichik	pe-chĭk
nest, v.	alata alaata	ah-lah-tah
nestle, v. (snuggle)	itimelikasi ittimilínka'si	ĭt-ehn-me-lĭk-ah-se
nestling, n.	himona hofunti himona' hofanti	he-moh-nah hoh-fŭn-te

| --- | --- | --- |
net, n. (fish)	nunni isht yukli nani' ishtyokli'	nŭn-ne ĭsht yo͞ok-le
net, n. (veiling, etc.)	nashachukla lopushki naashachakla' loposhki'	nah-shah-chŭk-lah loh- po͞osh-ke
nether, adj.	nutaka notaka	noh-tah-kah
nethermost, adj.	uka fehna akka' finha	ŭk-ah feh-nah
netting, n.	nashachukla naashachakla'	nah-shah-chŭk-lah
nettle, n.	funik fannik	fŭn-ĭk
nettle, v. (provoke)	apistekeli apistikili	ah-pĭs-te-ke-le
nettle rash, n.	foubi fowabbi	foh-ŭb-e
network, n.	itachukachi ittachakkachi	ĭt-ah-chŭk-ah-che
neuralgia, n.	ishkobo hotopa ishkobo' hottopa	ĭsh-koh-boh hoh-toh-pah
neurotic, adj.	ilabekachi ilabikachi	ĭl-ah-be-kah-che
neuter, adj.	hobuk hobak	hoh-bŭk
neutral, adj.	ilapila ilapila	ĭl-ah-pĭl-ah
neutrality, n.	ilapila ilapila	ĭl-ah-pĭl-ah
never, adv.	keyu ki'yo	ke-yoh
nevermore, adv.	himak ma himmakma	hĭm-ŭk mahn
nevus, n.	tulli losa tali' losa'	tŭl-le loh-sah
new, adj.	himita himitta	he-mĭt-ah
newcomer, n.	himona ula himona' ala	hĭm-oh-nah ŭl-ah
new-fashioned, adj.	himona toba himona' toba	hĭm-oh-nah toh-bah
news, n.	anumpa anoli anompa anoli	ah-no͞om-pah ah-nohn-le

newsboy, n.	chepota nukni holisso kunchi chipota nakni' holisso kanchi'	che-poh-tah nŭk-ne hoh-lĭss-oh kŭn-che
newsman, n.	hatuk holisso kunchi hattak holisso kanchi'	hah-tŭk hoh-lĭss-oh kŭn-che
newsmonger, n.	chokushpachi chokoshpachi'	choh-koosh-pah-che
newspaper, n.	holisso nan anoli holisso nannanoli'	hoh-lĭss-oh nahn ah-nohn-le
newsy, adj.	chokushpachi chokoshpachi	choh-koosh-pah-che
newt, n.	toksalapa toksala'pa'	tohk-sah-lah-pah
New Testament, n.	Holisso Holitopa Holisso Holitto'pa'	Hoh-lĭss-oh hoh-lit-oh-pah
new year, n.	afummi himona afammi himona	ah-fŭm-me hĭm-oh-nah
next, adj.	anoa anowa'	ah-nohn-ah
nib, n.	ebetup ibiitop	ee-be-toop
nibble, v.	kisli kisli	kiss-le
nice, adj.	chukma chokma	chook-mah
nicety, n.	chukmalichosi chokmalicho'si	chook-mah-le-choh-se
nick, n. (cut)	okatokafa okaatokafa	oh-kah-toh-kah-fah
nick, n. (critical moment)	che bekasi chibika'si	che-be-kah-se
nickel, n. (coin)	sint talhupi sint tálhlha'pi'	sĭnt tah-lhah-pe
nickname, n.	holhchifo holba holhchifo holba	hohlh-che-foh hohl-bah
nicotine, n.	chomak lhetili chomak lhitihli'	choh-mŭk lhe-te-le
niece, n.	ebaiye tek ibayyi' tiik	ee-bah-ye teek
nieve, n. (fist)	ilbuk pochoko ilbak pochokko'	ĭl-bŭk poh-choh-koh
niggard, n.	hatuk nan ihullo hattak nannihollo	hah-tŭk nahn ehn-hool-loh

ENGLISH	CHICKASAW	PRONUNCIATION
nigh, adv.	melĭkasi milínka'si	me-lĭnk-ah-se
night, n.	oklhili oklhili	ohk-lhe-le
nightcap, n.	nusit yalhepeli nosit yaalhipi'li'	noh-sĭt yah-lhe-pe-lt
night clothes, n.	nusi foka nosi fo'kha'	noh-se foh-kah
nightdress, n.	nusi foka nosi fo'kha'	noh-se foh-kah
nighted, adj.	ioklhilika ioklhilika'	ehn-ohk-lhe-le-kah
nightfall, n.	oklhilit taha oklhilit taha	ohk-lhe-lĭt tah-hah
nightgown, n.	nusi foka nosi fo'kha'	noh-se foh-kah
nighthawk, n.	loksi apafoli loksi' apaafohli'	lohk-se ah-pah-foh-le
nightingale, n.	foshi oklhili taloa foshi' oklhili taloowa'	foh-she ohk-lhe-lĭ tah- loh-ah
nightly, adj.	oklhili aiyokali oklhili áyyoka'li	ohk-lhe-le ah-yoh-kah-le
nightmare, n.	nustilli nost illi'	noos-tĭl-le
nightshirt, n.	nusi foka nosi fo'kha'	noh-se foh-kah
nighttime, n.	oklhilichi oklhilichi	ohk-lhe-le-che
nightwalker, n.	ik alhpisokit nowa ikalhpí'sokit nowa	ik ahlh-pe-soh-kĭt nohn- wah
night watch, n.	oklhilichi nan apisachi oklhilichi nannapiisachi'	ohk-lhe-le-che nahn ah- pe-sah-che
nil, n.	isht alhpisa iksho ishtalhpí'sa iksho	ĭsht ahlh-pe-sah ĭk-shoh
nimble, adj.	telokachi tilokkachi	te-loh-kah-che
nimbus, n.	isht oktunni ishtoktani	ĭsht ohk-tŭn-ne
nincompoop, n.	haiyuksi háyyaksi	hah-yŭk-se
nine, adj.	chukali chakká'li	chŭk-ah-le
ninefold, adj.	italata chukali ittalaata chakká'li	it-ah-lah-tah chŭk-ah-le

| --- | --- | --- |
nineteen, adj.	awa-chukali awa chakká'li	ah-wah chŭk-ah-le
ninety, adj.	pokoli chukali pokkó'li chakká'li	poh-koh-le chŭk-ah-le
ninny, n.	haiyuksi háyyaksi	hah-yŭk-se
ninth, adj.	isht chukali ishchakká'li	ĭsht chŭk-ah-le
nip, v.	ebetup tupli ibiitop tabli	ee-be-toop tŭp-le
nip, v. (sip)	lubi labbi	lŭb-e
nipple, n.	apishi aapishi'	ah-pe-she
nit, n.	issup nehi issap nihi'	iss-ŭp ne-he
no, adv.	keyu ki'yo	ke-yoh
Noah, n.	Noi Nowi'	Noh-e
nob, n. (nobleman)	hatuk oktunni hattak oktani'	hah-tŭk ohk-tŭn-ne
nobble, v.	huksichi haksichi	hŭk-se-che
nobby, adj.	oktunni oktani	ohk-tŭn-ne
nobility, n.	hatuk oktunni fehna hattak oktani finha	hah-tŭk ohk-tŭn-ne feh-nah
noble, adj.	oktunni oktani	ohk-tŭn-ne
nobleman, n.	hatuk oktunni fehna hattak oktani finha	hah-tŭk ohk-tŭn-ne feh-nah
noblewoman, n.	eho oktunni fehna ihoo oktani finha	ee-hoh ohk-tŭn-ne feh-nah
nobody, n.	kunna keyu kana ki'yo	kŭn-nah ke-yoh
nock, n.	nokchelepa nokchilipa	nohk-che-le-pah
noctambulism, n.	nost nowa nost nowa	nohst nohn-wah
noctambulist, n.	nost nowa nost nowa	nohst nohn-wah
nocturnal, adj.	oklhili tunowa oklhili tanowa	ohk-lhe-le tŭn-ohn-wah

nod, n.	oshchonukli oshchonokli	ohsh-choh-no͞ok-le
noddle, n.	ishkobo ishkobo'	ĭsh-koh-boh
noddy, n.	haiyuksi háyyaksi	hah-yŭk-se
nog, n. (small pot)	iyasha iskunno iyyaa-asha' iskanno'	ee-yah-shah ĭss-kŭn-noh
noggin, n. (slang for head)	ishkobo ishkobo'	ĭsh-koh-boh
noggin, n. (small cup)	isht tukafa iskunno ishtakafa' iskanno'	ĭsht tŭk-ah-fah ĭss-kŭn-noh
noise, n.	wenepa winipa	we-ne-pah
noiseless, adj.	chukilissa chokkilissa	cho͞ok-e-lĭss-ah
noisy, adj.	shakupli shakapli	shah-kŭp-le
nomad, n.	aiyuta iksho aayatta iksho	ah-yŭt-ah ĭk-shoh
nominal, adj.	hohlh-che-foh íla holhchifo i̱la	hohlh-che-foh ehn-lah
nominate, v.	atokoli atookoli	ah-toh-koh-le
nomination, n.	holhchifo oktunnichi holhchifo oktanichi	hohlh-che-foh ohk-tŭn- ne-che
nominee, n.	holhchifot ulhtaha holhchifot alhtaha	hohlh-che-foh ŭlh-tah- hah
nonchalant, adj.	ik aiyimeto ikayiimi'to	ĭk ah-ye-me-toh
none, pron.	iksho iksho	ĭk-shoh
nonesuch, n.	mih mih	meh
nonsense, n.	anumpa huksi anompa haksi'	ah-no͞om-pah hŭk-se
nonstop, adj.	ik heko ikhi'ko	ĭk he-koh
noodle, n. (simpleton)	haiyuksi háyyaksi	hah-yŭk-se
noodle, n. (dried dough)	teliko puna tili'ko' panaa'	te-lĭk-oh pŭn-ah
nook, n. (corner)	ashokulbi aashokolbi'	ah-shoh-ko͞ol-be

ENGLISH	CHICKASAW	PRONUNCIATION
noon, n.	tabokoli tabookoli	tah-boh-koh-le
noonday, n.	nitak tabokoli nittak tabookoli	ne-tŭk tah-boh-koh-le
nooning, n.	tabokolichi tabookolichi	tah-boh-koh-le-che
noontide, n.	tabokoli tabookoli	tah-boh-koh-le
noontime, n.	tabokoli tabookoli	tah-boh-koh-le
noose, n. (executioner's rope)	isht nukseteli ishtnoksitili'	ĭsht nŏok-se-te-le
noose, n. (knot)	shekonopa shikónno'pa'	she-kohn-oh-pah
normal, adj.	alhpisa alhpí'sa	ahlh-pe-sah
north, n.	fulummi falammi	fŭl-ŭm-me
northeast, n.	fulummi hushi akucha ittatakla falammi hashi' aakochcha' ittatakla'	fŭl-ŭm-me hŭsh-e ah- koch-ah ĭt-e-tŭk-lah
norther, n.	fulummi falammi	fŭl-ŭm-me
northerly, adj.	fulummi pila falammi pílla	fŭl-ŭm-me pĭl-ah
northern, adj.	fulummi falammi	fŭl-ŭm-me
north star, n.	fulummi fochik falammi fochik	fŭl-ŭm-me foh-chĭk
northward, adj.	fulummi pila falammi pílla	fŭl-ŭm-me pĭl-ah
north wind, n.	fulummi mahli falammi mahli	fŭl-ŭm-me mah-le
northwest, n.	fulummi hushi aiokutola ititukla falammi hashi' aaokaattola' ittitakla'	fŭl-ŭm-me hŭsh-e ah-ohk- kŭt-oh-lah ĭt-e-tŭk-lah
nose, n.	ebichela ibichchala'	ee-bĭch-e-lah
nosebleed, n.	ebekwa ibiikwa	ee-bek-wah
nostalgia, n.	ikachaho ikacha'ho	ĭk-ah-chah-hoh

ENGLISH	CHICKASAW	PRONUNCIATION
nostril, n.	ebichela ibichchala'	ee-bĭch-e-lah
nostrum, n.	futpo ithensh fatpo ittish	fŭt-poh ĭt-hensh
not, adv.	keyu ki'yo	ke-yoh
not any, v.	iksho iksho	ĭk-shoh
notability, n.	hatuk oktunni hattak oktani	hah-tŭk ohk-tŭn-ne
notable, adj.	unoa annowa	ŭn-oh-ah
notary, n.	notri notri'	noh-tre
notch, n.	nukchelepa nokchilipa	nōok-che-le-pah
notched, adj.	nukchelepa tok nokchilipatok	nōok-che-le-pah tohk
notched stick, n.	iti nukchelepa itti' nokchilipa'	ĭt-e nōok-che-le-pah
notcher, n.	nukchelepachi nokchilipachi'	nōok-che-le-pah-che
note, n.	holisso lhelafa holisso lhilafa'	hoh-lĭss-oh lhe-lah-fah
note, n. (musical)	ataloa isht unoa aataloowa' ishtannowa'	ah-tah-loh-ah ĭsht ŭn-oh-wah
noted, adj.	hatuk oktunni hattak oktani	hah-tŭk ohk-tŭn-ne
noteworthy, adj.	oktunni oktani	ohk-tŭn-ne
nothing, n.	nunna keyu nanna ki'yo	nŭn-nah ke-yoh
notice, n. (warning)	immunoachi imannowachi	ĭm-mŭn-oh-ah-che
notice, v. (heed)	yohmi ahni yohmi anhi	yoh-me ah-ne
noticeable, adj.	yohmi ahni yohmi anhi	yoh-me ah-ne
notification, n.	immunoli imanoli	ĭm-mŭn-ohn-le
notified, v.	immuno tok imanotok	ĭm-mŭn-ohn tohk
notify, v.	immunoli imanoli	ĭm-mŭn-ohn-le

ENGLISH	CHICKASAW	PRONUNCIATION
notion, n.	yohmi bunna yohmi banna	yoh-me bŭn-nah
notional, adj.	anukfilli ila anokfilli ila	ah-nōok-fil-le ehn-lah
notorious, adj.	ik alhpisot unoa ikalhpí'sot annowa	ĭk ahlh-pe-soht ŭn-oh-ah
notwithstanding, prep.	yohmi kia yohmikya	yoh-me ke-yah
nourish, v.	ipeta ipita	ee-pe-tah
nourishment, n.	impa impa	ĭm-pah
novel, adj.	himita himitta	hĭm-ĭt-ah
novel, n. (fiction book)	holisso alhi keyu holisso alhlhi ki'yo	hoh-lĭss-oh ahnlh-e ke-yoh
novelty, n. (newness)	himona himona	hĭm-ohn-nah
November, n.	Nofempa Nofimpa'	Noh-fem-pah
novice, n.	himona isht aiya himona ishtaya	hĭm-ohn-nah ĭsht ah-yah
now, adv.	himak ohsakeni himmako'saakíni	hĭm-ŭk oh-sah-ke-ne
noway, adv.	iksho kumomi iksho kammohmi	ik-shoh kŭm-oh-me
nowhere, adv.	kunia keyu kaniya' ki'yo	kŭn-e-yah ke-yoh
noxious, adj.	isht hotopachi heni ishthottopachihíni	ĭsht hoh-toh-pah-che hehn-ne
nubbin, n. (corn)	tunchi kobotli tanchi' kobolli'	tŭn-che koh-boht-le
nude, adj.	chukbukali chakbákka'li	chŭk-bŭk-ah-le
nuisance, n.	atuklummichi ataklammichi	ah-tŭk-lŭm-me-che
null, adj.	kashofa kashofa	kah-shoh-fah
null, v.	kashofichi kashoffichi	kah-shoh-fe-che
nullification, n.	kashofichi kashoffichi	kah-shoh-fe-che
nullify, v.	kashofi kashoffi	kah-shoh-fe

ENGLISH	CHICKASAW	PRONUNCIATION
nullity, n.	iksho iksho	ĭk-shoh
numb, adj.	shemoa shimowa	she-moh-ah
number, n.	holhtina holhtina	hohlh-te-nah
numberless, adj.	aholhtina iksho aaholhtina iksho	ah-hohlh-te-nah ĭk-shoh
numbered, adj.	holhtina tok holhtinatok	hohlh-te-nah tohk
numskull, n.	haiyuksi háyyaksi	hah-yŭk-se
nun, n.	eho alhpisa ihoo alhpí'sa'	ee-hoh ahlh-pe-sah
nuptial, adj.	itihalutli anumpa ilomboli ittihaalalli anompa ilombohli	ĭt-e-hah-lŭt-le ah-noom- pah ĭl-ohm-boh-le
nurse, n.	abeka apisachi abika' apiisachi'	ah-be-kah ah-pe-sah-ah-che
nursemaid, n.	chepota apisachi chipota apiisachi'	che-poh-tah ah-pe-sah-che
nursery, n.	sawa imum boa sawa imamboowa	sahn-wah ĭm-mŭm boh-ah
nurture, n.	ilhpetachi ilhpitachi	ĭlh-pe-tah-che
nut, n. (dry fruit)	osak osak	oh-sŭk
nut, n. (perforated block)	isht ashana ishtashana'	ĭsht ah-shah-nah
nut, n. (foolish person)	haiyuksi háyyaksi	hah-yŭk-se
nuthatch, n. (bird)	foshi foshi'	foh-she
nutriment, n.	impa impa'	ĭm-pah
nutritious, adj.	impa impa'	ĭm-pah
nutshell, n.	osak hukshup osak hakshop	oh-sŭk hŭk-shoop
nutty, adj. (foolish)	haiyuksi háyyaksi	hah-yŭk-se
nuzzle, v. (rooting)	yukochi yoko'chi	yoh-kohn-che

O

ENGLISH	CHICKASAW	PRONUNCIATION
O, interj.	tah taa	tah
oak, n.	chisha chisha	che-shah
oak, n. (overcup)	bushto bashto	bŭsh-toh
oak, n. (red)	nusupi nassapi'	nŭs-ŭp-e
oaken, adj.	chisha atoba chisha' aatoba'	che-shah-ah-toh-bah
oar, n.	isht moyoli ishmoyoli'	ĭsht moh-yoh-le
oarlock, n.	isht moyoli afoha ishmoyoli' aafoha'	ĭsht moh-yoh-le ah-foh-hah
oarsman, n.	hatuk moyolichi hattak moyolichi'	hah-tŭk moh-yoh-le-che
oasis, n.	shinok otak afoha shinok otaak aafoha'	she-nohk oh-tahk ah-foh-hah
oat, n.	onush onoosh	oh-noosh
oath, n.	anumpa kullo anompa kallo'	ah-noom-pah kŭl-loh
oatmeal, n.	onush foloa onoosh folowa'	oh-noosh ah-foh-loh-ah
obdurate, adj.	illi kullochi ilikallochi	ĭl-le kŭl-loh-che
obedience, n.	imbatiya imbaatiya	ĭm-bah-te-yah
obedient, adj.	imbatiya imbaatiya	ĭm-bah-te-yah
obeisance, n.	im olhchonoli imolhchonoli	ĭm-ohlh-choh-noh-le
obese, adj.	lhiko lhinko	lhĭn-koh
obesity, n.	lhiko isht abeka lhinko ishtabika'	lhĭn-koh ĭsht ah-be-kah
obey, v.	imbatiya imbaatiya	ĭm-bah-te-yah

ENGLISH	CHICKASAW	PRONUNCIATION
obituary, adj.	illi isht anumpa illi' ishtanompa'	ĭl-le ĭsht ah-noom-pah
object, n.	nunna nanna	nŭn-nah
object, v.	immolubi imolabi	ĭm-mohn-lŭb-e
objection, n.	ikayukpacho ikayokpa'cho	ĭk-ah-yook-pah-choh
oblation, n.	isht ayukpachi ishtayokpachi	ĭsht ah-yook-pah-che
obligate, v.	omboli ombohli	ohm-boh-le
obligation, n.	isht otewa ishtontí'wa	ĭsht ohn-te-wah
oblige, v.	yukpali yokpali	yook-pah-le
obliging, adj.	ayukpasht ayokpásht	ah-yook-pahnsht
oblique, n.	ik itilawo ikittila'wo	ĭk ĭt-e-lah-woh
obliquity, n.	ik itilawo ikittila'wo	ĭk ĭt-e-lah-woh
obliterate, v.	kashofi kashoffi	kah-shoh-fe
obliterated, adv.	kashofi tok kashoffitok	kah-shoh-fe tohk
obliteration, n.	kashofichi kashoffichi	kah-shoh-fe-che
oblivion, n.	ulhkunia alhkánni'ya	ŭlh-kŭn-e-yah
oblivious, adj.	isht anukfilli ishtanokfilli	ĭsht ah-nook-fil-le
oblong, adj.	falaha faláaha	fah-lahn-hah
obloquy, n.	kalakshichi kalakshichi	kah-lŭk-she-che
obnoxious, adj.	ik alhpiso ikalhpí'so	ĭk ahlh-pe-soh
obscene, adj.	ikaiyubo ikayyo'bo	ĭk-ah-yoh-boh
obscenity, n.	ikaiyubo ikayyo'bo	ĭk-ah-yoh-boh
obscure, adj.	ahetaka ahiitaka'	ah-he-tah-kah

ENGLISH	CHICKASAW	PRONUNCIATION
obsecrate, v.	habena habina	hah-be-nah
obsecration, n.	hubina habina	hŭb-ehn-ah
obsequies, n.	illi isht imutta ilishtimatta	ĭl-le ĭsht ĭm-ŭt-tah
obsequious, adj.	il im issa ilimissa	ĭl-ĭm-ĭss-ah
observable, adj.	haiyuka hayaka	hah-yŭk-ah
observance, n.	yohmi ahni yohmi anhi	yoh-me-ah-ne
observant, adj.	yohmi ahni yohmi anhi	yoh-me ah-ne
observation, n.	hopopoyu hopompoyo	hoh-pohn-poh- yoh
observatory, n.	ahopopoyu aahopompoyo'	ah-hoh-pohn-poh-yoh
observe, v.	yohmi ahni yohmi anhi	yoh-me ah-ne
observing, adj.	pihisa pihísa	pe-hehn-sah
obsess, v.	ila ishi ilaaí'shi	ĭl-ah ehn-she
obsession, n.	ila ishi ilaaí'shi	ĭl-ah ehn-she
obsolete, adj.	taha taha	tah-hah
obstacle, n.	atuklummichi ataklammichi	ah-tŭk-lŭm-me-che
obstinate, adj.	ili kullochi ilikallochi	ĭl-e kŭl-loh-che
obstruct, v.	okhatupli okhatabli	ohk-hah-tŭple
obtain, v.	ishi ishi	ĭsh-e
occupy, v.	ahunta ahánta	ah-hŭn-tah
ocean, n.	okhuta okhata'	ohk-hŭt-ah
October, n.	Uktopa Aktopa'	Ŭk-toh-pah
odd, adj.	ila ila	ehn-lah

ENGLISH	CHICKASAW	PRONUNCIATION
odor, n.	belama bilama	be-lah-mah
off, adv.	itola ittola	ĭt-oh-lah
off, adv. (away)	aiishii aaishi	ah-ĭsh-e
offend, v.	hasheli hashiili	hahsh-e-le
offer, v.	ima bunna ima banna	ĭm-ah bŭn-nah
often, adv.	cheki chiiki	che-ke
ogle, v.	okmeloli okmiloli	ohk-me-loh-le
oh, interj.	tah taa	tah
oil, n.	neha niha	ne-hah
ointment, n.	ithensh sutko ittish sotko'	ĭt-hensh soot-koh
okra, n.	kombo kombo'	kohm-boh
old, adj.	sipokni sipokni	se-pohk-ne
omelet, n.	akak oshi bekulhchi akankoshi' bokolhchi'	ah-kŭnk oh-she be-koolh-che
omen, n.	oktunni oktani	ohk-tŭn-ne
omit, v.	ubanuplichi abaanablichi	ŭb-ah nŭp-le-che
on, prep.	om om	ohm
once, adv.	chufa chaffa	chŭf-ah
once more	anoa anowa'	ah-nohn-ah
one, adj.	chufa chaffa	chŭf-ah
onion, n.	hatofala hatofalaa'	hah-tohn-fah-lah
only, adj.	ila illa	ĭl-ah
ooze, v.	lheteli lhitili	lhe-te-le

ENGLISH	CHICKASAW	PRONUNCIATION
open, v.	tewapa tíwwa'pa	te-wah-pah
operate, v.	mullechi mallichi	mŭl-le-che
opinion, n.	anukfilli anokfilli	ah-no͞ok-fĭl-le
opossum, n.	shukha chuklheheli shokha' choklhihili'	sho͞ok-hah cho͞ok-lhe-he-le
oppose, v.	achapa achaapa	ah-chah-pah
oppress, v.	ilbushachi ilbashshachi	ĭl-bŭsh-ah-che
option, n.	bunna hokma bannahookma	bŭn-nah hohk-mahn
orange, n.	takolo lakna takolo lakna'	tah-kohn-loh lŭk-nah
orchard, n.	takolo aholukchi takolo aaholokchi'	tah-kohn-loh ah-hoh- lo͞ok-che
order, v.	isht ishi ishtishi	ĭsht e-she
ordinary, adj.	ila iksho ila iksho	ehn-lah ĭk-shoh
organ, n.	nan ola nannola'	nahn oh-lah
organize, v.	itaholhtina ittaholhtina	ĭt-ah-hohlh-te-nah
origin, n.	aminti aaminti	ah-mĭn-te
ornament, n.	isht ilatapoli ishtilatahpoli	ĭsht ĭl-ah-tah-poh-le
orphan, n.	ulhtukla alhtakla'	ŭlh-tŭk-lah
osculate, v.	shuka sho'ka	shoͦͦ̆oͦnk-ah
ostracize, v.	kochichi kochchichi	koh-che-che
other, adj.	ila ila	ehn-lah
otter, n.	oshun oshan	oh-shoͦoͦn
our, adj.	pomi pommi	pohm-e
out, adv.	kocha kochcha	koh-chah

ENGLISH	CHICKASAW	PRONUNCIATION
outside, n.	kocha kochcha	koh-chah
oven, n.	tulli apuska tali' aapaska'	tŭl-li ah-pŭs-kah
over, prep.	ubanupli abaanabli	ŭb-ah-nŭp-le
overall, n. (garment)	bala foka bala fokha'	bah-lah foh-kah
overbearing, adj.	ilahobi ilahobbi	ĭl-ah-hoh-be
overcharge, v.	aiyulli atumpa ayyalli aatámpa	ah-yŭl-le ah-tŭm-pah
overcoat, n.	nafoka ishto naafokha' ishto'	nah-foh-kah ĭsh-toh
overcome, v.	imaiyachi ímmayyachi	ĭm-ah-yah-che
overdo, v.	otimaiya ootímmayya	oht-ĭm-ah-yah
overeat, v.	amosholi amosholi	ah-mohn-shoh-le
overflow, n.	okishto okishto	oh-kĭsh-toh
overhaul, v.	afanichit aiiksachi afaana'chit aaiksaachi	ah-fah-nah-chĭt ah-ĭk-sah-che
overjoy, v.	ayukpa ayokpa	ah-yo͞ok-pah
overlap, v.	italata ittalata	ĭt-ah-lah-tah
overlook, v.	apuknachi pisa apaknánchi pisa	ah-pŭk-nŭn-che pe-sah
overmatch, v.	imaiyachi ímmayyachi	ĭm-ah-yah-che
overrun, v. (run beyond)	mullet ubanupli mallit abaanabli	mŭl-leet ŭb-ah-nŭp-le
overrun, v. (flow over)	alotut ubanupli alootat abaanabli	ah-loh-tŭt ŭb-ah-nŭp-le
overseas, adv.	okhuta itunup pila okhata' intannap pílla	ohk-hŭt-ah ehn-tŭn-ŭp pel-ah
overseer, n.	pelichi pihli'chi'	pe-le-che
overshoe, n.	sholush pukna hohlo sholosh pakna' ho'lo'	shoh-lo͞osh pŭk-nah hoh-loh
oversight, n.	ikpiso ikpi'so	ĭk-pe-soh

ENGLISH	CHICKASAW	PRONUNCIATION
oversize, adj.	ishto atumpa ishto aatámpa	ĭsh-toh ah-tŭm-pah
overskirt, n.	pukna ulhkona pakna' alhkona'	pŭk-nah ŭlh-koh-nah
overstate, v.	atumplit anoli aatamplit anoli	ah-tŭm-plĭt ah-nohn-le
overstrain, v.	cheleta meheli chilita mihíli	che-le-tah me-hehn-le
overtake, v.	sukki sakki	sŭk-ke
overthrow, v.	imaiyahchi ímmayyachi	ĭm-ah-yah-che
overweight, n.	weki atumpa wiiki aatámpa	we-ke ah-tŭm-pah
overwork, v.	tikabichi tikahbichi	te-kah-be-che
owe, v.	aheka ahiika	ah-he-kah
owl, n. (horned)	kitini kitiini	ke-te-ne
owl, n. (large)	opa opa	oh-pah
owl, n. (screech)	ofolo ofolo	oh-fohn-loh
own, adj.	immi immi'	ĭm-me
ox, n.	wak toksuli waak toksali'	wahk tohk-sŭl-e
ox yoke, n.	wak toksuli abana waak toksali' abánna'	wahk tohk-sŭl-e ah-bah-nah
oyster, n.	folush hutta folosh hata'	foh-loosh hŭt-tah
oyster shell, n.	folush hutta hukshup folosh hata' hakshop	foh-loosh hŭt-tah hŭk-shoop

ENGLISH	CHICKASAW	PRONUNCIATION
pa, n.	iki inki'	ehn-ke

| --- | --- | --- |
pace, v.	kaiyulli kayalli	kah-yŭl-le
pack, n.	ibilhpoa ibilhpoha	e-bĭlh-poh-ah
pack down, v.	ubipoli abihpoli	ŭb-e-poh-le
package, n.	na holbona naaholbona'	nah hohl-boh-nah
pact, n.	it im ithana ittimithána	ĭt ĭm ĭt-hahn-nah
pad, n.	isht alata ishtalata'	ĭsht ah-lah-tah
paddle, n.	isht moyoli ishtmoyoli'	ĭsht moh-yoh-le
padlock, n.	loksi loksi'	lohk-se
pail, n.	isht holhchi ishtholhchi'	ĭsht hohlh-che
pain, n.	hotopa hottopa	hoh-toh-pah
pain, v. (cause suffering)	hotopachi hottopachi	hoh-toh-pah-che
paint, n.	ulbi albi'	ŭl-be
pair, n.	itapota ittapota	ĭt-ah-poh-tah
pal, n.	itawa ittawa'	ĭt-ah-wah
pale, adj.	tokbakali tokbakali	tok-bah-kah-le
paling, n. (fence)	iticholhali itti' cholhali'	ĭt-e-choh-lhah-le
pallet, n.	patulhpo patalhpo	pah-tŭlh-poh
pallid, adj.	tokbakali tokbakali	tok-bah-kah-le
palm, n. (of hand)	ilbuk putha ilbak patha'	ĭl-bŭk pŭt-hah
palm, n. (tree)	iti tupuk toba itti' tapak toba'	ĭt-e tŭp-ŭk toh-bah
palsy, n.	yulichi yollichi	yūl-e-che
pan, n.	palussa palassa'	pah-lŭss-ah

ENGLISH	CHICKASAW	PRONUNCIATION
pan, tin, n.	sonuk palussa sonnak palassa'	soh-nŭk pah-lŭss-ah
pancake, n.	puska olhkomo awalhali paska olhkomo' awaalhaali'	pŭs-kah ohlh-koh-moh ah-wah-lhah-le
pandemonium, n.	yahapa yahapa	yah-hah-pah
pane, n.	ashtali ashtahli'	ahsh-tah-le
pang, n.	chimiklichi chímmikli'chi	chĭm-ĭk-le-che
panic, n.	malhata malhata	mah-lhah-tah
pansy, n.	na pakali naapakali'	nah pah-kahn-le
pant, v.	hahka hahka	hah-kah
pantaloon, n.	eho i balafoka ihoo imbalaafokha'	ee-hoh ehn bah-lah-foh-kah
panther, n.	koi ishto kowi' ishto'	koh-e ĭsh-toh
pantry, n.	impa aiiasha impa' aayasha'	im-pah ah-yah-shah
pants, n.	bala-foka balaafokha'	bah-lah-foh-kah
papa, n.	iki inki'	ehn-ke
paper, n.	holisso holisso	hoh-lĭss-oh
paperhanger, n.	aboa anokaka holisso lapochi aboowa anonkaka' holisso lapoochi'	ah-boh-ah ah-nohn-kah-kah hoh-lĭss-oh lah-poh-che
paper money, n.	holisso lopushki holisso loposhki'	hoh-lĭss-oh loh-poosh-ke
papoose, n.	puskush poskosh	poos-koosh
paprika, n.	homihomi homihomi	hoh-me-hoh-me
parable, n.	nan isht ulhpisa nannishtalhpisa'	nahn ĭsht ŭlh-pe-sah
paradise, n.	uba yakni aba' yaakni'	ŭb-ah yahk-ne

ENGLISH	CHICKASAW	PRONUNCIATION
paraffin, n.	isht ayukmechi ishtayakmichi'	ĭsht ah-yŭk-me-che
parakeet, n.	foshi foshi'	foh-she
parallel, adj.	itapotowa ittapótto'wa	ĭt-ah-poh-toh-wah
paralysis, n.	huknip illi haknip illi'	hŭk-nĭp ĭl-le
paramount, adj.	moma imaiya móma ímmayya	mohn-mah ĭm-ah-yah
paramour, n.	isht ayushkummi ishtayoshkammi	ĭsht ah-yo͞osh-kŭm-me
paraphernalia, n.	na-immi naaimmi'	nah-ĭm-me
parasol, n.	isht teloshotikachi ishtiloshontikachi'	ĭsht te-lohn-shohn-te-kah-che
parboil, v.	atutkla walhachi atóngla walhaachi	ah-to͞onk-lah wah-lhah-che
parcel, n. (package)	naholbona naaholbona	nah-hohl-boh-nah
parcel, n. (piece of land)	kushkoa kashkowa	kŭsh-koh-ah
parch, v.	awushli awashli	ah-wŭsh-le
parchment, n.	hukshup aholissochi hakshop aaholissochi'	hŭk-sho͞op ah-hoh-lĭss-oh-che
pardon, v.	ikashofi inkashoffi	ehn-kah-shoh-fe
pardon, n.	kashofa kashofa	kah-shoh-fah
pare, v. (peel)	tilhechi tilhlhichi	tĭlh-e-che
paragoric, n.	ithensh ittish	ĭt-heensh
parent, n.	iki; (father) ishki; (mother) inki' (father) ishki' (mother)	ehn-ke; ĭsh-ke
pariah, n.	hatuk kalukshi hattak kalakshi'	hah-tŭk kah-lŭk-she
parish, n.	olhti olhti'	ohlh-te
parlance, n.	anumpa ilayuka anompa ilayyoka	ah-no͞om-pah ĭl-ah-yo͞ok-ah

parley, n.	isht anumpoli ishtanompoli	ĭsht ah-nōom-poh-le
parliament, n.	nan-apisa nannapiisa'	nahn ah-pe-sah
parlor, n.	abinili aboa aabiniili' aboowa	ah-be-ne-le ah-boh-ah
parody, n.	hobachi hobachi	hoh-bah-che
parole, n.	chufichi chaffichi	chŭf-e-che
parricide, n. (murdering a parent)	isipoknika ubi isipóngknika' abi	ehn-se-ponk-neh-kah ŭb-e
parrot, n.	foshbulbaha foshbolbaha'	fohsh-bōol-bah-hah
parson, n.	ubanumpa anoli abaanompa' anoli	ŭb-ah-nōom-pah ah- nohn-le
parsonage, n.	ubanumpa ishi ichuka abaanompa' í'shi' inchokka'	ŭb-ah-nōom-pah ehn-she ehn-chook-ah
part, adj. (a section)	kashapa kashapa	kah-shah-pah
part, v. (of hair)	akanili akaniili	ah-kah-ne-le
part, v. (separate)	itifalumichi ittifalammichi	ĭt-ehn-fah-lŭm-me-che
partake, v.	itibaiishi ittibaaí'shi	ĭt-te-bah-e-she
partial, adj.	itimaiyachi ittimayyachi	ĭt-e-mah-yah-che
participate, v.	itibaiishi ittibaaí'shi	ĭt-e-bah-e-she
particle, n.	toshafa toshafa	toh-shah-fah
particular, adj.	isht ilemehachi ishtilimihachi	ĭsht ĭl-ehn-me-hah-che
partition, n.	isht aheta ishtahiita	ĭsht ah-he-tah
partner, n.	ittimmi ittimmi'	ĭt-tĭm-me
partridge, n.	kofi kofi	koh-fe
party, n.	hahtuk kunomi hattak kannohmi'	hah-tŭk kŭn-oh-me

ENGLISH	CHICKASAW	PRONUNCIATION
pass, n. (narrow opening)	hina ikputho hina' ikpatho'	he-nah ĭk-pŭt-hoh
pass (by), v.	otaiya ootaya	oht-ah-yah
pass (away), v.	illi illi	ĭl-le
passenger, n.	nowut aiya nowat aya	nohn-wŭt ah-yah
passion, n.	aiimeta ayiimita	ah-e-me-tah
past, adj.	otaiya ootaya	oht-ah-yah
paste, n.	isht achukussichi ishtachakissachi'	ĭsht ah-kŭss-ee-che
pastime, n.	nana kanimi keyu nanna kanihmi ki'yo	nah-nah kah-ne-me ke-yoh
pastor, n.	iksa pelichi iksa' pihli'chi'	ĭk-sah pe-le-che
pastry, n.	nan chumpoli nannchampoli'	nahn chŭm-poh-le
pasture, n.	nan ulhpoba aiimpa nannalhpooba' aaimpa'	nahn ŭlh-poh-bah ah-ĭm-pah
pat, v. (caress)	isht apipowachi ishtapipowachi	ĭsht ah-pe-poh-wah-che
patch, v.	alatali alaatali	ah-lah-tah-le
pate, n.	yapukna yaapakna'	yah-pŭk-nah
paternal, n.	iki pila inki' pílla	ehn-ke pĭl-ah
path, n.	hinoshi hin-oshi'	he-noh-she
pathetic, adj.	ilbusha ilbashsha	ĭl-bŭsh-ah
patience, n.	i himona ihímmo'na	ehn-hĭm-oh-nah
patio, n.	kusbi kasbi	kŭs-be
patriarch, n.	im ishkoboka imishkoboka'	ĭm ĭsh-koh-boh-kah
patricide, n.	iki ubi inki' abi'	ehn-ke ŭb-e
patriot, n.	i yakni apilachi iyaakni' apilachi'	ehn yahk-ne ah-pe-lah-che

ENGLISH	CHICKASAW	PRONUNCIATION
patrol, v.	tushka chepota apisachi tashka chipota apiisachi'	tŭsh-kah che-poh-tah ah- pe-sah-che
patron, n.	apelechi apihli'chi'	ah-pee-le-che
patronymic, adj.	chuka chufa holhchifo chokka-chaffa' holhchifo	chŏŏk-ah chŭf-ah hohlh- che-foh
patter, v.	pasachi pasa'chi	pah-sah-che
patter, v. (quick steps)	kasachi kasa'chi	kah-sah-che
pattern, n.	aihobachi aahobachi'	ah-hoh-bah-che
pattern, v.	hobachi hobachi	hoh-bah-che
patty, n.	puska putha paska patha'	pŭs-kah pŭt-hah
paucity, n.	iklawoso ikla'wo'so	ik-lah-woh-soh
paunch, n.	itakoba ittakoba'	ĭt-ah-koh-bah
pauper, n.	hatuk ilbusha hattak ilbashsha'	hah-tŭk il-bŭsh-ah
pause, n.	ot hekut aiya oothikat aya	oht he-kŭt ah-yah
pave, v.	patali patali	pah-tah-le
pavilion, n.	achukoshmo aboa aachokoshmo' aboowa	ah-chŏŏk-ohsh-moh ah- boh-ah
paw, n. (animal foot)	iyi iyyi'	ee-ye
pawn, v.	atonachi atoonachi	ah-toh-nah-che
pawpaw, n. (tree)	takolo fala upi takolo falaa' api'	tah-kohn-loh fah-lah ŭp-e
pay, v.	atobi atobbi	ah-toh-be
pea, n.	bula lhoboa bala lhobowa'	bŭl-ah lhoh-boh-ah
pea, n. (black-eyed)	bula fala bala falaa' bula ishkin losa bala ishkin losa'	bŭl-ah fah-lah bŭl-ah ĭsh-kĭn loh-sah
pea, n. (English)	nahullo i bula naahollo imbala'	nah-hŭl-loh ehn bŭ-lah

peace, n.	nan-aiya nannayya	nahn ah-yah
peace, v. (make)	it*i*naiya itt*i*nannayya	ĭt-ehn-nah-nah-yah
peacemaker, n.	it*i*nanaiyachi itt*i*nannayachi'	ĭt-ehn-nah-nah-yah-che
peach, n.	tak*o*lo tok*o*lo	tah-kohn-loh
peacock, n.	chalokloha okchamali chalokloha' okchamali'	chah-lohk-loh-hah ohk- chah-mah-le
peak, n.	ebetup ibiitop	ee-be-toop
peal, v.	ola kullo ola kallo	ohl-lah kul-loh
pear, n.	tak*o*lo ebish fala tak*o*lo ibish falaa'	tah-kohn-loh ee-bĭsh fah- lah
pearl, n.	tulli hutta tali' hata'	tŭl-le hŭt-tah
peanut, n.	an*u*kawa anonkaawaa'	ah-nōōnk-ah-wah
peasant, n.	hatuk toksulli hattak toksali'	hah-tŭk tohk-sŭl-le
pebble, n.	tulloshik tal-oshik	tŭl-loh-shek
pecan, n.	osak fala osak falaa'	oh-sŭk fah-lah
peck, n. (measure)	ulhpisa ayushta alhpisa ayyoshta	ŭlh-pe-sah ah-yōōsh-tah
peck, v.	ch*a*li cha'li	chahn-le
pectin, n.	isht sutkochi ishtsotkochi'	ĭsht sōōt-koh-che
peculiar, adj.	*i*la *i*la	ehn-lah
pedal, n.	ahulhi aahalhlhi'	ah-hŭlh-e
peddle, v.	abaichit shalit kunchi abayyachit shaalit kanchi	ah-bah-yah-chĭt shah-lĭt kŭn-che
peddler, n.	abaichit shalit kunchi abayyachit shaalit kanchi'	ah-bah-yah-chĭt shah-lĭt kŭn-che
pedestal, n.	ai*o*hekia aa*o*híkki'ya'	ah-ohn-he-ke-ah

ENGLISH	CHICKASAW	PRONUNCIATION
pedestrian, n.	nowut aiya nowat aya	nohn-wŭt ah-yah
pediatrics, n.	chepota im alikchi chipota imalikchi'	che-poh-tah ĭm ah-lik-che
pedicure, n.	iyi im alikchi iyyi' imalikchi'	ee-ye ĭm ah-lĭk-che
pedigree, n.	isht aiochololi ishtaaonchololi'	ĭsht ah-ohn-choh-loh-le
peek, v.	lomut hopopoyo lohmat hoponpoyo	loh-mŭt hoh-pohn-poh- yoh
peel, v.	tilhechi tilhlhichi	tĭlh-e-che
peep, v.	lomut hopopoyo lohmat hoponpoyo	loh-mŭt hoh-pohn-poh- yoh
peer, v.	pisa pisa	pe-sah
peeve, adj.	malha malhaa	mah-lhah
peevish, adj.	ik imulhpiso ikimalhpi'so	ĭk ĭm-ŭlh-pe-soh
Pekingese, n.	ofi iskunno ofi' iskanno'	oh-fe ĭss-kŭn-noh
pelican, n.	foshi notukfa ishto foshi' notakfa' ishto'	foh-she noh-tŭk-fah ĭsh- toh
pellagra, n.	abeka okpulo abika okpolo'	ah-be-kah ohk-poh-loh
pellet, n.	toshali iskunno toshahli iskanno'	toh-shah-le ĭss-kŭn-noh
pellucid, adj.	anoktowali anoktowali	ah-nohk-toh-wahn-le
pelt, n.	hukshup hakshop	hŭk-sho͞op
pelt, v. (beat)	bohli bo'li	boh-le
pen, n. (enclosure)	i holita iholitta'	ehn hoh-lĭt-ah
pen, n. (writing implement)	isht holissochi ishtholissochi'	ĭsht hoh-lĭss-oh-che
pencil, n.	isht holissochi ishtholissochi'	ĭsht hoh-lĭss-oh-che
pend, v.	i himona ihimóna	ehn hĭm-ohn-nah
pendant, n.	isht alhopoli ishtalhopooli'	ĭsht ah-lhoh-poh-le

ENGLISH	CHICKASAW	PRONUNCIATION
penetrate, v.	yummi yammi	yŭm-me
penicillin, n.	ithensh itt̲ish	ĭt-heensh
penitent, adj.	ukalosi akkálo'si	ŭk-ahn-loh-se
penitentiary, n.	atoksuli aatoksali'	ah-tohk-sŭl-lĭ
pen-knife, n.	bushposhi bashposhi'	bŭsh-poh-she
pennant, n.	shupha shapha'	shŭp-hah
penny, n.	sint chufa sent chaffa'	sĭnt chŭf-ah
pensive, adj.	anukfilli anokfilli	ah-nook-fĭl-le
pent, adj.	yuka yoka'	yook-ah
penury, n.	ilbusha fehna ilbashsha finha	ĭl-bŭsh-ah feh-nah
peon, n.	oshpani hatuk toksuli oshpaani' hattak toksali'	ohsh-pah-ne hah-tŭk tohk-sŭl-le
peony, n.	na pakali naapakali'	nah pah-kahn-le
people, n.	hatuk lawa; okla hattak lawa; okla	hah-tŭk lah-wah; ohk- lah
pep, n.	aiimeta ayiimita	ah-e-me-tah
pepper, n.	homihomi homihomi	hoh-me-hoh-me
pepper, n. (black)	homi losa homi losa'	hoh-me loh-sah
pepper, n. (red)	homi homa homi homma'	hoh-me hoh-mah
perambulate, v.	pila nowa pílla n̲owa	pĭl-ah noh-wah
percale, n.	nafoka toba naafokha' toba'	nah-foh-kah toh-bah
perceive, v.	yohmi ahni yohmi anhi	yoh-me ah-ne
perch, n. (fish)	patussa patassa	pah-tŭss-ah
perch, n. (bird roost)	foshi aiombinili foshi' aaombiniili'	foh-she ah-ohm-be-ne-le

| --- | --- | --- |
percolate, v.	walhali walhaali	wahlh-ah-le
perdition, n.	aiokpoloka aayokpoloka'	ah-ok-poh-loh-kah
perfect, adj.	alhpisa alhpí'sa	ahlh-pe-sah
perfidy, n.	ikalho ikalhlho	ĭk-ahlh-ohn
perforate, v.	mitachi mitaachi	me-tah-che
perform, v.	yummishchi yammishchi	yŭm-mĭsh-che
perfume, n.	na-belama naabilama'	nah-be-lah-mah
perhaps, adv.	yoma henikma yohmahínikma	yoh-mah hehn-nĭk-mahn
peril, n.	ayushkunapa ayoshkannapa	ah-yoo-sh-kŭn-ah-pah
period, n.	hushi kunutli ulhpisa hashi' kanalli alhpisa	hŭsh-e kŭn-ŭt-le ŭlh-pe- sah
perish, v. (disappear)	tumoa tamowa	tŭm-oh-ah
perish, v. (spoil)	toshbi toshbi	tohsh-be
perish, v. (die)	illi illi	ĭl-le
perish, v. (waste away from sickness)	nipi taha nipi' taha	ne-pe tah-hah
perjure, v.	lushka loshka	loosh-kah
perk, v.	il okchali ilokchali	ĭl ohk-chah-le
permanent, adj.	ik kunutlokachi ikkanalloka'chi	ĭk kŭn-ŭt-loh-kah-che
permeate, v.	yummi yammi	yŭm-me
permit, v.	ulhpisa im-ahni alhpí'sa imanhi	ŭlh-pe-sah ĭm-ah-ne
pernicious, adj.	ayukpanichi ayokpanichi	ah-yook-pah-ne-che
perpendicular, adj.	apisut hekia apissat híkki'ya	ah-pe-sŭt he-ke-ah
perpetrate, v.	yummish tok yammishtok	yŭm-mĭsh tohk

ENGLISH	CHICKASAW	PRONUNCIATION
perpetual, adj.	abilia aabílli'ya	ah-bĭl-e-yah
perplex, v.	akanima heni ik ithano akanihmahíni ikitha'no	ah-kah-ne-mah hehn-ne ĭk ĭt-hah-noh
persecute, v.	ilbushachi ilbashachi	ĭl-bŭsh-ah-che
persevere, v.	achunachi achonna'chi	ah-choon-ah-che
persimmon, n.	okof onkof	ohn-kohf
persist, v.	ik kanemikya ikkanihmikya	ĭk kah-ne-mik-yah
person, n.	hatuk hattak	hah-tŭk
perspire, v.	hoyano hoyahno	hoh-yah-noh
persuade, v.	yimmichi yimmichi	yĭm-me-che
pert, adj.	ilehuksichi ilihaksichi	ĭl-ee-hŭk-se-che
pertinacious, adj.	yimmi kullo yimmi kallo	yĭm-me kŭl-loh
pertinacity, adj.	yimmi kullo yimmi kallo	yĭm-me kŭl-loh
perturb, v.	atuklummichi ataklammichi	ah-tŭk-lŭm-me-che
pertussis, n. (whooping cough)	hotulhko illi hotolhko illi'	hoh-toolh-koh ĭl-le
peruke, n.	ipashi holba ipashi' holba'	ee-pahn-she hohl-bah
pesky, adj.	apistikeli apistikili	ah-pĭs-te-ke-le
peso, n.	oshpani i touso oshpaani' inta'osso'	ohsh-pah-ne ehn tou-soh
pest, n.	apistekeli apistakili	ah-pĭs-te-ke-l-e
pester, v.	atuklummi ataklammi	ah-tŭk-lŭm-me
pestle, n.	isht hosi ishthosi'	ĭsht hoh-se
pet, n.	hapashi hapashshi	hah-pahn-she
petite, adj.	iskunosi iskanno'si	ĭss-kŭn-oh-se

ENGLISH	CHICKASAW	PRONUNCIATION
petition, n.	holhchifo-isht hohyo holhchifo ishthoyo'	hohlh-che-foh ĭsht hoh-yoh
petrify, v.	tulli toba tali' toba	tŭl-le toh-bah
petticoat, n.	anoka ulhkona anonka' alhkona'	ah-nohn-kah ŭlh-koh-nah
petunia, n.	na pakali naapakali'	nah pah-kahn-le
pew, n.	aiitana aiombinili aaittanaa' aaombiniili'	ah-ĭt-ah-nah ah-ohm-be- ne-le
phlegm, n.	kalhafa kalhafa'	kahn-lhahn-fah
phlox, n.	na pakali naapakali'	nah pah-kahn-le
phobia, n.	yumomachi imahoba yámmohma'chi imahooba	yŭm-moh-mah-che ĭm-ah- hoh-bah
phone, n.	tul-anumpa talaanompa'	tŭl-ah-noom-pah
phony, adj.	alhi keyu alhlhi ki'yo	ahn-lhe ke-yoh
photo, n.	holba holba'	hohl-bah
phthisis, n.	hotulhko shila hotolhko shila'	hoh-tŭlh-koh she-lah
physic, n.	ithensh isht alhoputli ittish ishtalhopolli'	ĭt-heensh ĭsht ah-lhoh- poot-le
physician, n.	alikchi alikchi'	ah-lĭk-che
piano, n.	nan ola nannola'	nahn oh-lah
piazza, n.	aboa i hoshotika aboowa ihoshontika'	ah-boh-ah ehn hoh- shohn-te-kah
pick, n. (ax)	isht chali ishtcha'li'	ĭsht chahn-le
pick, v. (gather)	ayowa ayoowa	ah-yoh-wah
pick, v. (eat small bits)	chafochit upa chaffochit apa	chah-foh-chĭt ŭp-ah
pick, v. (choose)	chafochit hoyo chaafoochit hoyo	chah-foh-chĭt hoh-yoh
picket, n.	iti cholha itti' cholha'	ĭt-e choh-ihah
pickle, n.	nana wasacha nanna wasacha'	nah-nah wah-sah-chah

ENGLISH	CHICKASAW	PRONUNCIATION
pick-pocket, n.	nana hokopa nanna honkopa'	nah-nah hohn-koh-pah
picture, n.	holba holba'	hohl-bah
piebald, adj.	soba lhokowa soba lhokowa	soh-bah lhoh-koh-ah
piece, n.	toshafasi toshafa'si	toh-shah-fah-se
piece, v. (as a quilt)	itaputli ittapatli	ĭt-ah-pŭt-le
pied, adj. (cow)	wak-kama waakamaa	wahk-kah-mah
pierce, v.	bafa baafa	bah-fah
piety, n.	Chihowa holitopli Chihoowa holiitobli	che-hoh-wah hoh-le- tohp-le
pig, n.	shuk-oshi shok-oshi'	shook-oh-she
pigeon, n.	puchi pachi'	pŭch-e
pike, n. (fish)	nunni kullo nani' kallo'	nŭn-ne kŭl-loh
pile, v.	itanali ittanahli	ĭt-ah-nah-le
pilfer, v.	hokopa honkopa	hohn-koh-pah
pilgrim, n.	nowut *a* nowat áa	nohn-wŭt ahn
pill, n.	ithensh lhoboa ittish lhobowa'	ĭt-heensh lhoh-boh-ah
pillow, n.	ulhpishi alhpishi'	ŭlh-pe-she
pimple, n.	hoshunachi hoshonnachi	hoh-shoon-ah-che
pin, n.	chofuk oshi chofaakoshi'	choh-fŭk oh-she
pinch, v.	chinofi chinoffi	chĭn-oh-fe
pine, n. (tree)	tiyuk tiyak	te-yŭk
pine, v. (grieve)	nukhaklo nokhángklo	nook-hŭnk-loh
pine-knot, n.	tiuk nuksish tiyak naksish	te-yŭk nŭk-sĭsh

pink, adj.	homaiyi hommayyi	hoh-mah-ye
pinto, adj.	soba lhokowa soba lhokowa'	soh-bah lhoh-koh-wah
pipe, n. (smoking)	chomak shuti chomak shooti'	choh-mŭk shoŏt-e
pipe, n. (for gas, water, etc.)	aiyanulli aayanahli'	ah-yah-nŭl-le
pistol, n.	tanumpo oshkololi tanampo oshkololi'	tah-noŏm-poh ohsh-koh- loh-le
pit, n. (hole in ground)	yakni choluk yaakni' cholok	yahk-ne choh-loŏk
pit, n. (peach seed)	takolo nehi takolo nihi'	tah-kohn-loh ne-he
pitch, v. (throw)	uba pilachi aba' pilachi	ŭb-ah pe-lah-che
pitch, v. (camp)	ulbinachi albinachi	ŭl-be-nah-che
pitcher, n. (container)	oka aiulhto oka' aayalhto'	oh-kah ah-ŭlh-toh
pitcher, n. (ballplayer)	towa fapichi to'wa' faapichi'	toh-wah fah-pe-che
pitchfork, n.	hushok isht aiyowa hashshok ishtayoowa'	hŭsh-ohk ĭsht ah-yoh-wah
piteous, adj.	nukhaklo nokhángklo	noŏk-hŭnk-loh
pity, v.	i nukhaklo inokhángklo	ehn noŏk-hŭnk-loh
place, n.	aiiasha áyya'sha'	ah-yah-shah
place, n. (that)	yumma yamma	yŭm-mah
plague, n.	abeka abika	ah-be-kah
plaid, adj.	kama kamaa	kah-mah
plain, adj. (evident)	oktunni oktani	ohk-tŭn-ne
plain, n. (land)	yakni itilawi yaakni' ittilawwi	yahk-ne ĭt-e-lah-we
plait, n. (braid)	hotanufo hotaanaffo	hoh-tah-nŭf-oh
plan, n.	yŭkomi yakohmi	yŭk-oh-me

ENGLISH	CHICKASAW	PRONUNCIATION
plan, v.	yŭkomashki / yakohma'shki	yŭk-oh-mahsh-ke
plane, n. (implement)	isht shafi / ishtshafi'	ĭsht shahn-fe
plank, n.	iti busha / itti' basha'	ĭt-e bush-ah
plant, n. (herb)	holhfo / holhfo'	hohlh-foh
plant, v.	hokchi / hokchi	hohk-che
plaster, adj.	isht ulhposa / ishtalhposa'	ĭsht ŭlh-poh-sah
plate, n.	umposhi putha / amposhi' patha'	ŭm-poh-she pŭt-hah
platform, n.	aiohekia / aaohíkki'ya'	ah-ohn-he-ke-ah
platter, n.	nipi aiulhto / nipi' aayalhto'	ne-pe ah-ŭlh-toh
play, v. (frolic)	chukoshkomo / chokoshkomo	chook-ohsh-koh-moh
play, v. (crowd playing)	tuklhakafa / toklhakafa	took-lhah-kahn-fah
play, v. (ball)	tohli / to'li	toh-le
playground, n.	atuklhakafa / aatoklhakafa'	ah-took-lhah-kahn-fah
playhouse, n.	aboa achukoshkomo / aboowa aachokoshkomo'	ah-boh-ah ah-chook-ohsh-koh-moh
plea, n.	habena / habina	hah-be-nah
plead, v.	habena / habina	hah-be-nah
pleat, n.	polhi / polhlhi	poh-lhe
pledge, n.	illi omboli / iliombohli	ĭl-le ohm-boh-le
plenteous, adj.	lawa / lawa	lah-wah
plentiful, adj.	lawa / lawa	lah-wah
plenty, adj.	ulhpisa / alhpisa	ŭlh-pe-sah
pleurisy, n.	chonukubi / chonakabi	choh-nŭk-ŭb-e

ENGLISH	CHICKASAW	PRONUNCIATION
plow, n. (implement)	isht lechi ishliichi'	ĭsht le-che
plow, v.	lechi liichi	le-che
pluck, v.	tehli tihli	teh-le
plug, v.	choluk okshita cholok okshitta	choh-loŏk ohk-she-tah
plum, n.	takoloshi tako̱loshi'	tah-kohn-loh-she
plume, n.	yatula yaatala	yah-tŭl-ah
plunge, v.	okakania chi okaakaniyachi	oh-kah-kah-ne-ah-che
pneumonia, n.	chenoko abeka chinoko abika'	che-noh-koh-ah-be-kah
pocket, n.	shukchoshi shokchoshi'	shoŏk-choh-she
point, n.	ebetup ibiitop	ee-be-toŏp
poison, n.	nan isht illi nannishtilli'	nahn ĭsht ĭl-le
poke, n. (pocket)	shukchoshi shokchoshi'	shoŏk-choh-she
poke, n. (herb)	koshiba koshibba'	koh-she-bah
poke, v. (push)	topoli toopo'li	toh-poh-le
pole, n.	iti fabussa itti' fabassa'	ĭt-e fah-bŭs-sah
polecat, n.	koni koni	koh-ne
police, n.	ulhtoka alhtoka'	ŭlh-toh-kah
polish, v.	shukmalachi shokmalachi	shoŏk-mah-lah-che
polka, n.	hilha hilha	hĭlh-ah
polliwog, n.	hatalobo hata̱'lobo'	hah-tahn-loh-boh
polygamy, n.	eho i lawa ihoo i̱lawa	ee-hoh ehn lah-wah
pond, n.	oka talaha oka' talla'ha'	oh-kah tah-lah-hah

ENGLISH	CHICKASAW	PRONUNCIATION
ponder, v.	anukfilli anokfilli	ah-nook-fil-le
pone, n. (bread)	puska lombo paska lómbo'	pŭs-kah lohm-boh
pony, n.	soba himita soba himitta'	soh-bah he-me-tah
poor, adj. (not rich)	ilbusha ilbashsha	ĭl-bŭsh-ah
poor, n. (raw-boned)	chuna chonna	choon-ah
pop, n. (sharp sound)	sokafa sokafa	soh-kah-fah
pop corn, n.	tunchi sokali tanchi' sokali'	tŭn-che soh-kah-le
pop corn, v.	tunchi sokachi tanchi' sokachi'	tŭn-che soh-kah-che
poplar, n. (tree)	iti hishi tohbi itti' hishi' tohbi'	ĭt-e he-she toh-be
poplin, n.	nafoka toba naafokha' toba'	nah-foh-kah toh-bah
poppy, n.	na pakali naapakali'	nah pah-kahn-le
popular, adj.	oktunni oktani	ohk-tŭn-ne
population, n.	hatuk holhtina hattak holhtina	hah-tŭk hohlh-te-nah
porch, n.	shotika shottika'	shoh-te-kah
pork, n.	shukha nipi shokha' nipi'	shook-hah ne-pe
porridge, n.	ashela ashiila	ah-she-lah
portion, n.	kashapa kashapa	kah-shah-pah
portrait, n.	holba holba	hohl-bah
posse, n.	ulhtoka alhtoka'	ŭlh-toh-kah
possess, v.	immi immi'	ĭm-me
post, n.	iti tupa itti' tapa'	ĭt-e tŭp-ah
posterior, adj.	im ashaka imashaka'	ĭm ahn-shah-kah

| --- | --- | --- |
posterity, n.	himona ofunti himona ofanti'	hǐm-oh-nah oh-fǔn-te
postman, n.	holisso shali holisso shaali'	hoh-lǐss-oh shah-le
postmaster, n.	holisso isht utta holisso ishtatta'	hoh-lǐss-oh ǐsht ǔt-tah
post office, n.	holisso aiittola holisso aaittola'	hoh-lǐss-oh ah-ǐt-toh-lah
pot, n.	iyasha iyyaa-asha'	ee-yah-shah
pot, n. (large)	iyasha ishto iyyaa-asha' ishto'	ee-yah-shah ǐsh-toh
potato, n.	ahi ahi'	ah-he
potato, n. (Irish)	ahi lhoboa ahi' lhobowa'	ah-he lhoh-boh-ah
potato, n. (sweet)	ahi chumpoli ahi' champoli'	ah-he chǔm-poh-le
potter, n.	lokfi lowachi lokfi' lowachi'	lohk-fe loh-wah-che
pouch, n.	atochi atoochi	ah-toh-che
poultice, n.	lutlit lapachi latlit lapaachi	lǔt-lǐt lah-pah-che
poultry, n.	akak ulhpoba akank alhpooba'	ah-kǔnk ǔlh-poh-bah
pounce, v.	om mulli omalli	ohm mǔl-le
pound, v. (beat corn)	tunchi hosi tanchi' hosi	tǔn-che hoh-se
pound, v. (strike blows)	bohli bo'li	boh-le
pound, n. (enclosure)	yuka i holita yoka iholitta	yook-ah ehn hoh-le-tah
pound, n. (weight)	weki chufa wiiki chaffa	we-ke chǔf-ah
pour in, v.	uni ani	ǔn-e
pour out, v.	lhatupli lhatabli	lhah-tǔple
pout, v.	illi malhali ilimalhaali	ǐl-le mah-lhah-le
poverty, n.	ilbusha ilbashsha	ǐl-bǔsh-ah

ENGLISH	CHICKASAW	PRONUNCIATION
powder, n.	hotuk hottok	hoh-took
powder horn, n.	hotuk aiulhto hottok aayalhto'	hoh-took ah-ŭlh-toh
power, n. (strength)	kelimpi kilimpi	ke-lĭm-pe
power, n. (authority)	isht im aiyalhika ishtimayalhlhika'	ĭsht ĭm ah-yahn-lhe-kah
powerful, adj.	kelimpi kilimpi	ke-lĭm-pe
powerless, adj.	ik kelimpo ikkili'po	ĭk ke-lĭm-poh
practice, v.	italatalit ithana ittalaatalit ithana	ĭt-ah-lah-tah-lĭt ĭt-hah-nah
prairie, n.	otak otaak	oh-tahk
prairie, n. (small)	otakoshi otaakoshi'	oh-tahk-oh-she
praise, v.	ayukpachi ayokpachi	ah-yook-pah-che
prance, v.	kayuli kayalli	kah-yŭl-le
prank, n.	yopolachi yoppolachi	yoh-poh-lah-che
pray, v.	anumpa ilbusha asilha anompa ilbashsha asilhha	ah-noom-pah ĭl-bŭsh-ah ah-sĭlh-ah
prayer, n.	anumpa ilbusha anompa ilbashsha'	ah-noom-pah ĭl-bŭsh-ah
preach, v.	uba anumpa anoli aba' anompa anoli	ŭb-ah ah-noom-pah ah-nohn-le
precious, adj.	holitopli holiitobli	hoh-le-tohp-le
precipice, n.	okcheloha chaha okchiloha chaaha'	ohk-che-loh-hah chah-hah
predict, v.	tikba anoli tíngba anoli	tĭng-bah ah-nohn-le
preen, v.	illi lheli ililhihli	ĭl-le lhe-le
prefer, v.	yummuko yammako	yŭm-mŭk-ohn
pregnant, adj.	shali sháali	shahn-le
prejudice, n.	ik ayukpacho ikayokpa'cho	ĭk ah-yook-pah-choh

| --- | --- | --- |
prepare, v.	ilatali ilatahli	ĭl-ah-tah-le
present, n. (gift)	hulbina halbina	hŭl-be-nah
present, n. (now)	himonasika himonna'sika'	hĭm-oh-nah-se-kah
present day, n.	himak nitak himmak nittak	hĭm-ŭk ne-tŭk
preside, v.	pelichi pihlí'chi	pe-le-che
president, n.	míko minko'	mehn-koh
press (down), v.	abetiplichi abiitiplichi	ah-be-tĭp-le-che
press (with iron), v.	hummi hammi	hŭm-me
presume, v.	imahoba imahooba	ĭm-ah-hoh-bah
pretend, v.	ilahobi ilahobbi	ĭl-ah-hoh-be
pretty, adj.	chukmasi chokma'si	chook-mah-se
prevail, v.	imaiyachi ímmayyachi	ĭm-ah-yah-che
prevent, v.	im olubbi imolabi	ĭm ohn-lŭb-be
price, n.	aiyulli ayalli	ah-yŭl-le
price, high	aiyulli chaha ayalli chaaha'	ah-yŭl-le chah-hah
pride, n.	ilefenachi ilifinhachi	ĭl-e-fe-nah-che
primitive, adj.	tíkba asha tíngba aasha'	tĭng-bah ah-shah
primp, v.	ilatapoli ilatahpoli	ĭl-ah-tah-poh-le
principal, adj.	imaiya ímmayya	ĭm-ah-yah
principle, n.	aiohekia aaohíkki'ya'	ah-ohn-he-ke-ah
print, v.	icholi incho'li	ehn-choh-le
prison, n.	aboa kullo aboowa kallo'	ah-boh-ah kŭl-loh

prize, n.	isht ulhtoba ishtalhtoba'	ĭsht ŭlh-toh-bah
proclaim, v.	anoli anoli	ah-nohn-le
procrastinate, v.	misha pilachi misha' pilachi	mĭsh-ah pe-lah-che
procure, v.	ishi ishi	ĭsh-e
produce, v. (bring to view)	hayochi hayoochi	hah-yoh-che
produce, v. (bear)	nawa naawaa	nah-wah
product, n.	nawa naawaa	nah-wah
profane, adj.	anumpa okpuni anompa okpanni	ah-noom-pah ohk-pŭn-e
profess, v.	anoli anoli	ah-nohn-le
progeny, n.	aiochololi aayonchololi'	ah-ohn-choh-loh-le
progress, v.	tĭkba pit kunutli tíngba pitkanalli	tĭng-bah pĭt kŭn-ŭt-le
prohibit, v.	im olubbi imolabi	ĭm ohn-lŭb-be
prolific, adj.	wala toshpa walaa toshpa	wah-lah tohnsh-pah
prominent, n.	oktunni oktani	ohk-tŭn-ne
promise, n.	che chi	che
promote, v.	chahachi chaahachi	chah-hah-che
prompt, adj.	himonali himonali'	hĭm-ohn-ahn-le
proof, n.	isht ulhtokowa ishtalhtoko'wa'	ĭsht ŭlh-tohk-oh-wah
prop, n.	tikechi tikiichi	te-ke-che
propel, v.	topoli topohli	toh-poh-le
proper, adj.	ulhpisa alhpisa	ŭlh-pe-sah
property, n.	immi immi'	ĭm-me

ENGLISH	CHICKASAW	PRONUNCIATION
prophesy, v.	tíkba anoli tíngba anoli	tĭng-bah ah-nohn-le
prophet, n.	hopaii hopayi'	hoh-pah-e
prosecute, v.	nan im apisa nannimapiisa	nahn ĭm ah-pe-sah
prospect, n.	che ahoba chi ahooba	che ah-hoh-bah
prosper, v.	imulhtahut maha imalhtahat maháa	ĭm-ŭlh-tah-hŭt mah-hahn
prostitute, n.	hawii hawi	hah-we
protect, v.	apisachi apiisachi	ah-pe-sah-che
protrude, v.	pit waiya pitwáyya	pĭt wah-yah
proud, adj. (haughty)	ilefenachi ilifinhachi	ĭl-e-fe-nah-che
proud, v. (gratified)	isht ayukpa ishtayokpa	ĭsht ah-yo͞ok-pah
prove, v.	atokoli atookoli	ah-toh-koh-le
proverb, n.	atali atahli	ah-tah-le
provider, n.	im atali imatahli	ĭm ah-tah-le
provision, n.	penuk pinak	pe-nŭk
provoke, v.	husheli hashiili	hŭsh-e-le
prowl, v.	hopopoyo hoponpoyo	hoh-pohn-poh-yoh
proxy, n.	ulhtomba alhtómba	ŭlh-tohm-bah
psalm, n.	ataloa ataloowa'	ah-tah-loh-ah
public, n.	moma móma	mohn-mah
publish, v.	holisso aikbi holisso aaikbi'	hoh-lĭss-oh ah-ĭk-be
puff, v.	shobotli shobotli	shoh-boht-le
puke, v.	howeta howiita	hoh-we-tah

ENGLISH	CHICKASAW	PRONUNCIATION
pull, v.	halutli halatli	hah-lŭt-le
pullet, n.	akak himita akank himitta'	ah-kŭnk hĭm-ĭt-ah
pulmonary disease, n.	chonuk abeka chonak abika	choh-nŭk ah-be-kah
pulpit, n.	anumpa aihekia anompa aahíkki'ya'	ah-no͞ompah ah-he-ke-ah
pulse, n.	issish i hina issish ihina'	ĭss-ĭsh ehn he-nah
pulverize, v.	boshotlichi boshollichi	boh-shoht-le-che
puma, n.	koi ishto kowi' ishto'	koh-e ĭsh-toh
pummel, v.	mitiha mitiha	mĭt-ehn-hah
pumpkin, n.	osto osto	ohs-toh
punch, n. (beverage)	nan-ishko chumpoli nannishko' champoli'	nahn-ĭsh-koh chŭm-poh-le
punch, v. (hit)	isso isso	ĭss-oh
punch, v. (perforate)	choluk ikbi cholok ikbi	choh-lo͞ok ĭk-be
puncture, v.	mitafi mitaffi	mĭt-ah-fe
punish, v.	ilbushachi ilbashachi	ĭl-bŭsh-ah-che
puny, adj.	abekamo abiikamo	ah-be-kah-moh
pup, n.	ofishik ofishik	oh-fehn-shĭk
puppy, n.	ofishik ofishik	oh-fehn-shĭk
pupil, n.	holisso pisa holisso pisa'	hoh-lĭss-oh pe-sah
purchase, v.	chumpa chompa	cho͞om-pah
pure, adj.	kashofa kashofa	kah-shoh-fah
purge, v.	kashofi kashoffi	kah-shoh-fe
purify, v. (cleanse)	kashofi kashoffi	kah-shoh-fe

ENGLISH	CHICKASAW	PRONUNCIATION
purpose, v.	isht alhpisa ishtalhpí'sa	ĭsht ahlh-pe-sah
purr, v. (cat sound)	koitaloa kowi' taloowa'	koh-e tah-loh-ah
pursue, v.	lheyoli lhiyohli	lhe-yoh-le
pus, n.	kalha kalha	kahlh-ah
push, v.	tohpli toobli	tohp-le
puss, n.	koi kowi'	koh-e
put, v.	yuppa yappa	yŭp-pah
pygmy, n.	hatuk iskunno hattak iskanno'	hah-tŭk ĭss-kŭn-noh
python, n.	sinti ishto imaiya sinti' ishto' ímmayya	sĭn-te ĭsh-toh ĭm-ah-yah

ENGLISH	CHICKASAW	PRONUNCIATION
quack, n. (phony doctor)	alikchi holba alikchi' holba'	ah-lĭk-che hohl-bah
quack, v.	fochush ola fochosh ola	foh-chŏosh oh-lah
quagmire, n.	lhabeta lhabita	lhah-be-tah
quail, n.	kofi kofi	koh-fe
quail, n. (young)	kofoshi kof-oshi'	koh-foh-she
quaint, adj.	sipokni sipokni	se-pohk-ne
quake, v.	yakni wenakachi yaakni' wina'kachi	yahk-ne we-nah-kah-che
qualify, v.	ilatali ilatahli	ĭl-ah-tah-le

ENGLISH	CHICKASAW	PRONUNCIATION
quality, adj.	oktunni oktani	ohk-tŭn-ne
quantity, n.	lawa lawa	lah-wah
quarrel, v.	itinukowa ittinókko'wa	ĭt-ehn-nook-oh-wah
quarter, n.	kashapa isht oshta kashapa ishtoshta	kah-shah-pah ĭsht ohsh-tah
quean, n. (immoral woman)	hawii hawi	hah-we
queen, n.	eho miko ihoo minko'	ee-hoh mehn-koh
queer, adj.	isht ila ishtila	ĭsht ehn-lah
quench, v.	moshochi moshoochi	moh-shoh-che
query, n.	anumpa asilha anompa asilhha	ah-noom-ah ah-sĭlh-ah
quest, n.	asilha asilhha	ah-sĭlh-ah
question, n.	asilha asilhha	ah-sĭlh-ah
quick, adj.	toshpa toshpa	tohnsh-pah
quicksand, n.	shinuk shipa shinok shiipa	she-nook she-pah
quid, n.	imabil imabil	ĭm-ah-bĭl
quiet, adj.	chukilissa chokkilissa	chook-e-lĭss-ah
quilt, n.	nachi naachi	nah-che
quilting, adj.	nachi acholi naachi acho'li'	nah-che ah-choh-le
quinine, n.	yahna ithensh yanha ittish	yah-nah ĭt-heensh
quirt, n.	soba isht fumma soba ishtfama'	soh-bah ĭsht fŭm-mah
quit, v.	aiissachi aaissachi	ah-ĭss-ah-che
quite, adv.	fehna finha	feh-nah

ENGLISH	CHICKASAW	PRONUNCIATION
quiver, n. (container for arrows)	nuki aiulhto naki' aayalhto'	nŭk-e ah-ŭlh-toh
quiver, v. (shake)	yulichi yollichi	yōol-e-che
quorum, n.	ulhpisa alhpí'sa	ŭlh-pe-sah
quota, n.	kushkoa ulhpisa kashkowa alhpí'sa	kŭsh-koh-ah ŭlh-pe-sah
quote, v.	ashtok aashtok	ahsh tohk

ENGLISH	CHICKASAW	PRONUNCIATION
rabbit, n.	chukfi chokfi	chōok-fe
rabbit, n. (cottontail)	chukfosh takali chokfosh tákka'li'	chōok-fohsh tah-kah-le
rabbit, n. (jackrabbit)	chukfishto chokfishto'	chōok-fĭsh-toh
rabid, adj.	huksi haksi	hŭk-se
raccoon, n.	shawi shawi'	shah-we
race, n. (class or kind of people)	oklushi ilaiyuka okloshi' ilayyoka	ohk-lōosh-e ĭl-ah-yōok-ah
race, v.	ittimpulummi ittimpalammi	ĭt-tĭm-pŭl-ŭm-me
rack, n.	atilipoha aatilipoha	ah-tĭl-e-poh-hah
racket, n.	shakapa shakapa	shah-kah-pah
racoon, n.	shawi shawi'	shah-we
radiant, adj.	shukmalali shokmalali	shōok-mah-lah-le
radiate, v.	pullichi pallichi	pŭl-le-che
raft, n.	peni putha piini' patha'	pe-ne pŭt-hah

ENGLISH	CHICKASAW	PRONUNCIATION
rafter, n.	isht ulbasa *i* heyoli ishtalbasa' ihiyohli	ĭsht ŭl-bah-sah ehn he- yoh-le
rag, n.	na lhelafa naalhila'fa'	nah lhe-lah-fah
rage, v.	hasha hashaa	hah-shah
ragged, adj.	lhepah lhipa	lhe-pah
ragweed, n.	ulba lhepah alba lhipa'	ŭl-bah lhe-pah
raid, n.	amokofa amokofa	ah-moh-koh-fah
rail, n. (fence)	iti pulha itti' palha'	ĭt-e pŭlh-ah
rail, v. (rave)	nukowa nókko'wa	nook-oh-wah
railroad, n.	tulli hina tali' hina'	tŭl-le he-nah
raiment, n.	nafoka naafokha	nah-foh-kah
rain, n.	omba omba	ohm-bah
rainbow, n.	nukbatepoli nakbatiipoli'	nŭk-bah-te-poh-le
raise, v.	uba-weli abaawiili	ŭb-ah-we-le
raise price, v.	aiyulli uba-weli ayalli abaawiili	ah-yŭl-le ŭb-ah-we-le
raisin, n.	punki shela panki' shila'	pŭnk-e she-lah
rake, v.	kullufi kalaffi	kŭl-lŭf-e
rake, n. (implement)	isht kullafa ishtkala'fa'	ĭsht kŭl-ah-fah
rally, n. (assembly)	itafummichi ittafammichi	ĭt-ah-fŭm-me-che
rally, v. (tease)	yemitlichi yiimillichi	ye-mĭt-le-che
ram, n.	chukfi nukni chokfi nakni'	chook-fe nŭk-ne
ramble, v.	pela nowa pílla nowa	pel-ah nohn-wah
ramp, n.	ulhchuba iskuno alhchaba iskanno'	ŭlh-chŭb-ah ĭss-kŭn-oh

ENGLISH	CHICKASAW	PRONUNCIATION
rampage, n.	issikoput ahunta issikopat ahánta	ĭss-e-koh-pŭt ah-hŭn-tah
rampart, n.	aheta ahiita	ah-he-tah
ramshackle, adj.	lhepa lhipa	lhe-pah
ranch, n.	waka apoba waaka' apooba'	wah-kah ah-poh-bah
rancid, adj.	kotoma kotoma	koh-toh-mah
rancor, n.	nukowa atapa nókko'wa aatapa	nōok-oh-wah ah-tah-pah
random, n.	mefokachi mifo'khachi	me-foh-kah-che
randy, adj. (quarrelsome woman)	eho nukowa ihoo nókko'wa'	ee-hoh nōok-oh-wah
rang, v.	ola tok olatok	oh-lah tohk
range, n.	nan ulhpoba aiittanowa nannalhpooba' aaittanowa'	nahn ŭlh-poh-bah ah-ĭt- tah-nohn-wah
rank, n. (grade of position)	tushka chepota aiitimaiya tashka chipota aaittímmayya	tŭsh-kah che-poh-tah ah-ĭt-tĭm-ah-yah
rank, adj. (quick growth)	wala toshpa walaa toshpa	wah-lah tohnsh-pah
rankle, v. (fester)	unechichi aniichichi	ŭn-ee-che-che
ransack, v. (search)	tewapolit pisa tíwwa'polit pisa	te-wah-poh-lĭt pe-sah
ransom, n.	ulhtoba bunna alhtoba banna	ŭlh-toh-bah bŭn-nah
rant, v.	anumpa nukowa anompa nókko'wa'	ah-nōom-ah nōok-oh-wah
rap, v.	ikasachi inkasa'chi	ehn-kah-sah-che
rapacious, adj.	pit afoha pitaafoha	pĭt ah-foh-hah
rape, v.	eho yukli ihoo yokli'	ee-hoh yōok-le
rapid, adj.	toshpa toshpa	tohnsh-pah
rapier, n.	bushpo fala bashpo falaa'	bŭsh-poh fah-lah

ENGLISH	CHICKASAW	PRONUNCIATION
rapscallion, n.	illi-huksichi ilihaksichi	ĭl-le hŭk-se-che
rapture, n.	ayukpa ayokpa	ah-yōok-pah
rapturous, n.	nayukpa naayokpa	nah-yōok-pah
rare, adj. (undercooked)	nuna ikono nona iko'no	nōon-ah ĭk-ohn-oh
rarely, adv.	ulhkunia alhkánni'ya	ŭlh-kŭn-e-yah
rarity, n.	isht aiila ishtaaila	ĭsht ah-ehn-lah
rascal, n.	illi-huksichi ilihaksichi	ĭl-le hŭk-se-che
rash, n. (skin eruption)	yawochi yawoochi	yah-woh-che
rash, adj. (hasty)	ilapola ilaapola	ĭl-ah-pohn-lah
rasp, n.	isht chelechi ishchilichi'	ĭsht che-le-che
raspberry, n.	bissa homa bissa' homma'	bĭs-ah hohm-ah
rat, n.	shunti shanti'	shŭn-te
rate, n. (degree)	aheka ahiika	ah-he-kah
rate, v. (scold)	inukowa inokowa	ehn-nōok-oh-wah
ratify, v.	holitopli holiitobli	hoh-le-tohp-le
ration, v.	itakushkoli ittakashkoli	ĭt-ah kŭsh-koh-le
rational, adj.	ithana ithána	ĭt-hahn-nah
ratter, n. (one who hunts rats)	shuntubi shantabi'	shŭn-tŭb-be
rattle, v.	kulhachi kalha'chi	kŭlh-ah-che
rattlebrain, n.	illi-huksichi ilihaksichi	ĭl-le hŭk-se-che
rattlepate, n.	illi-huksichi ilihaksichi	ĭl-le hŭk-se-che
rattler, n. (talker)	labachi labaachi	lah-bah-che

| --- | --- | --- |
rattlesnake, n.	sishto sishto'	sehnsh-toh
raucous, adj.	nukshela nokshila	nook-she-lah
ravage, n.	okpuni okpani	ohk-pŭn-e
rave, v.	labachi labaachi	lah-bah-che
ravel, v.	shikachi shikkachi	shek-ah-che
raveling, n.	shikachi shikkachi	shek-ah-che
raven, n.	fala ishto fala ishto'	fah-lah ĭsh-toh
ravine, n.	kolokbi kolokbi	koh-lohk-be
raving, n.	labachi labaachi	lah-bah-che
ravish, v.	yukli yokli	yook-le
raw, adj.	okchaki okchanki	ohk-chŭnk-e
rawboned, n.	chuna chonna	choon-ah
rawhide, n.	hukshup okchaki hakshop okchanki'	hŭk-shoop ohk-chŭnk-e
ray, n.	tohmi toomi	tohm-e
raze, v. (destroy)	yelhepli yilhibli	ye-lhep-le
razor, n.	isht shaffi ishshafi'	ĭsht shahn-fe
razz, v.	apistekeli apistikili	ah-pĭs-te-ke-le
reach, v. (arrive)	onahchi onachi	oh-nah che
react, v.	atuklasht atoklásht	ah-took-lahnsht
read, v.	itanumpoli ittanompoli	ĭt-ah-noom-poh-le
reader, n.	holisso hochifo holisso hochifo'	hoh-lĭss-oh hoh-che-foh
ready, adj.	imulhtaha imalhtaha	ĭm-ŭlh-tah-hah

ENGLISH	CHICKASAW	PRONUNCIATION
real, adj.	alhi álhlhi	ahn-lhe
realize, v.	akostinnichi akostinichi	ah-kos-te-ne-che
really, adv.	alhi álhlhi	ahn-le
ream, n.	holisso ittalata lawa holisso ittalaata' lawa'	hoh-lĭss-oh ĭt-tah-lah-tah lah-wah
reap, v.	umo amo	ŭm-oh
rear, adj. (back part)	ashaka ashaka'	ahn-shah kah
rear-mouse, n. (bat)	halamboshi hala'boshi'	hah-lahm-boh-she
reason, n. (understanding)	alhpisa anukfilli alhpí'sa anokfilli	ahlh-pe-sah ah-noōk-fíl-le
reason, n. (motive)	chiho chiho	chehn-hoh
rebel, n.	achapa achapa	ah-chah-pah
rebuild, v.	atuklasht ikbi atoklásht ikbi	ah-toōk-lansht ĭk-be
rebuke, v.	im olubbi imolabi	ĭm ohn-lŭb-be
recall, v.	falummisht iwa falammisht iwaa	fah-lŭm-mĭsht ehn-wah
recapture, v.	anoa yukachi anowa' yokachi	ah-nohn-ah yoōk-ah-che
recede, v.	bukhetipli bakhitibli	bŭk-he-tĭp-le
receipt, n.	uhltob a tok holisso alhtobatok holisso	ŭlh-toh-bah tohk hoh-lĭss-oh
receive, v.	ishachi isha'chi	ĭsh-ah-che
received, v.	ishi tok ishitok	ĭsh-e tohk
recent, adj.	chekosash chiiko'saash	chek-oh-sahsh
reception, n.	ayukpachi ayokpachi	ah-yoōk-pah-che
recess, n. (intermission)	foha foha	foh-hah
recess, n. (niche)	oktakafa oktakafa	ohk-tah-kah-fah

ENGLISH	CHICKASAW	PRONUNCIATION
recipient, n.	ishi alhiha í'shi alhiha	ehn-she ahnlh-e-hah
reciprocate, v.	itatoba ittatoba	ĭt-ah-toh-bah
recite, v.	itimunnumpoli ittimanompoli	ĭt-e-mŭn-noom-poh-le
reckless, adj.	yohmi ikano yohmi ikanho	yoh-me ĭk-ah-noh
reckon, v.	chetok chesha chitokchi'sha	che-tohk che-shah
reclaim, v.	falummisht ishi falammisht ishi	fah-lŭm-mĭsht ĭsh-e
recline, v.	tushkit foha tashkit foha	tŭsh-kĭt foh-hah
recluse, n.	hatuk loma hattak lohma'	hah-tŭk loh-mah
recognize, v.	himakna chithanali himmakna chithanali	hĭm-ŭk-nah chĭt-ah-nah-le
recoil, v.	i bukhetipli ibakhitibli	ehn bŭk-he-tĭp-le
recollect, v.	anukfoka anokfokha	ah-nook-foh-kah
recommend, v.	ayukpasht anoli ayokpásht anoli	ah-yook-pahnsht ah-nohn-le
recompense, v.	imatobi imatobbi	ĭm-ah-toh-be
reconcile, v.	nan itinanaiya nannittinannayya	nahn ĭt-ehn-nahn-ah-yah
recondite, v.	loma lohma	loh-mah
reconnoiter, v.	hopopoyo hoponpoyo	hoh-pohn-poh-yoh
reconstruct, v.	anoa ikbi anowa' ikbi	ah-nohn-ah ĭk-be
record, n. (evidence)	isht unoa ishtannowa'	ĭsht ŭn-oh-ah
record, v. (write down)	holisso tukachi holisso takaachi	hoh-lĭss-oh tŭk-ah-che
recount, v. (count again)	anoa hotina anowa' hotihna	ah-nohn-ah hoh-te-nah
recount, v. (repeat in full)	alotolit anoli alootolit anoli	ah-loh-toh-lĭt an-nohn-le
recoup, v.	falummisht ishi falammisht ishi	fah-lŭm-mĭsht e-she

| --- | --- | --- |
recover, v. (regain)	haiyosh tok hayooshtok	hah-yosh tohk
recover, v. (get well)	lhakofi lhakoffi	lhah-koh-fe
recreation, n.	toklhakafa toklhakafa	tohk-lhah-kahn-fah
recruit, n.	ilapichi ilapih'chi'	ĭl-ah-pe-che
rectify, v.	alhpisahchi alhpisachi	ahlh-pe-sah-che
rector, n.	pelichi pihli'chi'	pe-le-che
rectum, n.	ishkish ishkish	ĭsh-kĭsh
recumbent, adj.	aitaya atáyya'	ah-tah-yah
recuperate, v.	lhakofi lhakoffi	lhah-koh-fe
recur, v.	nukfoka nokfokha	nook-foh-kah
red, adj.	homa homma	hohm-ah
redeem, v.	falummisht atobi falammisht atobbi	fah-lŭm-mĭsht ah-toh-be
red man, n.	hatuk upi homa hattak api' homma'	hah-tŭk ŭp-e hohm-ah
redress, v.	itinanaiya ittinannayya	ĭt-ehn-nahn-ah-yah
reduce, v.	ukachi akkachi	ŭk-ah-che
re-echo, v.	anoa achamapa anowa' achaamapa	ah-nohn-ah ah-chah-mah-pah
reed, n. (hollow-stem stalk)	ulba lhompa alba lhompa'	ŭl-bah lhohm-pah
reef, n.	tulli sukti tali' sakti'	tŭl-le sŭk-te
reek, n. (bad odor)	shoha shoha	shoh-hah
reel, n. (for winding)	apokfoha apokfoha'	ah-pohk-foh-hah
reel, n. (folk dance)	hilha hilha	hĭlh-ah
reel, v. (stagger)	itolut aiya ittolat aya	ĭt-oh-lŭt ah-yah

ENGLISH	CHICKASAW	PRONUNCIATION
re-enforce, v.	kelimpichi kilimpichi	ke-lĭm-pe-che
re-enter, v.	anoa chukwa anowa' chokwaa	ah-nohn-ah chook-wah
re-establish, v.	atuklasht helichi atoklásht hilichi	ah-took-lahnsht he-le-che
re-examine, v.	anoa afanachi anowa' afaana'chi	ah-nohn-ah ah-fah- nah- che
referee, n.	chokushkomo apisachi chokoshkomo' apiisachi'	cho-koosh-koh-moh ah- pe-sah-che
refine, v.	achukmalichi achokmalichi	ah-chook-mah-le-che
reflect, v. (meditate)	anukfilli anokfilli	ah-nook-fĭl-le
reflect, v. (throw back)	falamut imona falammat imona	fah-lah-mŭt ĭm-ohn-ah
refrain, v.	ilihulutli ilihalalli	ĭl-e-hŭl-ŭt-le
refresh, v.	himonachi himonánchi	hĭm-ohn-ah-che
refrigerate, v.	kapasachi kapassachi	kah-pah-sah-che
refuge, n.	alhakofi aalhakoffi	ah-lhah-koh-fe
refund, v.	falummisht atobi falammisht atobbi	fah-lŭm-mĭsht ah-toh-be
refurbish, v.	kashofi kashoffi	kah-shoh-fe
refuse, n. (trash)	ik-abunno ikaabanno	ĭk-ah-bŭn-noh
refuse, v. (deny)	ulhpisa ikano alhpisa ikanho	ŭlh-pe-sah ĭk-ah-noh
regain, v.	falummisht ishi falammisht ishi	fah-lŭm-mĭsht e-she
regalia, n.	isht ilatapoli nafoka ishtilatahpoli naafokha'	ĭsht ĭl-ah-tah-poh-le nah- foh-kah
regard, v.	isht ithana ishtithána	ĭsht ĭt-hahn-nah
regardless, adj.	yohmi ikano yohmi ikanho	yoh-me ĭk-ah-noh
regenerate, v.	himonachi himonánchi	hĭm-ohn-ah-che
regiment, n.	tushka chepota holhtina tashka chipota holhtina	tŭsh-kah che-poh-tah hohlh-te-nah

ENGLISH	CHICKASAW	PRONUNCIATION
region, n.	yakni folota yaakni' folota	yahk-ne foh-loh-tah
register, v.	holhchifo takachi holhchifo takaachi	hohlh-che-foh tah-kah-che
regret, v.	nukhaklo nokhángklo	nook-hŭnk-loh
regular, adj.	alhpisa alhpí'sa	ahlh-pe-sah
regulate, v.	alhpisachi alhpisa'chi	ahlh-pe-sah-che
regurgitate, v.	howeta howiita	hoh-we-tah
reimburse, v.	falummisht atobi falammisht atobbi	fah-lŭm-mĭsht ah-toh-be
rein, n. (bridle)	kapali isht talukchi kapali' ishtalakchi'	kah-pah-le ĭsht tah-lŭk-che
reindeer, n.	falummi issi falammi issi'	fah-lŭm-me ĭss-e
reinstate, v.	falummisht helichi falammisht hilichi	fah-lŭm-mĭsht he-le-che
reject, v.	ikbunno ikbanno	ĭk-bŭn-noh
rejoice, v.	aiyukpa ayokpa	ah-yook-pah
rejuvenate, v.	himonachi himonachi	hĭm-ohn-ah-che
relate, v.	anoli anoli	ah-nohn-le
relation, n. (relative)	ikanomi inkano'mi	ehn-kah-noh-me
relative, n.	ikanomi inkano'mi	ehn-kah-noh-me
relax, v.	foha foha	foh-hah
relay, v.	achakali achaakali	ah-chah-kah-le
release, v.	talhofichi talhoffichi	tah-lhoh-fe-che
relent, v.	im-issa imissa	ĭm-ĭss-ah
relic, n.	isht oktunni ishtoktani	ĭsht ohk-tŭn-ne
relief, n.	fohachi fohachi	foh-hah-che

ENGLISH	CHICKASAW	PRONUNCIATION
relieve, v.	nuktala noktala	nook-tah-lah
relieved, v.	nuktala tok noktalatok	nook-tah-lah tohk
religion, n.	uba numpa yimmi abaanompa' yimmi'	ŭb-ah noom-pah yĭm-me
relinquish, v.	talhofichi talhoffichi	tah-lhoh-fe-che
relish, n. (tasty morsel)	chumpoli champoli	chŭm-poh-le
reluctant, adj.	ilihulutli ilihalalli	ĭl-e-hŭl-ŭt-le
rely, v.	*i* yimmi iyimmi	ehn yĭm-me
remain, v.	unta ánta	ŭn-tah
remark, v.	ash tok aashtok	ahsh tohk
remarry, v.	anoa itihalutli anowa' ittihaalalli	ah-nohn-ah ĭt-e-hah-lŭt-le
remedy, n. (medicine)	isht lhakofichi ishtlhakoffichi'	ĭsht lhah-koh-fe-che
remedy, v. (correct)	alhpisachi alhpisa'chi	ahlh-pe-sah-che
remember, v.	nokfoyuka nokfóyyokha	nohk-foh-yoh-kah
remind, v.	anukfokichi anokfokhichi	ah-nook-foh-ke-che
remission, v.	kashofa kashofa	kah-shoh-fah
remit, v.	pelachi pilachi	pe-lah-che
remnant, adj. (leavings)	boshotli boshotli	boh-shoht-le
remorse, adj.	nukhaklo nokhángklo	nook-hŭnk-loh
remote, adj.	hopaki hopaaki	hoh-pah-ke
remove, v.	kunutlichi kanallichi	kŭn-ŭt-le-che
rend, v.	lhelichi lhillichi	lhel-e-che
render, v.	beleli biliili	be-le-le

ENGLISH	CHICKASAW	PRONUNCIATION
rendezvous, n.	aiitifama aaittafama'	ah-ĭt-e-fah-mah
renegade, n.	lomut maleli lohmat malili	loh-mŭt mah-le-le
renege, v.	ik-alhicho ikalhlhi'cho	ĭk ahlh-ehn-choh
renounce, v.	ik bunno ikbanno	ĭk bŭn-noh
renown, n.	holhchifo ishto holhchifo ishto	hohlh-che-foh ĭsh-toh
rent, v. (past tense of rend)	lhelichi lhillichi	lhel-e-che
rent, v.	ipota imponta	ehn-pohn-tah
rent, v. (I rent)	potali pontali	pohn-tah-le
renter, n.	pota ponta'	pohn-tah
reopen, v.	anoa tewupli anowa' tiwabli	ah-nohn-ah te-wŭp-le
reorganize, v.	anoa itaholhtina anowa' ittaholhtina	ah-nohn-ah ĭt-ah-hohlh-te-nah
repair, v.	alatali alaatali	ah-lah-tah-le
repay, v.	im atobi imatobbi	ĭm ah-toh-be
repeal, v.	kashofa kashofa	kah-shoh-fah
repeat, v.	atuklasht achi atoklásht aachi	ah-took-lahnsht ah-che
repent, v.	ilikostinnichi ilikostinichi	ĭl-e-kohs-te-ne-che
replace, v.	atobichi atobbichi	ah-toh-be-che
replenish, v.	ebafoka ibaafokha	ee-bah-foh-kah
reply, v.	anumpa falama anompa falama	ah-noom-pah fah-lah-mah
report, v.	unoa annowa	ŭn-oh-wah
repose, v. (lie at rest)	tewut foha tí'wat foha	te-wŭt foh-hah
reprehend, v.	imeha imiha	ehn-me-hah

ENGLISH	CHICKASAW	PRONUNCIATION
represent, v.	ulhtomba alhtómba	ŭlh-tohm-bah
reprieve, v.	ubanuplichi abaanablichi	ŭb-ah-nŭp-le-che
reprimand, v.	imeha imiha	ehn-me-hah
reproach, v.	hofayachi hofahyachi	hoh-foh-yah-che
reprobate, v.	nan ulhpisa kobuffi nannalhpisa' kobaffi	nahn ŭlh-pe-sah koh- bŭf-fe
reproduce, v.	ilatobachi ilatobachi	ĭl-ah-toh-bah-che
reproof, n.	omboli ombohli	ohm-boh-le
reptile, n.	nunna balali nanna bala'li'	nŭn-nah bah-lah-le
republic, n.	hatuk moma hattak móma	hah-tŭk mohn-mah
repudiate, v.	ikbunno ikbanno	ĭk bŭn-noh
repugnant, adj.	ik-kaiyubo ikayyo'bo	ĭk-kah-yoh-boh
repulse, v.	falummichi falammichi	fah-lŭm-me-che
reputation, n.	isht unoa ishtannowa	ĭsht ŭn-noh-ah
repute, v.	isht unoa ishtannowa	ĭsht ŭn-noh-ah
request, v.	asilha asilhlha	ah-sĭlh-ah
require, v.	asilha asilhlha	ah-sĭlh-ah
rescue, v.	lhakofichi lhakoffichi	lhah-koh-fe-che
research, n.	afanachi afaana'chi'	ah-fah-nah-che
resemble, v.	ahoba ahooba	ah-hoh-bah
resent, v.	ikayukpacho ikayokpa'cho	ĭk-ah-yo͞ok-pah-choh
reservation, n.	yakni toshafa yaakni' toshafa'	yahk-ne toh-shah-fah
reserve, v.	ilatomba ilatómba	ĭl-ah-tohm-bah

ENGLISH	CHICKASAW	PRONUNCIATION
reservoir, n.	oka ayuka oka' aayoka'	ohk-ah ah-yo͞ok-ah
reside, v.	aiyuta aayatta	ah-yŭt-ah
residue, n.	ulhtumpa alhtámpa	ŭlh-tŭm-pah
resign, v.	ilikochichi ilikochchichi	ĭl-e-koh-che-che
resin, n.	iti okchi itti' okchi'	ĭt-e ohk-che
resist, v.	achapa achaapa	ah-chah-pah
resolution, n.	yukoma-shke yakkohma'shki	yŭk-oh-mah-shke
resolve, v.	yukomi hoke yakkohmihookay	yŭk-oh-me hoh-ke
resort, n.	aiitafama aaittafama'	ah-ĭt-ah-fah-mah
resound, v.	achamapa achaamapa	ah-chah-mah-pah
resource, n.	aminti aaminti'	ah-mĭn-te
respect, v.	ayukpachi ayokpánchi	ah-yo͞ok-pahn-che
respire, v.	foyopa foyopa	foh-yoh-pah
respite, v.	abanuplichi abaanablichi	ah-bah-nŭp-le-che
respond, v.	falummichi falammichi	fah-lŭm-me-che
responsible, adj.	isht otewa ishtontí'wa	ĭsht ohn-te-wah
rest, n.	foha foha	foh-hah
restaurant, n.	aiimpa aboa aaimpa' aboowa	ah-ĭm-pah ah-boh-ah
restitution, v.	falumisht ima falammisht ima	fah-lŭm-ĭsht ĭm-mah
restore, v.	falummichi falammichi	fah-lŭm-me-che
restrain, v.	im-olubbi imolabi	ĭm-ohn-lŭb-be
result, v.	ulhtoba alhtoba	ŭlh-toh-bah

ENGLISH	CHICKASAW	PRONUNCIATION
resume, v.	anoa isht aiya anowa' ishtaya	ah-nohn-ah ĭsht ah-yah
resurrect, v.	illit falummut tani illit falamat taani	ĭl-lĭt fah-lŭm-mŭt tah-ne
resuscitate, v.	okchali okchali	ohk-chah-le
retail, n.	kushkolit kunchi kashkolit kanchi	kŭsh-koh-lĭt kun-che
retain, v.	halali haláli	hah-lahn-le
retake, v.	anoa ishi anowa' ishi	ah-nohn-ah ĭsh-e
retaliate, v.	falummichi falammichi	fah-lŭm-me-che
retard, v.	ik toshpo ikto'shpo	ĭk tohnsh-poh
retch, v.	howeta bunna howiita banna	hoh-we-tah bŭn-nah
retire,v.	foha foha	foh-hah
retort, v.	anumpa achapa anompa achaapa'	ah-noom-pah ah-chah-pah
retreat, v.	bukhetipli bakhitibli	bŭk-he-tĭp-le
retribution, v.	i falummichi ifalammichi	ehn fah-lŭm-me-che
retrieve, v.	ot isht ulla ootishtala	oht ĭsht ŭl-lah
return, v. (come back)	falumma falama	fah-lŭm-mah
return, v. (give back)	falummichi falammichi	fah-lŭm-me-che
returned, v.	falummichi tok falammichitok	fah-lŭm-me-che tohk
reveal, v.	oktunnichi oktanichi	ohk-tŭn-ne-che
revealed, v.	oktunnisht tok oktanishtok	ohk-tŭn-nĭsht tohk
revel, v.	aiyemita ayiimita	ah-ye-me-tah
revenge, v.	isht ilayuka ishtilayyoka	ĭsht ĭl-ah-yook-ah
revere, v.	holitopli holiitobli	hoh-le-tohp-le

ENGLISH	CHICKASAW	PRONUNCIATION
reverence, v.	holitopli holiitobli	hoh-le-tohp-le
reverse, adj.	bukhetipli bakhitibli	bŭk-he-tĭp-le
revert, v.	bukhetipli bakhitibli	bŭk-he-tĭp-le
review, v.	ulbetili albitili	ŭl-be-te-le
revile, v.	na mehachi naamihachi	nah me-hah-che
revise, v.	atuklasht afanachi atoklásht afaana'chi	ah-to͞ok-lahnsht ah-fah- nah-che
revive, v.	okcha okcha	ohk-chah
revive, to, v.	okchali okchali	ohk-chah-le
revived, v.	okcha tok okchatok	ohk-chah tohk
revoke, v.	kashofi kashoffi	kah-shoh-fe
revolt, n.	achapa achaapa	ah-chah-pah
revolution, n.	im anukfilla ishto imaanokfila ishto'	ĭm ah-no͞ok-fil-lah ĭsh-toh
revolve, v.	folotowa foloto'wa	foh-loh-toh-wah
reward, n.	kunia isht ulhtoba kaniya ishtalhtoba	kŭn-e-yah ĭsht ŭlh-toh-bah
rheumatism, n.	foni hotopa foni' hottopa'	foh-ne hoh-toh-pah
rib, n.	nuksi naksi'	nŭk-se
ribbon, n.	pasita pasita	pahn-se-tah
rice, n.	haloshi haaloshi'	hah-lohn-she
rich, adj.	holitopa holiitopa	hoh-le-toh-pah
rick, n. (stack of hay)	it tanalichi ittanahlichi	ĭt tah-nah-le-che
rickets, n.	foni toshbi foni' toshbi'	foh-ne tohsh-be
rickety, adj.	fayakachi faya'kachi	fah-yah-kah-che

ENGLISH	CHICKASAW	PRONUNCIATION
ricochet, n.	ot issot falama ootissot falama	oht ĭss-oht fah-lah-mah
rid, v.	kunchi kanchi	kŭn-che
riddle, n. (basket)	tupuk tapak	tŭp-ŭk
riddle, n. (colander type)	lhokachi lho'kachi'	lhohn-kah-che
ride, v.	ombinili ombiniili	ohm-be-ne-le
ridge, n.	ulhchuba alhchaba	ŭlh-chŭb-ah
ridicule, n.	na mehachi naamihachi	nah me-hah-che
rifle, n.	tanumpo tanampo	tah-nōom-poh
rift, n.	it ifelummi ittifilammi	ĭt ehn-fe-lŭm-me
right, adj.	alhpisa alhpí'sa	ahlh-pe-sah
rigid, adj.	kullo kallo	kŭl-loh
rigor, n.	kulukwa kalakwa	kŭl-ŭk-wah
rile, v.	atuklumichi ataklammichi	ah-tŭk-lŭm-e-che
rill, n.	fapili faapili	fah-pe-le
rim, n.	takcha takcha'	tahk-chah
rind, n.	hukshup hakshop	hŭk-shōop
ring, n. (circle)	telikpi tilikpi	te-lĭk-pe
ring, n. (ornament)	ilbuk shulbia ilbak shalbi'ya'	ĭl-bŭk shŭl-be-ah
ring, v. (sound)	ola ola	oh-lah
ringworm, n. (skin disease)	halumbubbi halambabi	hah-lŭm-bŭb-be
rinse, v.	ulhbetelit achefa alhbitilit achifa	ŭlh-be-te-lĭt ah-che-fah
riot, n.	atuklumichi ataklammichi	ah-tŭk-lŭm-me-che

ENGLISH	CHICKASAW	PRONUNCIATION
rip, v.	patafa patafa	pah-tah-fah
rip, to, v.	patufi pataffi	pah-tŭf-e
ripe, adj.	nuna nona	noon-ah
ripen, v.	nunachi nonachi	noon-ah che
ripple, n.	payokachi payokachi	pah-yoh-kah-che
rise, v.	ubawa abaawaa	ŭb-ah-wah
rise, v.	ubawa chi abaawaachi	ŭb-ah-wah che
rise (again), v.	anoa ubawa anowa' abaawaa	ah-nohn-ah ŭb-ah-wah
rise (from a seat), v.	hika hika	he-kah
risk, n.	i momaka imómaka'	ehn-mohn-mah-kah
rite, n.	isht imasha ishtima'sha	ĭsht ĭm-ah-shah
ritual, adj.	nan ulhpisa holisso nannalhpisa' holisso'	nahn ŭlh-pe-sah hoh-lĭss-oh
rival, n.	im olubbi imolabi	ĭm-ohn-lŭb-be
riven, v.	cholhafa cholhafa	choh-lhah-fah
river, n.	bok bok	bohk
rivet, n.	tulli alatali tali' alaatali'	tŭl-le ah-lah-tah-le
road, n.	hina hina'	he-nah
road, wide	hina putha hina' patha	he-nah pŭt-hah
roam, v.	pila nowa pílla nowa	pil-ah nohn-wah
roan, adj.	shobokoli shobbokoli	shoh-boh-koh-le
roar, v. (make a rumbling sound)	winihachi winihachi	we-ne-hah-che
roar, v. (animal's).	woha wooha	woh-hah

ENGLISH	CHICKASAW	PRONUNCIATION
roaring, adj.	winihachi winihachi	we-ne-hah-che
roast, v.	apushli aposhli	ah-poosh-le
roasted, v.	apushli tok aposhlitok	ah-poosh-le tohk
roasting ear (corn), n.	tunchi yeloha tanchi' yiloha	tŭn-che ye-lohn-hah
rob, v.	wehpoli wihpoli	weh-poh-le
robber, n.	wehpoli wihpoli'	weh-poh-le
robe, n.	anchi á'chi'	ahn-che
robin, n.	shekokok shikokok	she-kohnk-kohk
robust, adj.	kelimpi alota kilimpi aloota	ke-lĭm-pe ah-loh-tah
rock, n.	tulli tali'	tŭl-le
rod, n. (measure)	yakni isht ulhpisa yaakni' ishtalhpisa'	yahk-ne ĭsht ŭlh-pe-sah
rod, n. (slender iron staff)	tulli fabussa tali' fabassa'	tŭl-le fah-bŭss-ah
rodent, n. (mouse)	pinti pinti'	pĭn-te
rodent, n. (rat)	shunti shanti'	shŭn-te
rodent, n. (beaver)	kinta kinta	kĭn-tah
rodent, n. (mole)	yulhkon yolhkon	yŭlh-kohn
rogue, n.	hatuk lushka hattak loshka'	hah-tŭk loosh-kah
roll, v.	tonochi tono'chi	toh-noh-che
roll over, v.	felitut tonoli filitat tono'li	fe-le-tŭt toh-noh-le
Roman, n.	Loman Looman	Loh-mŭn
romance, n.	lomut it imanumpoli lohmat ittimanompoli	loh-mŭt ĭm ah-noom-poh-le
romp, v.	toklhakafa toklhakafa	tohk-lhah-kahn-fah

ENGLISH	CHICKASAW	PRONUNCIATION
roof, n.	isht holmo ishtholmo'	ĭsht hohl-moh
room, n.	aboa anokaka aboowa anonkaka'	ah-boh-ah ah-nohn-kah-kah
roost, n.	anusi aanosi'	ah-noh-se
rooster, n.	akaka nukni akanka' nakni'	ah-kŭnk-ah nŭk-ne
root, n. (underground part of plant)	hukshish haksish	hŭk-shĭsh
root, v.	yokochi yoko'chi	yoh-kohn-che
rope, n.	isht talukchi ishtalakchi'	ĭsht tah-lŭk-che
rose, n.	na-pakali naapakali'	nah pah-kahn-le
rosin, n.	tiuk bela tiyak bila'	te-ŭk be-lah
rot, v.	toshbi toshbi	tohsh-be
rot, to, v.	toshba chi toshba'chi	tohsh-bah che
rotate, v.	folotowa foloto'wa	foh-loh-toh-wah
rotate, v. (alternate)	itatobechi ittatobbichi	ĭt-ah-toh-be-che
rotten, adj.	toshbi toshbi	tohsh-be
rotund, adj. (obese)	misila missila	mĭs-ĭl-ah
rouge, n.	ishoka abi ishshoka' aabi	ĭsh-oh-kah ah-be
rough, adj.	kalukwa kalakwa	kah-lŭk-wah
round, adj.	telikpi tilikpi	te-lĭk-pe
rouse, v.	okchali okchali	ohk-chah-le
rout, v.	telheli tilhili	te-lhe-le
route, n.	hina hina'	he-nah
rove, v.	folokachi folo'kachi	foh-loh-kah-che

ENGLISH	CHICKASAW	PRONUNCIATION
row, n. (line)	lhafa lhafa	lhahn-fah
row, v. (quarrel)	itinukowa ittinókko'wa	ĭt-ehn-nook-oh-wah
row, v. (plow)	ihina ihina'	ehn-he-nah
row, n. (propel)	moyoli moyoli	moh-yoh-le
row, in a, v.	itabaiyachi ittabayyachi	ĭt-ah-bah-yah-che
rowdy, adj.	hatuk anumpa i lawa hattak anompa ilawa	hah-tŭk ah-noom-pah ehn lah-wah
rowel, n. (spur)	ahulhfoha aaholhfoha'	ah-hŭlh-foh-hah
rub, v. (massage)	pasholi pashohli	pah-shoh-le
rub (wrong way), v.	hotopachi hottopachi	hoh-toh-pah-che
rub, v. (cleanse)	kulhochi kalho'chi	kŭlh-oh-che
rubbish, n.	boshotli bosholli	boh-shoht-lc
rubble, n.	tulli bosholli tali' boshotli'	tŭl-le boh-shoht-le
ruby, n.	tulli holitopah tali' holitto'pa'	tŭl-le hoh-lĭt-oh-pah
rude, adj. (impolite)	ikaiyukpacho ikayokpa'cho	ĭk-ah-yook-pah-choh
rude, adj. (ignorant)	nan ik ithano nannikitha'no	nahn ĭk ĭt-hah-noh
rudder, n.	peni folotochi piini' foloto'chi	pe-ne foh-loh-toh-che
ruddy, adj.	ishoka homa ishshoka' homma'	ĭsh-oh-kah hohm-ah
ruil, n.	awalakachi awaala'kachi	ah-wah-lah-kah-che
ruffian, n.	hatuk huksi atumpa hattak haksi' aatámpa	hah-tŭk hŭk-se ah-tŭm-pah
ruffle, n.	awalakachi awaala'kachi	ah-wah-lah-kah-che
rug, n.	uka patulhpo akka' patalhpo'	ŭk-ah pah-tŭlh-poh
rugged, adj.	kalukwa kalakwa	kah-lŭk-wah

ENGLISH	CHICKASAW	PRONUNCIATION
ruin, adj. (downfall)	aiokpoloka aayokpoloka'	ah-ohk-poh-loh-kah
ruin, v.	okpuni okpani	ohk-pŭn-e
ruins, n.	ayolhepa aayolhipa'	ah-yoh-lhe-pah
rule, n.	apisachi apiisachi	ah-pe-sah-che
ruler, n.	pelichi pihli'chi'	pe-le-che
rum, n.	oka homi oka' homi'	oh-kah hoh-me
rumble, v.	winakachi wina'kachi	we-nah-kah-che
ruminate, v. (mediate)	anukfilli anokfilli	ah-nook-fĭl-le
ruminate, v. (burp)	il lakilawa ilakilawa	ĭl lah-kĭl-ah-wah
rummage, v.	tewapochit pisa tiwwa'pochit pisa	te-wah-poh-chĭt pe-sah
rumor, n.	chukoshpa chokoshpa	chook-ohsh-pah
rump, n.	hutip hatip	hŭt-ĭp
rumple, v.	koyoli koyohli	koh-yoh-le
run, v.	maleli malili	mah-le-le
run away, v.	malet kunia malit kaniya	mah-leet kŭn-e-ah
run under, v.	malet notaka malit notaka	mah-leet noh-tah-kah
rung, n. (crosspiece of ladder)	ahoheka aaohika'	ah-hohn-he-kah
rung, v.	ola tok olatok	oh-lah tohk
runt, n.	im moma imo'ma	ĭm moh-mah
rupture, n.	sulhkona kucha salhkona kochcha	sŭlh-kohn-ah kooch-ah
rural, adj.	kucha afoka kochchaafokka'	kooch-ah ah-foh-kah
rush, v.	atoshpa aatoshpa	ah-tohnsh-pah

ENGLISH	CHICKASAW	PRONUNCIATION
rust, n.	lokfi toba lokfi' toba'	lohk-fe toh-bah
rustle, v. (make crackling sound)	sholowachi sholowachi	shoh-loh-wah-che
rustle, v. (steal cattle)	wak hokopa waak honkopa'	wahk hohnk-oh-pah
rustler, n. (cattle thief)	hatuk wak hokopa hattak waak honkopa'	hah-tŭk wahk hohnk-oh-pah
rusty, adj.	lokfi toba taha lokfi' toba' taha'	lohk-fe toh-bah tah-hah
rut, n.	iti chuna anowa itti' chanaa' aanowa'	ĭt-e chŭn-ah ah-nohn-wah
ruthless, adj.	ik nukhaklo iknokhangklo	ĭk nook-hŭnk-loh
rye, n.	onush onoosh	oh-noosh

ENGLISH	CHICKASAW	PRONUNCIATION
Sabbath, n.	Nitak hullo Nittak Hollo'	ne-tŭk hool-loh
saber, n.	bushpo fala bashpo falaa'	bush-poh fah-lah
sable, n.	okfincha okfincha	ohk-fen-chah
sabot, n. (wooden shoe)	iti sholush itti' sholosh	ĭt-e shoh-loosh
sabotage, n.	aiokpanichi aayokpanichi	ah-ohk-pah-ne-che
sac, n. (animal pouch for young)	oshi afoka oshi' aafo'kha'	oh-she ah-foh-kah
saccharin, n.	shokola holba shookola' holba'	shoh-koh-lah hohl-bah
sachet, n.	na belama naabilama'	nah be-lah-mah
sack, n.	shukcha shokcha	shook-chah
sacrament, n.	na holitopli naaholiitobli	nah hoh-le-tohp-le

ENGLISH	CHICKASAW	PRONUNCIATION
sacred, adj.	holitopa holiitopa	hoh-le-toh-pah
sacrifice, n.	il amosholi ilamóshsho'li	ĭl ah-mohsh-oh-le
sacrilege, n.	ik holitoplo ikholiitoblo	ĭk hoh-le-tohp-loh
sad, adj.	nukhaklo nokhángklo	nook-hŭnk-loh
saddle, n.	soba ompatulhpo soba ompatalhpo'	soh-bah ohm-pah-tŭlh-poh
safe, adj. (freed from danger)	lhakofi lhakoffi	lhah-koh-fe
safe, n. (cupboard)	umposhi aiiasha amposhi' áaya'sha'	ŭm-poh-she ah-yah-shah
safe, n. (vault for valuables)	holitoplit aboli holiitoblit aabohli'	hoh-le-tohp-lĭt ah-boh-le
safeguard, n.	apisachi apiisachi	ah-pe-sah-che
sag, adj.	habefa habifa	hah-be-fah
sagacious, adj.	hopoyuksa hopoyoksa	hoh-poh-yŏok-sah
sage, n. (wise man)	nan ithana nannithána	nahn ĭt-hahn-nah
sage, n. (herb)	ulba holokchi alba holokchi'	ŭl-bah hoh-lohk-che
sail, n. (canvas)	shupha shapha	shŭp-hah
sail, v.	oka pukna it tanowa oka' pakna' ittanowa	ohk-ah puk-nah ĭt tah-nohn-wah
saint, n.	holitopa ulhea holiitopa alhiha	hoh-le-toh-pah ŭlh-e-ah
salacious, adj.	ikaiyubo ikayyo'bo	ĭk-ah-yoh-boh
salary, n.	ulhtoba alhtoba	ŭlh-toh-bah
sale, n.	kunchi kanchi	kŭn-che
sale, for	kuncha chi kancha'chi	kŭn-chah che
saliva, n.	itokchi itokchi'	ĭt-ohk-che
salivate, v.	itih lawali iti lawali	e-te la-wah-le

ENGLISH	CHICKASAW	PRONUNCIATION
sallow, adj.	tobokali tohbokali	toh-boh-kah-le
salmon, n.	nunni nani'	nŭn-ne
saloon, n.	oka homi akunchi oka' homi' aakanchi'	ohk-ah hoh-me ah- kŭn-che
salt, n.	hupi hapi	hŭp-e
salt, v.	hupaiyummi hapayammi	hŭp-ah-yŭm-me
salts, n. (purgative)	hupi kapussa hapi kapassa'	hŭp-e kah-pŭss-ah
saltant, adj.	ik nukchito iknokchi'to	ĭk nook-che-toh
saltcellar, n.	hupi alhto hapi aalhto'	hŭp-e ahlh-toh
salt lick, n.	lokfupa lokfapa'	lohk-fŭp-ah
salute, v.	ayukpachi ayokpachi	ah-yook-pah-che
salvation, n.	aiokchaya aayokcháya	ah-ohk-chahn-yah
salve, n. (ointment)	ithensh sutko ittish sotko'	ĭt-heensh soot-koh
same, adj.	itilawi ittilawwi	ĭt-ĭl-ah-we
same, v. (again and again)	mehash eni mihaashíni	me-hahsh ehn-ne
sample, n.	kashapa pisachi kashapa pisachi	kah-shah-pah pe-sah-che
sanatorium, n.	abeka aiasha abika' áyya'sha'	ah-be-kah ah-yah-shah
sanctify, v. (make holy)	holitopli holiitobli	hoh-le-tohp-le
sanctify, v. (purify)	kashofi kashoffi	kah-shoh-fe
sanctuary, n.	aboa holitopa aboowa holiitopa'	ah-boh-ah hoh-lĭt-oh-pah
sanctum, n. (sacred place)	aholitompa anokaka aaholiitómpa anonkaka'	ah-hoh-le-tohm-pah ah- nohn-kah-kah
sand, n.	shinuk shinok	she-nook
sandal, n.	sholush shachukla sholosh shachakla'	shoh-loosh shah-chŭk-lah
sandpiper, n.	taloshik ayowa tal-oshik ayoowa'	tah-loh-shĭk ah-yoh-wah

ENGLISH	CHICKASAW	PRONUNCIATION
sane, adj.	kostinni kostini	kohs-tĭn-ne
sanitarium, n.	abeka aiasha abika' áyya'sha'	ah-be-kah ah-yah-shah
sanitary, adj.	chofata chofata	choh-fah-tah
sap, n.	iti okchi itti' okchi'	ĭt-e ohk-che
saphead, n.	huksi haksi'	hŭk-se
sap-wood, n. (woodpecker)	biskinok biskinok	bĭss-ke-nohk
sapphire, n.	tulli holitopa tali' holiitopa'	tŭl-le hoh-le-toh-pah
sarcasm, n.	ik ayukpacho ikayokpa'cho	ĭk ah-yōok-pah-choh
sardine, n.	nunoshik holhponi nanoshik holhponi'	nŭn-ohn-shĭk hohlh- poh-ne
sash, n. (belt)	uskofa askoffa'	ŭs-koh-fah
sash, n. (window part)	ashtali ashtahli'	ahsh-tah-le
sassafras, n.	kuffi kafi'	kŭf-fe
sassy, adj.	labachi labaachi	lah-bah-che
Satan, n.	isht ahullo okpulo ishtahollo' okpolo'	ĭsht ah-hool-loh ohk- pool-oh
satchel, n.	shukchoshi shokchoshi	shook-choh-she
sateen, n.	nafoka toba naafokha' toba'	nah-foh-kah toh-bah
satin, n.	na lopushki naaloposhki'	nah loh-poosh-ke
satisfy, v.	ayukpachi ayokpánchi	ah-yook-pahn-che
satisfy, will	ayukpachichi ayokpachichi	ah-yook-pah-che-che
saturate, v.	yummichi yammichi	yŭm-me-che
Saturday, n.	Nitak Hullo Nukfish Nittak Hollo Nakfish	Ne-tŭk Hool-loh Nŭk-fish
sauce, n.	impa oasha impa' onaasha'	ĭm-pah ohn-ah-shah

| --- | --- | --- |
sauerkraut, n.	tohi hawushko tohi' hawashko'	toh-he hah-wŭsh-koh
saunter, v.	pila nowa pílla nowa	pĭl-ah nohn-wah
sausage, n.	nipi foloa nipi' folowa'	ne-pe foh-loh-ah
savage, n.	issikopa issikopa	ĭss-e-koh-pah
save, v. (to conserve)	ilatoba ilatoba	ĭl-ah-toh-bah
save, v. (preserve from injury)	lhakofa lhakoffa	lhah-koh-fah
Saviour, n.	Okchalichi Okchalínchi'	ohk-chah-lehn-che
savor, n.	isht yummichi ishtyammichi	ĭsht yŭm-me-che
saw, n. (metal blade)	isht busha ishtbasha'	ĭsht bŭsh-ah
saw, v. (cut)	bushli bashli	bŭsh-le
saw, v. (past of *see)*	piss-tok pístok	pehns-tohk
sawmill, n.	itabusha ittabasha	ĭt-ah-bŭsh-ah
say, v.	achi aachi	ah-che
scab, n.	lewali hukshup liwaali hakshop	le-wah-le hŭk-shoop
scabbard, n.	tanumpo afoka tanampo aafokha'	tah-noom-po ah-foh-kah
scabies, n.	wushkubbi washkabi	wŭsh-kŭb-be
scaffold, n.	telepoha tilipoha'	te-le-poh-hah
scalawag, n.	hatuk huksi hattak haksi'	hah-tŭk hŭk-se
scald, v.	yokofa yokofa	yoh-koh-fah
scale, n. (fish)	nunni hukshup nani' hakshop	nŭn-ne hŭk-shoop
scale, n. (weighing device)	awekichi aawiikichi'	ah-we-ke-che
scallop, n. (curve)	chukchuki chakchaki	chŭk-chŭk-e

ENGLISH	CHICKASAW	PRONUNCIATION
scalp, n.	ishkobo hukshup ishkobo' hakshop	ĭsh-koh-boh hŭk-shoop
scalp, v.	ishkobo lhofi ishkobo' lhofi	ĭsh-koh-boh lhohn-fe
scalpel, n.	alikchi i bushpo alikchi' imbashpo	ah-lĭk-che ehn bŭsh-poh
scamp, n.	ilihuksichi ilihaksichi	il-e-hŭk-se-che
scamper, v.	maleli malili	mah-le-le
scampish, adj.	ik nukchito iknokchi'to	ĭk nook-che-toh
scan, v.	afanachi afaana'chi	ah-fah-nah-che
scandal, n.	chokushpa chokoshpa	choh-koosh-pah
scant, adj.	iklawo ikla'wo	ĭk-lah-woh
scar, n.	amasali aamasali'	ah-mah-sah-le
scarf, n.	yalhepli yaalhipi'li'	yah-lhe-pe-le
scarlet, adj.	homa homma	hohm-ah
scatter, v.	itafemi ittafímmi	ĭt-ah-fe-me
scavenger, n. (collector of waste)	na shali naashaali'	nah-shah-le
scavenger, n. (refuse eater)	nan illi upa nannilli' apa'	nahn ĭl-le ŭp-ah
scene, n.	aitafama aaittafama'	ah-ĭt-ah-fah-mah
scenery, n.	apisa chukma aapisa' chokma	ah-pe-sah chook-mah
scent, v. (smell)	kosoma kosoma	koh-soh-mah
scent, v. (trail)	silhi silhlhi	sĭlh-e
scepter, n.	isht ilapila ishtilapila'	ĭsht ĭl-ah-pil-ah
schedule, n.	hushi kanutli ulhpisa hashi' kanalli' alhpisa'	hŭsh-e kŭn-ŭt-le ŭlh-pe- sah
scheme, n.	apisa aapisa	ah-pe-sah

ENGLISH	CHICKASAW	PRONUNCIATION
schism, n.	itakashapa ittakashapa	ĭt-ah-kah-shah-pah
scholar, n.	holisso pisa holisso pisa'	hoh-lĭss-oh pe-sah
school, n. (place of instruction)	holisso apisa holisso aapisa'	hoh-lĭss-oh ah-pe-sah
schoolhouse, n.	holisso apisa aboa holisso aapisa' aboowa	hoh-lĭss-oh ah-pe-sah ah-boh-ah
schoolmaster, n.	holisso pisachi holisso pisachi'	hoh-lĭss-oh pe-sah-che
school mistress, n.	holisso pisachi eho holisso pisachi' ihoo	hoh-lĭss-oh pe-sah-che ee-ho
schooner, n.	peni piini'	pee-ne
science, n.	nan ithana nannithana'	nahn ĭt-hah-nah
scimitar, n.	bushpo chanukbi bashpo chanakbi'	bŭsh-poh chah-nŭk-be
scintillate, v.	shokmalali shokmalali	shohk-mah-lah-le
scion, n. (descendant)	aiochololi aaonchololi'	ah-ohn-choh-loh-le
scissors, n.	ishkalasha ishkalasha'	ĭsh-kah-lah-shah
scoff, v.	isht yopola ishtyoppola	ĭsht yoh-poh-lah
scold, v.	nokowa nókko'wa	nohk-oh-wah
scone, n.	puska paska	pŭs-kah
scoop, v.	takuffi takaffi	tah-kŭf-fe
scoot, v.	shalutli shalatli	shah-lŭt-le
scope, n.	momichi momínchi	mohn-mehn-che
scorch, v.	hoshbuli hoshbali	hohsh-bŭl-e
score, v.	hotina hotihna	hoh-te-nah
scorn, v.	ik ayukpacho ikayokpa'cho	ĭk ah-yook-pah-choh
scorpion, n.	hasimbish chofola hasimbish choffola	hah-sĭm-bĭsh choh-foh-lah
scoundrel, n.	hatuk huksi hattak haksi'	hah-tŭk hŭk-se

ENGLISH	CHICKASAW	PRONUNCIATION
scour, v.	achefa achifa	ah-che-fah
scourge, n. (a whip)	isht fumma ishtfama'	ĭsht fŭm-mah
scourge, v.	fummi fammi	fŭm-me
scout, n.	tikba hopopoyo tikba' hoponpoyo'	tĭk-bah hoh-pohn-poh-yoh
scow, n.	peni putha piini' patha'	pee-ne pŭt-hah
scowl, v.	okwecheli okwichili	ohk-we-che-le
scraggly, adj.	lhepa lhipa	lhe-pah
scram, v.	kunutli kanatli	kŭn-ŭt-le
scramble, v. (crawl)	balali bala'li	bah-lah-le
scramble, v. (mix, in cooking)	bohchi bo'chi	boh-che
scrap, n.	boshotli boshotli	boh-shoht-le
scrape, v. (as a hog)	shafi shafi	shahn-fe
scrape, v.	shachi shaachi	shah-che
scratch, v. (mark)	sholufi sholaffi	shoh-lŭf-e
scratch, v. (claw)	kulli kalli	kŭl-le
scream, v.	tasali tasahli	tah-sah-le
screech, v.	ola ola	oh-lah
screen, n.	isht aheta ishtahiita	ĭsht ah-he-tah
screw, n.	isht ashana ishtashana'	ĭsht ah-shah-nah
screw, v.	ashanachi ashannachi	ah-shah-nah-che
scribble, v.	holissochi lhali holissochi lhahli	hoh-lĭss-oh-che lhah-le
scrimp, v.	nan i hullo nannihollo	nahn ehn hōōl-loh
scrap, n.	holisso lhelafa holisso lhilafa'	hoh-lĭss-oh lhe-lah-fah

ENGLISH	CHICKASAW	PRONUNCIATION
Scripture, n.	holisso holitopa anumpa holisso holitto'pa' anompa'	hoh-lĭss-oh hoh-lĭt-oh-pa ah-noͯom-pah
scrofula, n.	shatopoli shatoppoli	shah-toh-poh-le
scroll, n.	holisso isht anoa sipokni holisso ishtannowa' sipokni'	hoh-lĭss-oh ĭsht ah-noh-ah se-pohk-ne
scrub, v.	achefa achifa	ah-che-fah
scrub, n. (underbrush)	iti balali itti' bala'li'	ĭt-e bah-lah-le
scruff, n.	yachenoka yaachino'ka'	yah-che-noh-kah
scrumptious, adj.	chukma fehna chokma finha	choͯok-mah feh-nah
scruple, n.	yohmi bunna keyu yohmi banna ki'yo	yoh-me bŭn-nah ke-yoh
scrutinize, v.	afanchi afaana'chi	ah-fah-nah-che
scuff, v. (drag feet)	iyi lhefichi iyyi' lhifi'chi	ee-ye lhe-fe-che
scuff, v. (mar)	shulichi shollichi	shoͯol-e-che
scuffle, v. (wrestle)	itisholi ittishooli	ĭt-e-shoh-le
scum, n.	pukna takali pakna' takaali	pŭk-nah tah-kah-le
scurry, v.	toshpa toshpa	tohnsh-pah
scythe, n.	isht umo ishtamo	ĭsht ŭm-oh
sea, n.	okhuta okhata	ohk-hŭt-ah
seacoast, n.	okhuta apotaka okhata apotaka'	ohk-hŭt-ah ah-poh-tah- kah
seal, v. (close tightly)	ashunachi ashannachi	ah-shŭn-ah-che
seal, n. (mammal)	falummi nan okcha oka aiutta falammi nannokcháa oka' aayatta'	fah-lŭm-me nahn ohk- chahn ohk-ah ah-ŭt-tah
seam, n.	aiitapata aaittapata'	ah-ĭt-ah-pah-tah

ENGLISH	CHICKASAW	PRONUNCIATION
sear, v.	lowachi lowachi	loh-wah-che
search, v.	hoyo hoyo	hoh-yoh
season, n. (division of a year)	hushi itakushkowa hashi' ittakashkowa	hŭsh-e ĭt-ah-kŭsh-koh-wah
season, v. (flavor)	yummichi yammichi	yŭm-me-che
seat, n.	aiombinili aaombiniili'	ah-ohm-be-ne-le
secede, v.	im aiissachi imaaissachi	ĭm ah-ĭss-ah-che
seclude, v.	kochichi kochchichi	koh-che-che
second, adj.	atuklo atoklo	ah-took-loh
secret, adj.	alomichi aalohmichi	ah-loh-me-che
secret place, n.	aloma aalohma'	ah-loh-mah
secretary, n.	holissochi holissochi'	hoh-lĭss-oh-che
sect, n.	iksa iksa'	eek-sah
section, n.	kashapa káshsha'pa	kah-shah-pah
secular, adj. (not of the church)	yakni ahalaya yaakni' ahaalá'ya'	yahk-ne ah-hah-lah-yah
secure, adj.	akullochi aakallochi	ah-kŭl-loh-che
sedate, adj.	noktɑla noktála	nohk-tahn-lah
sedative, n.	noktalachi noktalaachi	nohk-tah-lah-che
sedentary, v.	binili biniili	bĭn-e-le
sediment, n.	oktalaka oktalaka	ohk-tah-lah-kah
sedition, n.	nan ulhpisa kobuffi nannalhpisa' kobaffi	nahn ŭlh-pe-sah koh-bŭf-fe
seduce, v.	lushkut huksichi loshkat haksichi	loosh-kŭt hŭk-se-che
see, v.	pisa pisa	pe-sah

seed, n.	nehi nihi'	ne-he
seed corn, n.	tunchi pinha tanchi' pinha'	tŭn-che pĭn-hah
seed potatoes, n.	ahi pinha ahi' pinha'	ah-he pĭn-hah
seek, v.	hoyo hoyo	hoh-yoh
seem, v.	ahoba ahooba	ah-hoh-bah
seep, n.	okshutli okshatli	ohk-shŭt-le
seer, n.	hopaii hopayi'	hoh-pah-ee
seersucker, n.	nafoka toba naafokha' toba'	nah-foh-kah toh-bah
seethe, v.	walhali walhaali	wah-lhah-le
segment, n.	toshali toshahli	toh-shah-le
segregate, v.	itifelummichi ittífilammichi	ĭt-chn-fc lŭm me-che
seine, n.	nunni isht takuffi nani' ishtakaffi'	nŭn-ne ĭsht tah-kŭf-fe
seize, v.	yukli yokli	yo͞ok-le
seldom, adv.	ulhkunia alhkánni'ya	ŭlh-kŭn-e-yah
select, v.	yupuko yappako	yŭp-ŭk-ohn
self, n.	ilap ila ilaapila	ĭl-ahp ehn-lah
sell, v.	kunchi kanchi	kŭn-che
sell, to, v.	kuncha che kancha'chi	kŭn-chah che
semblance, n.	itihoba ahoba ittihooba ahooba	ĭt-e-hoh-bah ah-hoh-bah
semi-, prefix	iklun iklan	ĭk-lŭn
senate, n.	aboa ukni aboowa akni'	ah-boh-ah ŭk-ne
send, v.	aiya chi ayachi	ah-yah che

ENGLISH	CHICKASAW	PRONUNCIATION
senile, adj.	sipokni sipokni	se-pohk-ne
senior, adj.	sipokni sipokni	se-pohk-ne
sensation, n.	anukfilla ishto anokfila ishto	ah-nook-fil-lah ĭsh-toh
sense, n.	im anukfilla imaanokfila	ĭm ah-nook-fil-lah
senseless, adj.	im anukfilla iksho imaanokfila iksho	ĭm ah-nook-fîl-lah ĭk-shoh
sensible, adj.	anukfilli chukma anokfilli chokma	ah-nook-fil-le chook-mah
sensitive, adj.	illi nukwaiyachi ilinokwayachi	ĭl-le nook-wah-yah-che
sentence, n. (arrangement of words)	anumpa lhafa anompa' lhafa'	ah-noom-pah lhahn fah
sentence, v. (punish)	nan ulhpisa omboli nannalhpisa' ombohli	nahn ŭlh-pe-sah ohm-boh-le
sentiment, n.	iba nukhaklo ibaanokhángklo	ee-bah nook-hŭnk-loh
sentinel, n.	apisachi apiisachi	ah-pe-sah-che
sentry, n.	apisachi apiisachi	ah-pe-sah-che
separate, v.	itifelummichi ittifilammichi	ĭt-ehn-fe-lŭm-me-che
September, n.	Septempa Septimpa'	Sep-tem-pah
sepulcher, n.	aholopi aaholoppi'	ah-hoh-loh-pe
sequel, n.	aiyakaya ayyakayya	ah-yah-kah-yah
sequence, n.	aiyakaya ayyakayya	ah-yah-kah-yah
sequoia, n.	iti hocheto itti' hochito'	ĭt-e hoh-che-toh
Sequoyah, n. (Cherokee name)	Sekoya Sikohya'	Se-koh-yah
seraph, n.	uba yakni hatuk aba' yaakni' hattak	ŭb-ah yahk-ne hah-tŭk
serenade, v	talowut isht ayukpachi taloowat ishtayokpachi	tah-loh-wŭt ĭsht ah-yook-pah-che
serene, adj.	nuktala noktála	nook-tahn-lah

ENGLISH	CHICKASAW	PRONUNCIATION
serge, n.	chukfi hishi chokfi' hishi'	chook-fe he-she
sergeant, n.	ulhtoka alhtoka'	ŭlh-toh-kah
series, n.	itachukachi ittachakkachi	ĭt-ah-chŭk-ah-che
serious, adj.	alhichi alhínchi	ahlh-ehn-che
sermon, n.	ubanumpa abaanompa'	ŭb-ah-noom-pah
serpent, n.	sinti sinti'	sĭn-te
serrate, adj.	halopa chukchuki haloppa chakchaki'	hah-lohp-ah chŭk-chŭk-e
serum, n.	ithensh ittish	ĭt-hensh
serve, v.	isht im utta ishtimatta'	ĭsht ĭm ŭt-tah
set, v.	otalali ontalaali	ohn-tah-lah-le
settee, n.	aiombinili aaombiniili'	ah-ohm-bc-nc-lc
setter, n. (dog)	ofi foshi hoyo ofi' foshi' hoyo'	oh-fe foh-she hoh-yoh
settle, v. (pay an account)	atobi atobbi	ah-toh-be
settle, v. (pacify)	ittibachufa ittibaachaffa	ĭt-te-bah-chŭf-ah
settle down, v.	nokchito nokchito	nohk-che-toh
seven, adj.	otuklo ontoklo	ohn-took-loh
seventeen, adj.	awa otuklo awa ontoklo	ah-wah ohn-took-loh
seventy, adj.	pokoli o tuklo pókko'li ontoklo	poh-koh-le ohn took-loh
sever, v.	tuple tapli	tŭp-le
several, adj.	kanomi kannohmi	kŭn-oh-me
severe, adj.	pulummi pallammi	pŭl-ŭm-me
sew, v.	acholi acho'li	ah-choh-le

ENGLISH	CHICKASAW	PRONUNCIATION
sewer, n.	oka aiyanutli oka' aayanalli'	oh-kah ah-yah-nŭt-le
sex, n. (male)	nukni nakni'	nŭk-ne
sex, n. (female)	tek tiik	teek
sexton, n.	tulli olachi tali' olachi'	tŭl-le oh-lah-che
shabby, adj.	lhepasi lhipa'si	lhe-pah-se
shack, n.	aboa iskunno aboowa iskanno'	ah-boh-ah ĭss-kŭn-noh
shackle, v.	iyi isht talukchi iyyi' ishtalakchi'	ee-ye ĭsht tah-lŭk-che
shade, n.	hoshotika hoshontika'	hoh-shohn-te-kah
shade, v.	hoshotikachi hoshontikachi	hoh-shohn-te-kah-che
shadow, n.	hoshotika hoshontika'	hoh-shohn-te-kah
shaft, n.	aholhpi aaolhpi'	ah-ohlh-pe
shaggy, adj.	woksho woksho	wohk-shoh
shake, v.	fayakachi faya'kachi	fah-yah-kah-che
shake, to, v.	ilhkochi ilhko'chi	ĭlh-koh-che
shake hands, v.	it ayukpachi ittayokpachi	ĭt ah-yook-pah-che
shale, n.	tulli shokali tali' shokahli'	tŭl-le shoh-kah-le
shall, v.	yomachi yohma'chi	yoh-mah-che
shallow, adj.	ik hofobo ikhofo'bo	ĭk hoh-foh-boh
sham, n.	holba holba'	hohl-bah
shamble, v.	iyi shalachi iyyi' shala'chi	ee-ye shah-lah-che
shame, n.	hofaya hofahya	hoh-fah-yah
shame, v.	hofayachi hofahyachi	hoh-fah-yah-che

ENGLISH	CHICKASAW	PRONUNCIATION
shampoo, v.	ayehli ayili'	ah-yeh-le
shank, n.	iyichamo iyyinchaamo'	ee-yehn-chah-moh
shanty, n.	aboshi abooshi'	ah-boh-she
shape, adj.	yukomi yakohmi	yŭk-oh-me
share, n.	kashapa kashapa	kah-shah-pah
share, v.	kashupli kashabli	kah-shŭp-le
shark, n.	nunni ishto nani' ishto'	nŭn-ne ĭsh-toh
sharp, adj.	halopa haloppa	hah-lohp-ah
shatter, v.	boshotli bosholli	boh-shoht-le
shave, v.	shafi shafi	shahn-fe
shaved, v.	shafi tok shafitok	shahn-fe tohk
shawl, n.	inochishto inno'chishto'	ehn-oh-chĭsh-toh
shay, n.	chuna-oshi chanaa' oshi'	chŭn-ah-oh-she
she, pro.	eho yummuk ot ihoo yammakoot	ee-hoh yŭm-mŭk oht
sheaf, n.	holbuna holbana	hohl-bŭn-ah
shed, n. (shelter)	ulhtipo alhtipo	ŭlh-te-poh
sheen, adj.	shokmalali shokmalali	shohk-mah-lah-le
sheep, n.	chukulhpoba chokfalhpooba'	chook-ŭlh-poh-bah
sheer, adj.	tapuski tapaski	tah-pŭs-ke
sheet, n.	topa alhepia topa alhiipi'ya'	toh-pah ahlh-ee-pe-ah
shekel, n. (coin)	Chue itouso Choo' inta'osso'	chūe ehn-toŭ-soh
shelf, n.	atelepoha aatilipoha'	ah-te-le-poh-hah

ENGLISH	CHICKASAW	PRONUNCIATION
shell, n.	hukshup hakshop	hŭk-shoop
shellac, n.	ulbi albi'	ŭl-be
shelter, n. (protection)	ahetaka ahiitaka'	ah-he-tah-kah
shelter, n. (roofed place)	shuktika shoktika'	shook-te-kah
shelter, v.	atokochi aatokochi'	ah-toh-koh-che
shenanigan, n.	yopolachi yoppolachi'	yoh-pah-lah-che
shepherd, n.	chukfi apisachi chokfi' apiisachi'	chook-fe ah-pe-sah-che
sherbet, n.	pishokchi hukmi pishokchi' hakmi'	pĭsh-ohk-che hŭk-me
sheriff, n.	ulhtoka alhtoka'	ŭlh-toh-kah
shield, n.	telepoha tilipoha	te-le-poh-hah
shift, v.	kunuchi kana'chi	kŭn-ŭ-che
shimmer, v.	shokmalali shokmalali	shohk-mah-lah-le
shimmy, v.	illefoyochi ilifoyo'chi	ĭl-le-foh-yoh-che
shin, n.	iyichamo iyyinchaamo'	ee-yehn-chah-moh
shindig, n.	hilha hilha'	hĭlh-ah
shine, adj.	shokmalali shokmalali	shohk-mah-lah-le
shine, v.	shokmalachi shokmalachi	shohk-mah-lah-che
shingle, n.	aboa isht holmo aboowa ishtholmo'	ah-boh-ah ĭsht hohl-moh
ship, n.	peni piini'	pe-ne
ship, v.	pit pilachi pitpilachi	pĭt pe-lah-che
shirk, v.	ik bunno ikbanno	ĭk bŭn-noh
shirr, v.	yekilhichi yikilhlhichi	ye-kĭlh-e-che

shirt, n.	nafka lombo naafka' lombo'	nahf-kah lohm-boh
shiver, v.	yulichi yollichi	yool-e-che
shoal, n.	oka takcha oka' takcha'	ohk-ah tahk-chah
shock, n.	shemochi shimoochi	she-moh-che
shoddy, adj.	ikaiyubo ikayyo'bo	ĭk-ah-yoh-boh
shoe, n.	sholush sholosh	shoh-loosh
shoemaker, n.	sholush ikbi sholosh ikbi'	shoh-loosh ĭk-be
shoot, v.	hosa hosa	hohn-sah
shoot, to, v.	hosachi hosachi	hohn-sah-che
shop, n.	ai itatoba aaittatoba'	ah ĭt-tah-toh-bah
shop, v.	chumpa chompa	choom-pah
shore, n.	aitaya aa-atayya'	ah-tah-yah
short, adj.	tilofasi tilofa'si	te-lohn-fah-se
shot, n. (sound)	tokafa tokafa	toh-kah-fah
shot, n. (pellet)	nukoshi nak-oshi'	nŭk-oh-she
shot, to be, v.	nulha nalha	nŭlh-ah
shot, had been, v.	nulhi tok nalhlhitok	nŭlh-e tohk
shotgun, n.	tanumpokta tanampokta'	tah-noom-pohk-tah
should, v.	hetok hitok	he-tohk
shout, v.	tasali tasahli	tah-sah-le
shove, v.	topli toobli	tohp-le
shove, to, v.	pit topli pitoobli	pĭt tohp-le

ENGLISH	CHICKASAW	PRONUNCIATION
shoved, v.	topli tok tooblitok	tohp-le-tohk
shovel, n.	isht peha ishtpiha'	ĭsht pe-hah
show, v.	pisachi pisachi	pe-sah-che
showed, v.	pisasht tok pisashtok	pe-sahsht tohk
shower, v.	shobichi shobbichi	shoh-be-che
shred, v.	itashechi ittashiichi	ĭt-ah-she-che
shrew, n.	eho malha ihoo malhaa'	ee-hoh mahlh-ah
shrewd, adj.	nan impona nannimponna'	nahn ĭm-pohn-nah
shriek, v.	tasali tasahli	tah-sah-le
shrill, adj.	huksobachi haksobachi	hŭk-soh-bah-che
shrimp, n.	shukchi homa shakchi' homma'	shŭk-che hohm-ah
shrine, n.	aboa holitompa aboowa holiitómpa'	ah-boh-ah hoh-le-tohm- pah
shrink, adj.	yekota yakota	ye-koh-tah
shroud, n.	illi achi illi' a'chi'	ĭl-le ahn-che
shrub, n.	iti shawa itti' shawwa'	ĭt-e shah-wah
shrug, v.	ilefotochi ilifoto'chi	il-e-foh-toh-che
shuck, n.	tunchi hukshup tanchi' hakshop	tŭn-che hŭk-sho͞op
shudder, v.	shemoachi shimowachi	she-moh-ah-che
shuffle, v.	shalali shala'li	shah-lah-le
shun, v.	afolopa afoolopa	ah-foh-loh-pah
shut, v.	okshita okshitta	ohk-she-tah
shuttle, n.	polona afoka polona' aafokha'	poh-loh-nah ah-foh-kah

shy, adj.	nukwaiya nokwaya	nook-wah-yah
shyster, n.	nan ulhpisa holba nannalhpisa holba'	nahn ŭlh-pe-sah hohl-bah
sick, adj.	abeka abika	ah-be-kah
sickly, adj.	abekamo abiikamo	ah-be-kah-moh
sickle, n.	isht umo ishtamo'	ĭsht ŭm-oh
side, adj. (against)	apotaka apootaka'	ah-poh-tah-kah
side, adj. (of house)	ayuksika ayaksika'	ah-yŭk-se-kah
side, adj. (of body)	nuksika naksika'	nuk-se-kah
sidle, v.	apotakachi apootakachi	ah-poh-tah-kah-che
siege, n.	afolopli afoolobli	ah-foh-lohp-le
sicve, n.	isht hayochi ishthayoochi	ĭsht hah-yoh-che
sift, v.	hayochi hayoochi	hah-yoh-che
sigh, v.	foyopa fala foyopa falaa	foh-yoh-pah fah-lah
sigh, to, v.	foyopa faleli foyopa faliili	foh-yoh-pah fah-le-le
sight, n. (ability to see)	pisa pisa	pe-sah
sight, n. (aim)	ulhpisachi alhpisachi	ŭlh-pe-sah-che
sign, n.	isht anoli ishtanoli'	ĭsht ah-nohn-le
signal, n.	isht anoli ishtanoli'	ĭsht ah-nohn-le
signature, n.	holhchifo takachi holhchifo takaachi	hohlh-che-foh tah-kah-che
signer, n.	holhchifo takachi holhchifo takaachi'	hohlh-che-foh tah-kah-che
silence, n.	chukilissa chokkilissa	chook-e-lĭss-ah
silent, adj.	chukilissa; sumata chokkilissa, samata	chook-e-lĭss-ah; sŭm-ah- tah

ENGLISH	CHICKASAW	PRONUNCIATION
silk, n.	na lopushki naaloposhki'	nah loh-poosh-ke
sill, n.	nota towa nota' tó'wa'	noh-tah to-wah
silly, adj.	huksi ahoba haksi ahooba	hŭk-se ah-hoh-bah
silt, n.	okatalaka okaatalaka	ohk-ah-tah-lah-kah
silver, n.	tulli holisso toba tali' holisso toba'	tŭl-le hoh-lĭss-oh toh-bah
similar, adj.	itihoba ittihooba	ĭt-e-hoh-bah
simile, n.	itapisa ittapisa	ĭt-ah-pe-sah
simmer, v.	walhali iskunosi walhaali iskanno'si	wah-lhah-le ĭss-kŭn-oh-se
simp, n.	huksi haksi	hŭk-se
simper, v.	illihuksichi ilihaksichi	ĭl-le-hŭk-se-che
simple, adj.	akullo iksho aakallo iksho	ah-kŭl-loh ĭk-shoh
simulate, v.	holba holba	hohl-bah
simultaneous, adj.	itilawichi ittilawwichi	ĭt-ĭl-ah-we-che
sin, n.	ushichi ashshachi	ŭsh-e-che
since, adv.	yummuk otoka yammakotoka	yŭm-ŭk ohn-toh-kahn
sincere, adj.	alhinchi alhlhínchi	ahn-lhen-che
sinew, n.	chushwa choshwa	chŭsh-wah
sing, v.	taloa taloowa	tah-loh-wah
singe, v.	anaksholi anakshooli	ah-nahk-shoh-le
single, adj.	chufa chaffa	chŭf-ah
sinister, adj.	aiokpanichi ayokpanichi	ah-ohk-pah-ne-che
sink, n. (basin)	alhchifa alhchifa'	ahlh-che-fah

ENGLISH	CHICKASAW	PRONUNCIATION
sink, v. (submerge)	okakunia okaakaniya	ohk-ah-kŭn-e-ah
sinuous, adj.	folotoa foloto'wa	foh-loh-toh-ah
sinus, n.	ebishano ibishshano	ee-bĭsh-ah-noh
sip, v.	lubbi labbi	lŭb-be
siphon, v.	ilafoyopa ilafoyopa	ĭl-ah-foh-yoh-pah
sir, n.	chaha cháaha	chahn-hahn
sire, n.	iki inki'	ehn-ke
sirloin, n.	waka nipi waaka' nipi'	wah-kah ne-pe
sirocco, n.	mali pulli mahli palli'	mah-le pŭl-le
sirup, n.	shokolokchi shookolokchi'	shohk-oh-lohk-che
sister, n. (to a brother)	itek intiik	ehn-teek
sister, n. (to a sister)	itibapishi ittibaapishi	ĭt-e-bah-pe-she
sit, v.	binili biniili	be-ne-le
site, n.	ahekia aahíkki'ya	ah-he-ke-ah
situation, n.	yupa fehna yappa finha	yŭp-ah feh-nah
six, adj.	hunali hánna'li	hŭn-ah-le
sixteen, adj.	awa hunali awa hánna'li	ah-wah hŭn-ah-le
six times, v.	italata hunali ittalaata hánna'li	ĭt-ah-lah-tah hŭn-ah-le
sixty, adj.	pokoli hunali pokoli hánna'li	poh-koh-le hŭn-ah-le
size, n.	ishto ulhpisa ishto alhpí'sa	ĭsh-toh ŭlh-pe-sah
sizzle, v.	bikachi bin-kachi	behn-kah-che
skate, v.	shalali shala'li	shah-lah-le

ENGLISH	CHICKASAW	PRONUNCIATION
skedaddle, v.	toshput maleli toshpat malili	tohnsh-pŭt mah-le-le
skein, n.	bokshikofa bokshikofa'	bohk-she-koh-fah
skeleton, n.	foni beika foni' bíyyi'ka	foh-ne be-e-kah
skeptic, v.	ik yimmo ikyimmo	ĭk yĭm-moh
sketch, v.	atoba chi holba aatoba' chiholba'	ah-toh-bah che hohl-bah
skew, adj.	ifolota ifolota	ehn-foh-loh-tah
skewer, n.	isht abani chofuk ishtabaani' chofaak	ĭsht ah-bah-ne choh-fŭk
skid, v.	shalutli shalatli	shah-lŭt-le
skiddoo, v.	kunutli kanatli	kŭn-ŭt-le
skiff, n.	peni iskuno piini' iskanno'	pe-ne iss-kŭn-oh
skill, n.	toksulli impona toksali imponna	tohk-sŭl-le ĭm-pohn-ah
skillet, n.	awalhachi aawaalhaachi'	ah-wah-lhah-che
skim, v.	moyoli moyoli	moh-yoh-le
skimp, v.	chafochi chaafoochi	chah-foh-che
skin, n. (a pelt)	hukshup hakshop	hŭk-sho͞op
skin, v. (peel)	lhofi lhofi	lhohn-fe
skin, v. (injure)	pishofi pishoffi	pĭsh-oh-fe
skip, v.	malet mulli mallit malli	mah-leet mŭl-le
skirmish, v.	itibi ittibi	ĭt-e-be
skirt, n.	ulhkona alhkona'	ŭlh-koh-nah
skittish, adj.	ik hapasho ikhapa'sho	ĭk hah-pahn-shoh
skulduggery, n.	huksichi haksichi	hŭk-se-che

| --- | --- | --- |
skulk, v.	lomut kunutli lohmat kanalli	loh-mŭt kŭn-ŭt-le
skull, n.	ishkobo foni ishkobo' foni'	ĭsh-koh-boh foh-ne
skunk, n.	koni koni'	koh-ne
sky, n.	shutik shotik	sho-tek
slab, n. (board)	iti busha itti' basha'	ĭt-e bŭsh-ah
slack, n.	yolhaha yolhaaha	yohlh-ah-hah
slag, v.	tulli bila tali' bila'	tŭl-le be-lah
slake, v.	fehopli fiyoopli	feh-ohp-le
slam, v.	isht aiisso ishtaaisso	ĭsht ah-ĭss-oh
slander, n.	alushkachi aloshkachi	ah-loosh-kah-che
slang, n.	anumpa leteha anompa litiha	ah-noom-pah le-te-hah
slant, v.	ikapiso ikapi'so	ĭk-ah-pe-soh
slap, v.	pusuklichi pássakli'chi	pŭs-ŭk-le-che
slash, v.	chulhuffi chalhaffi	chŭlh-ŭf-fe
slat, n.	okwutkachi ootwatkachi'	ohk-wŭt kah-che
slate, n.	tulli aholissochi tali' aaholissochi'	tŭl-le ah-hoh-lĭss-oh-che
slattern, n.	eho leteha ihoo litiha'	ee-hoh le-te-hah
slaughter, v.	ubi abi	ŭb-e
slave, n.	hatuk yuka hattak yoka'	hah-tŭk yook-ah
slaver, n. (slave trader)	hatuk yuka kunchi hattak yoka' kanchi'	hah-tŭk yook-ah kŭn-che
slaver, v.	chukiyali chokkiyahli	chook-e-yah-le
slaw, n.	tohi busha tohi' basha'	toh-he bŭsh-ah

|---------|-----------|---------------|
slay, v.	ubi abi	ŭb-e
sled, n.	iti shalali itti' shala'li'	ĭt-e shah-lah-le
sledge, n.	tulli isht botoli tali' ishtbotoli'	tŭl-le ĭsht boh-toh-le
sleek, adj. (fat)	lhiko lhinko	lhehn-koh
sleek, v. (make smooth)	hummi hammi	hŭm-me
sleep, v.	nusi nosi	noh-se
sleet, n.	bachalosha bachalosha	bah-chah-loh-shah
sleeve, n.	nofka shukba naafka' shakba'	nof-kah shŭk-bah
sleigh, n.	iti shalali itti' shala'li'	ĭt-e shah-lah-le
sleight, n.	toshpachi toshpachi	tohnsh-pah-che
slender, adj.	fabussa fabassa	fah-bŭss-ah
sleuth, n.	ulhtoka alhtoka'	ŭlh-toh-kah
slew, n. (great number)	lawa lawa	lah-wah
slew, v.	ubi tok abitok	ŭb-e tohk
slice, v.	toshafa toshafa	toh-shah-fah
slick, adj.	halussbi halasbi	hah-lŭss-be
slide, v.	shalali shala'li	shah-lah-le
slight, adj.	ik onoso iko'no'so	ĭk ohn-oh-soh
slim, adj.	fabussa fabassa	fah-bŭss-ah
slime, adj.	hawushko hawashko	hah-wŭsh-koh
sling, v.	fapichi faapichi	fah-pe-che
slink, v.	lomut kunutli lohmat kanalli	loh-mŭt kŭn-ŭt-le

| --- | --- | --- |
slip, v.	talhofa talhofa	tah-lhoh-fah
slit, v.	cholhachi cholhaachi	choh-lhah-che
slither, v.	balali bala'li	bah-lah-le
sliver, n.	iti shepafa itti' shipafa'	ĭt-e she-pah-fah
slob, n.	nan ik ithano nannikitha'no	nahn ĭk ĭt-hah-noh
slobber, v.	chukiyali chokkiyahli	chook-e-yah-le
slogan, n.	yupukushki yappaka'shki	yŭp-ŭk-ŭsh-ke
sloop, n.	peni iskuno piini' iskanno'	pe-ne ĭss-kŭn-oh
slop, n.	oka okpulo oka' okpolo'	ohk-ah ohk-pool-oh
slope, n.	okatunowa okaatanowa	ohk-ah-tŭn-ohn-wah
slosh, v.	pachechi pachichi	pah-che-che
slot, n.	choluk iskunosi cholok iskanno'si	choh-look ĭss-kŭn-oh-se
sloth, n.	*i*takobi intakho'bi	ehn-tah-koh-be
slouch, adj.	illi wayachi iliwayaachi	ĭl-le wah-yah-che
slough, n.	alhabeta aalhabita'	ah-lhah-be-tah
slough, v. (shed)	illi lh*o*fi ililh*o*fi	ĭl-le lhohn-fe
sloven, adj.	leteha litiha	le-te-hah
slow, adj.	yaputli yappatli	yah-pŭt-le
slug, n.	nuki naki'	nŭk-e
slumber, v.	nusi nosi	noh-se
slur, v.	okpun okpan	ohk-pŭn
slush, n.	lhabeta lhabita	lhah-be-tah

| --- | --- | --- |
slut, n. (female dog)	ofi tek ofi' tiik	oh-fe teek
slut, n. (loose woman)	hawii hawi	hah-wee
sly, adj.	illihopo ilihopoo	ĭl-le hoh-poh
small, adj.	iskunosi iskanno'si	ĭss-kŭn-oh-se
smart, adj.	nan impona nannimponna	nahn ĭm-pohn-ah
smash, v.	lotoli lotooli	loh-toh-le
smatter, v.	ik onacho ikoonáncho	ĭk ohn-ah-choh
smear, v.	isht leteli ishtlitihli	ĭsht le-te-le
smell, n. (odor)	kosoma kosoma	koh-soh-mah
smell, v. (detect odor)	hoshwunchi hoshwanchi	hohsh-wŭn-che
smelt, n.	nunni nani'	nŭn-ne
smile, v.	ayukpa ayokpa	ah-yo͞ok-pah
smite, v. (beat)	bohli bo'li	boh-le
smote, v. (past tense)	boka tuk bokáatok	boh-kahn tohk
smith, n.	tulli bohli tali' bo'li'	tŭl-le boh-le
smithereens, n.	boshotli boshotli	boh-shoht-le
smock, n.	nafoka naafokha'	nah-foh-kah
smog, n.	tobok lheleka tohboklhilika'	toh-bohk lhe-le-kah
smoke, n.	shoboli shobohli	shoh-boh-le
smoke, v.	pofa pofa	pohn-fah
smoulder, v.	shoboli ila shobohli ila	shoh-boh-le ehn-lah
smooth, adj.	itilawi ittilawwi	ĭt-ĭl-ah-we

| --- | --- | --- |
smother, v.	noklhamutli noklhamalli	nohk-lhah-mŭt-le
smudge, n.	leteli litihli	le-te-le
smug, adj.	ilahobi ilahobbi	ĭl-ah-hoh-be
smuggle, v.	lomit isht aiya lohmit ishtaya	loh-mĭt ĭsht ah-yah
smut, n.	tolhuk tolhank	toh-lhŭnk
snack, n.	impa impa	ĭm-pah
snag, n.	iti hukshish itti' hakshish	ĭt-e hŭk-shĭsh
snake, n.	sinti sinti'	sen-te
snap, n.	basapa basapa	bah-sah-pah
snare, v.	tukchi takchi	tŭk-che
snarl, v.	kcliya kiliya	ke-le-yah
snatch, v.	hulluklichi hállakli'chi	hŭl-lŭk-le-che
sneer, n.	ik ayukpachot pisa ikayokpa'chot pisa	ĭk ah-yo͞ok-pah-choht pe- sah
sneeze, v.	habishko habishko	hah-bĭsh-koh
snicker, v.	ayukpa ayokpa	ah-yo͞ok-pah
sniff, v.	hoshwunchi hoshwanchi	hohsh-wŭn-che
snip, v.	tupli tapli	tŭp-le
snitch, v. (steal)	hokopa honkopa	hohn-koh-pah
snitch, v. (inform)	o anoli onanoli	ohn ah-nohn-le
snivel, v.	yah yaa	yah
snob, n.	ilefenachi ilifinhachi	ĭl-e-fe-nah-che
snood, n.	yalhepeli yaalhipi'li'	yah-lhe-pe-le

ENGLISH	CHICKASAW	PRONUNCIATION
snoop, v.	ayapali ayaapahli	ah-yah-pah-le
snooty, adj.	ilahobi ilahobbi	ĭl-ah-hoh-be
snooze, v.	nusi nosi	noh-se
snore, v.	lhabaka lhabanka	lha-bahn-kah
snort, v.	shafa shafa	shahn-fah
snot, n.	ebilhkun ibilhkan	e-bĭlh-kŭn
snout, n.	ebichila ibichchala'	e-bĭch-e-lah
snow, n.	oktosha oktosha	ohk-toh-shah
snub, v.	atelifi aatiliffi	ah-te-le-fe
snuff, n. (powdered tobacco)	chomak bohta chomak bota'	choh-mŭk boh-tah
snuff, v. (extinguish)	moshochi moshoochi	moh-shoh-che
snug, adj.	lushpa lashpa	lŭsh-pah
so, adv.	hokma hookma	hohk-mah
soak, v.	yokolbi yokolbi	yoh-kohl-be
soar, v.	ubawa abaawaa	ŭb-ah-wah
sob, v.	yah yaa	yah
sober, adj.	kostinni kostini	kos-te-ne
sociable, adj.	it ikana ittinkána	ĭt ehn-kahn-nah
social, n.	itapiya ittapiya'	ĭt-ah-pe-yah
society, n.	itachufa ittachaffa	ĭt-ah-chŭf-ah
sock, n. (short stocking)	ebesowa ibissowa'	ee-be-sohn-wah
sock, v. (hit)	isso isso	ĭss-oh

ENGLISH	CHICKASAW	PRONUNCIATION
socket, n.	itafoka ittafo'kha	ĭt-ah-foh-kah
sod, n.	lokfi lokfi'	lohk-fe
soda, n.	isht shatuplichi ishtshataplichi'	ĭsht shah-tŭp-le-che
sodden, adj. (wet)	lhaeta lhayita	lhah-e-tah
sofa, n.	aiombinili aaombiniili'	ah-ohm-be-ne-le
soft, adj.	yabofa yabofa	yah-boh-fah
soggy, adj. (as wet, heavy soil)	lhabeta lhabita	lhah-be-tah
soil, n. (dirt)	lokfi lokfi'	lohk-fe
soil, v.	leteli litihli	le-te-le
sojourn, v.	aiya tok ayatok	ah-yah tohk
solace, n.	hopolhachi hapoolhachi	hoh-poh-lhah-che
solar, adj.	hushi akunali hashi' aakanalli'	hŭsh-e ah-kŭn-ah-le
solder, n.	isht hukmichi ishthakmichi'	ĭsht hŭk-me-che
soldier, n.	tushka chepota tashka chipota'	tŭsh-kah che-poh-tah
sole, n. (bottom of shoe)	sholush alata sholosh alaata'	shoh-loosh ah-lah-tah
sole, adj. (alone)	ilachufa ilachaffa	ĭl-ah-chŭf-ah
solemn, adj.	nuktala noktа́la	nook-tahn-lah
solicit, v.	im ahoyo imaahoyo	ĭm ah-hoh-yoh
solicitous, adj.	isht anukfilli ishtanokfilli	ĭsht ah-nook-fil-le
solid, adj.	kawuski kawaski	kah-wŭss-ke
soliloquy, n.	ilapit anumpoli ilaapit anompoli	ĭl-ah-pent ah-noom-poh-le
solitaire, n. (gem)	tulli holitopa tali' holiitopa'	tŭl-le hoh-le-toh-pah

ENGLISH	CHICKASAW	PRONUNCIATION
solitaire, n. (card game)	chulhka chalhka	chŭlh-kah
solitary, adj.	ilapila ilaapilla	ĭl-ah-pe-lah
solo, n.	ilapila ilaapilla	ĭl-ah-pe-lah
solve, v.	aioktunnichi aayoktanichi	ah-ohk-tŭn-ne-che
solvent, adj. (clarifying)	oktunnichi oktanichi	ohk-tŭn-ne-che
somber, adj. (dull)	oklhelichi oklhilichi	ohk-lhe-le-che
somber, adj. (sad)	nukhaklo nokhángklo	nook-hŭnk-loh
sombrero, n.	oshpani i yalhepa oshpaani' iyaalhipa'	ohsh-pah-ne ehn yah-lhe-pah
some, adj.	anoa anowa'	ah-nohn-ah
somersault, n.	mulet feletoa mallit filito'wa	mŭl-eet fe-le-toh-ah
something, n.	nunna nanna	nŭn-nah
somnolent, adj.	nosilha nosilhlha	noh-sĭlh-ah
son, n.	oshi oshi'	oh-she
song, n.	taloa taloowa	tah-loh-ah
soon, adv.	chekosi chiiko'si	chee-koh-se
soot, n.	tolhkun tolhkan	tohlh-kŭn
soothe, v.	hopohlhali hopoolhahli	hoh-poh-lhah-le
sop, v. (soak)	isht kashochi ishtkasho'chi	ĭsht kah-shoh-che
sop, n. (dip with bread)	puska okabichi paska okaabichi	pŭs-kah oh-kah-be-che
soppy, adj.	oka alota oka' aloota	ohk-ah ah-loh-tah
sorcery, n. (witchcraft)	ithensh isht okpuni ittish ishtokpani'	ĭt-heensh ĭsht ohk-pŭn-e
sordid, adj.	leteha litiha	le-te-hah

ENGLISH	CHICKASAW	PRONUNCIATION
sore, adj. (pain)	hotopa hottopa	hoh-toh-pah
sore, n. (infected spot)	lewali liwaali	le-wah-le
sorghum, n.	shokalokchi shookolokchi'	shoh-kah-lohk-che
sorrow, n.	nukhaklo nokhángklo	nook-hŭnk-loh
sorrowful, adj.	ilbusha ilbashsha	ĭl-bŭsh-ah
sorry, adj.	nukhaklo nokhángklo	nook-hŭnk-loh
sort, v.	itifalamochi ittifalamo'chi	ĭt-ehn-fah-lah-moh-che
sot, n.	hatuk okishko hattak okishko'	hah-tŭk oh-kĭsh-koh
soul, n.	shilombish shilombish	she-lohm-bĭsh
sound, n. (tone)	ola ola	oh-lah
sound, adj. (solid)	kawuski kawaski	kah-wŭss-ke
south, n.	okamahli okaamahli	oh-kah-mah-le

southeast, n.	okamahle hushi akucha
	  ittitukla
	okaamahli hashi'
	aakochcha' ittatakla'
		oh-kah-mah-le hŭsh-e
		  ah-kooch-ah ĭt-te-tŭk-lah

southwest, n.	okamahli hushi
	aiokutola ittitukla
	okaamahli hashi'
	aaokottola' ittatakla'
		ohk-ah-mah-le hŭsh-e ah-
		  oh-kŭt-oh-lah ĭt-te-tŭk-
		  lah

souvenir, n.	isht ai ithana ishtaayithána	ĭsht ah ĭt-hahn-nah
sovereign, adj.	míko minko'	mehn-koh
sow, n.	shukha tek shokha' tiik	shook-hah teek
sow, v. (strew)	hokchi hokchi	hohk-che
space, n.	ayosha ayyosha	ah-yohn-shah
spade, n.	lokfi isht peha lokfi' ishpiha'	lohk-fe ĭsht pe-hah

ENGLISH	CHICKASAW	PRONUNCIATION
spaghetti, n.	telekoh punaha tili'ko' panaaha'	te-le-koh pŭn-ah-hah
span, n.	isht ulhpisa ishtalhpí'sa	ĭsht ŭlh-pehn-sah
spank, v.	pusa passáa	pŭs-ahn
spare, v.	isht ulhtomba ishtalhtómba	ĭsht ŭlh-tohm-bah
spark, n.	chepusli chipasli	che-pŭs-le
sparkle, v.	chepusli chipasli	che-pŭs-le
sparrow, n.	foshi foshi'	foh-she
sparrowhawk	sheliklik shiliklik	she-lĭk-lĭk
sparse, adj.	tupuskichi tapaskichi	tŭp-ŭs-ke-che
spasm, n.	haiyuchichi hayoochichi	hah-yū-che-che
spat, n. (petty quarrel)	itachapa ittachaapa	ĭt-ah-chah-pah
spatter, v.	pacheli pachiili	pah-che-le
spawn, n.	nunni oshi nani' oshi'	nŭn-ne oh-she
spay, v.	hobuk ikbi hobak ikbi	hoh-bŭk ĭk-be
speak, v.	anumpoli anompoli	ah-noom-poh-le
spear, n.	isht bafa ishtbaafa	ĭsht bah-fah
special, adj.	oktunni chukma oktani chokma	ohk-tŭn-ne chook-mah
specie, n. (coin)	touso ta'osso'	tou-soh
specify, v.	atokoli atookoli	ah-tohk-koh-le
specimen, n.	isht ai ithana ishtaaithána	ĭsht ah ĭt-hahn-nah
specious, adj.	chukma ahoba chokma ahooba	chook-mah ah-hoh-bah
speck, n.	hosholuk hosholok	hoh-shohn-lok

ENGLISH	CHICKASAW	PRONUNCIATION
spectacle, n.	pisa ila pisa ila	pe-sah ehn-lah
specter, n.	sholop sholop	shoh-lohp
speech, n. (language)	anumpa anompa	ah-noom-pah
speech, v. (act of speaking)	anumpoli anompoli	ah-noom-poh-le
speed, v.	pulhki palhki	pŭlh-ke
spell, v. (to form words)	hochifo hochifo	hoh-che-foh
spell, n.	achumupli aachamapli	ah-chŭm-ŭp-le
spend, v.	ish chumpa ishchompa	ĭsh choom-pah
spend, v. (while away)	chukalaha chokkaalaha	chook-ah-lah-hah
sphere, n.	lhobokta lhobokta	lhoh-bohk-tah
spice, n.	na bclama naabilama'	nah be-lah-mah
spic and span, adj.	chofata chofata	choh-fah-tah
spider, n.	cholhkun cholhkan	cholh-kŭn
spiel, v.	yimmichi meha yimmichi miha	yĭm-me-che me-hah
spigot, n.	abecheli aabichili'	ah-be-che-le
spike, n.	isht analha ishto ishtanalha' ishto'	ĭsht ah-nahlh-ah ĭsh-toh
spill, v.	lhatupli lhatapli	lhah-tŭp-le
spin, v.	chokamolachi chokkaamolachi	choh-kah-moh-lah-che
spinach, n.	tohi tohi'	toh-he
spindle, n.	apukfoa apakfoha'	ah-pŭk-foh-ah
spine, n.	nulhchuba nalhchaba	nŭlh-chŭb-ah
spiral, adj.	pulayuwa palayoowa	pŭl-ah-yŭ-wah

|---------|-----------|---------------|
spire, n.	aboa isht oktunni aboowa ishtoktani'	ah-boh-ah ĭsht ohk-tŭn-ne
spirit, n. (vivacity)	aiyimeta ayiimita	ah-ye-me-tah
spirit, n. (soul)	shilombish shilombish	she-lohm-bĭsh
spiritual, n.	shilombish immi shilombish immi'	she-lohm-bĭsh ĭm-me
spit, v.	tofa tofa	toh-fah
spite, n.	chelita chilínta	che-lehn-tah
splash, v.	olhatapa olhatapa	ohn-lhah-tah-pah
spleen, n.	i tukasha intakashsha'	ehn-tŭk-ah-shah
splendid, adj.	chukma atumpa chokma aatámpa	chook-mah ah-tŭm-pah
splendor, n.	shokmalali shokmalali	shohk-mah-lah-le
splice, v.	itachaka ittachaka	ĭt-ah-chah-kah
splint, n.	iti shepali itti' shipahli'	ĭt-e she-pah-le
splinter, n.	iti shepafa itti' shipafa	ĭt-e she-pah-fah
split, v.	palhata palhata	pah-lhah-tah
splurge, n.	atumpa aatámpa	ah-tŭm-pah
splutter, v.	anumpoli ik onacho anompoli ikona'cho	ah-noom-poh-le ĭk ohn- ah-choh
spoil, v. (ruin)	okpulo okpolo	ohk-poh-loh
spoil, v. (overindulge)	aiokpanichi aayokpanichi	ah-ohk-pah-ne-che
spoke, n. (of wheel)	chuna iheyoli chanaa' ihiyohli'	chŭn-ahn ehn-he-yoh-le
spoke, v.	anumpoli tok anompolitok	ah-noom-poh-le tohk
sponge, n.	na shepa naashiipa'	nah she-pah
sponsor, n.	atonichi atoonichi'	ah-tohn-e-che

spontaneous, adj.	himonali himonali	hĭm-ohn-ahn-le
spook, n.	sholop sholop	shoh-lop
spool, n.	apukfoa apakfoha'	ah-pŭk-foh-ah
spoon, n.	folush folosh	foh-lo͞osh
spoon, horn	lupish folush lapish folosh	lŭp-ĭsh foh-lo͞osh
spoor, n.	silhi silhlhi	sĭlh-e
sporadic, adj.	ulhkunia alhkánni'ya	ŭlh-kŭn-e-ah
sport, n.	aiyemeta ayiimita	ah-ye-me-tah
spot, n.	chikchiki chikchiki	chek-chek-e
spouse, n.	itatowa ittató'wa'	ĭt-ah-toh-wah
spout, n.	abecha aabicha'	ah-be-chah
sprain, v.	pitomi pitommi	pĭt-oh-me
sprawl, v.	ilesatupli ilasatapli	ĭl-e-sah-tŭp-le
spray, v.	ompachechi ompachichi	ohm-pah-che-che
spread, v.	satupli satapli	sah-tŭp-le
sprig, n.	iti nuksish itti' naksish	ĭt-e nŭk-sĭsh
sprightly, adj.	toshpa toshpa	tohnsh-pah
spring, n. (vernal season)	yohbi yohbi	yoh-be
spring, n. (water)	kulli kali	kŭl-le
sprinkle, v. (rain)	shobechi shobbichi	shoh-be-che
sprinkle, v. (dampen)	ofayachi ofayya'chi	ohn-fah-yah-che
sprint, v.	maleli pulhki malili palhki	mah-le-le pŭlh-ke

ENGLISH	CHICKASAW	PRONUNCIATION
sprite, n.	iyuknasha iyaaknaasha'	ehn-yŭk-nah-shah
sprout, n.	ochololi onchololi	ohn-choh-loh-le
spruce, n.	iti okchamali itti' okchamali'	ĭt-e ohk-chah-mah-le
spry, adj.	ilokchina ilokchina	ĭl-ohk-che-nah
spud, n.	ahi ahi'	ah-he
spume, n.	pokpoki pokpoki	pohk-pohk-e
spun, v. (did spin)	puneli tok paniilitok	pŭn-e-le tohk
spun, v. (twirled)	chokamalachi chokkaamalachi	choh-kah-mah-lah-che
spunk, n.	cheleta chilita	che-le-tah
spur, n.	chofuk aiyulhfoha chofaak ayyalhfoha'	choh-fŭk ah-yŭlh-foh-hah
spurious, adj.	holba holba	hohl-bah
spurn, v.	ik ayukpacho ikayokpa'cho	ĭk ah-yook-pah-choh
spurt, v.	tuktoli taktoli	tŭk-toh-le
sputter, v.	lobohachi lobowachi	loh-boh-ah-che
sputum, n.	kalhafa kalhafa	kah-lhahn-fah
spy, n.	hopopoyo hoponpoyo	hoh-pohn-poh-yoh
squab, n.	puchi pachi'	pŭch-e
squabble, v.	itimokpolo ittimokpolo	ĭt-e mohk-poh-loh
squad, n.	itakashapa ittakashapa	ĭt-ah-kah-shah-pah
squall, n.	apanukfila apaanokfila	ah-pah-nook-fe-lah
squall, v.	bushi bashshi	buh-she
squander, v.	ilatoba iksho ilatoba iksho	ĭl-ah-toh-bah ĭk-shoh

ENGLISH	CHICKASAW	PRONUNCIATION
square, n.	itilawi ittilawwi	ĭt-ĭl-ah-we
squash, n.	olbi olbi'	ohl-be
squat, v.	pit takali pittakaali	pĭt tah-kah-le
squaw, n.	hatuk upi homa eho hattak api' homma' ihoo	hah-tŭk ŭp-e hohm-ah ee-hoh
squeak, v.	akawa akaawa	ah-kah-wah
squeal, v.	yah yaa	yah
squeamish, adj.	kamosha kamosha	kah-moh-shah
squeeze, v.	lhetofi lhitoffi	lhe-toh-fe
squint, v.	okalat pisa okkalat pisa	ohk-ah-laht pe-sah
squirrel, n.	funni fani'	fŭn-ne
squirrcl, ground, n.	chilisa chilisa	chĭl-ehn-sah
squirt, v.	pacheli pachiili	pah-che-le
stab, v.	bafa baafa	bah-fah
stable, n. (steady)	hatuk noktala hattak noktala	hah-tŭk nohk-tah-lah
stable, n. (shelter for horses)	sobichuka sobinchokka'	soh-behn-chook-ah
stack, n.	italutli ittalatli	ĭt-ah-lŭt-le
staff, n. (flagpole)	shupha atukali shapha' aatakaali'	shŭp-hah ah-tŭk-ah-le
staff, n. (body of people)	itibatoksulli ittibaatoksali'	ĭt-e-bah-tohk-sŭl-le
stag, n.	issi nukni issi' nakni'	ĭss-e nŭk-ne
stag, n. (man alone)	nukni ila nakni' illa	nŭk-ne ĭl-ah
stage, n. (platform)	iti patulhpo itti' patalhpo'	ĭt-e pah-tŭlh-poh
stagecoach, n.	chunutli pulhki chanalli palhki'	chŭn-ŭt-le pŭlh-ke

ENGLISH	CHICKASAW	PRONUNCIATION
stagger, v.	chokfolowa chokfolowa	chohk-foh-loh-wah
stagnate, adj.	oka shoha oka' shoha'	ohk-ah shoh-hah
stain, v.	lawi lawwi	lah-we
stair, n.	atoloya aatoloyya'	ah-toh-loh-yah
stake, n.	iti heka itti' hika'	ĭt-e he-kah
stale, adj.	sipokni taha sipokni taha	se-pohk-ni tah-hah
stalk, n.	upi api'	ŭp-e
stall, n.	soba aiimpa soba aaimpa'	soh-bah ah-ĭm-pah
stallion, n.	soba nukni soba nakni'	soh-bah nŭk-ne
stalwart, adj.	kelimpi kilimpi	ke-lĭm-pe
stamina, n.	ik tikabo iktikahbo	ĭk te-kah-boh
stammer, v.	anuktuklo anoktoklo	ah-nōok-tōok-loh
stamp, n. (device for stamping)	isht ichowa ishtincho'wa'	ĭsht ehn-choh-wah
stamp, v. (thrust down)	abetuplichi abiitaplichi	ah-be-tŭp-le-che
stamp, postage, n.	holisso isht aiya holisso ishtaya'	hoh-lĭss-o ĭsht ah-yah
stampede, v.	malhatut tilha malhatat tilhaa	mah-lhah-tŭt te-lhah
stanch, v.	oktupli oktapli	ohk-tŭp-le
stand, v.	hekia híkki'ya	he-ke-ah
staple, n. (fastener)	isht analha ishtanalha'	ĭsht ah-nah-lhah
star, n.	fochik fochik	foh-chĭk
starch, n.	isht chalachi ishtchalachi'	ĭsht chahn-lah-che
stare, v.	pisa pisa	pe-sah

ENGLISH	CHICKASAW	PRONUNCIATION
stark, adj.	ot tataiyapa ootaatayapa	oht tah-tah-yah-pah
starling, n.	foshi foshi'	foh-she
start, v.	isht aiya ishtaya	ah-yah
startle, v.	mulhutlichi malhallichi	mŭlh-ŭt-le-che
starve, v.	hopoba hopoba	hoh-poh-bah
stash, v. (put away)	lomi lohmi	loh-me
state, n.	aiyahunta yakni aayahanta yaakni'	ah-yah-hŭn-tah yahk-ne
state, v. (declare)	anoli anoli	ah-nohn-le
station, n. (stopping place)	ahika aahika'	ah-he-kah
stationary, adj. (not moving)	ik kunutlo ikkanallo	ĭk kŭn-ŭt-loh
stationery, n.	aholissochi aaholissochi'	ah-hoh-lĭss-oh-che
statue, n.	hatuk holba hattak holba'	hah-tŭk hohl-bah
stature, adj.	chaha chaaha	chah-hah
stave, n.	tibi kolofa toba tibi kolofa' toba'	te-be koh-loh-fah toh-bah
stay, v.	unta ánta	ŭn-tah
stead, n.	ulhtomba alhtómba	ŭlh-tohm-bah
steady, adj.	kullot hikia kallot híkki'ya	kŭl-loht he-ke-ah
steady, adj. (industrious)	cheletut toksuli chilitat toksali	che-le-tŭt tohk-sŭl-e
steak, n.	wak eyubi pasa waak iyyabi' pasa'	wahk ee-yū-be pah-sah
steal, v.	hokopa honkopa	hohnk-oh-pah
stealth, n.	lomut aiyapali lohmat ayaapahli	loh-mŭt ah-yah-pah-le
steam, n.	kofoli kofohli	koh-foh-le

ENGLISH	CHICKASAW	PRONUNCIATION
steed, n.	soba soba	soh-bah
steel, n.	tulli kawuski tali' kawaski'	tŭl-le kah-wŭss-ke
steep, adj.	sukti chaha sakti' chaaha	sŭk-te chah-hah
steeple, n.	aboa isht oktunni aboowa ishtoktani	ah-boh-ah ĭsht ohk-tŭn-ne
steer, n. (yearling)	wak hobuk waak hobak	wahk hoh-bŭk
steer, n. (guide)	isht folotochi ishtfoloto'chi	ĭsht foh-loh-toh-che
stein, n.	aiishko aaishko'	ah-ĭsh-koh
stem, n.	upi api'	ŭp-e
stench, n.	shoha shoha	shoh-hah
stentorian, adj.	ola kullochi ola kallochi	oh-lah kŭl-loh-che
step, v.	hika chufa hika chaffa	he-kah chŭf-ah
stepbrother, n. (to a boy)	itibapishi toba ittibaapishi' toba'	ĭt-e-bah-pe-she toh-bah
stepbrother, n. (to a girl)	inukfi toba inakfi' toba'	ehn-nŭk-fe toh-bah
stepdaughter, n.	oshetek toba oshiitiik toba'	oh-she-teek toh-bah
stepfather, n.	inki toba inki' toba'	ehn-ke toh-bah
stepmother, n.	ishki toba ishki' toba'	ĭsh-ke toh-bah
stepsister, n.	itek toba intiik toba'	ehn-teek toh-bah
stepson, n.	oshi toba oshi' toba'	oh-she toh-bah
sterile, adj.	oshiksho oshiksho	oh-shĭk-shoh
stern, adj.	ilekullochi ilikallochi	ĭl-e-kŭl-loh-che
stethoscope, n.	foyopa isht ithana foyopa ishtithana'	foh-yoh-pah ĭsht ĭt-hah-nah
stew, n.	walhachi walhaachi	wahlh-ah-che

ENGLISH	CHICKASAW	PRONUNCIATION
steward, n.	apisachi apiisachi	ah-pe-sah-che
stick, n.	iti tupa itti' tapa'	ĭt-e tŭp-ah
stickler, n.	ulhpisa beka alhpisa bíyyi'ka	ŭlh-pe-sah be-kah
sticky, adj.	chukissa chakkissa	chŭk-ĭss-ah
stiff, adj.	kullo kallo	kŭl-loh
stifle, v.	noklhetofa noklhitofa	nohk-lhe-toh-fah
stigma, n.	isht *i* chowa ishtincho'wa'	ĭsht ehn choh-wah
stile, n.	abanupli abaanabli	ah-bah-nŭp-le
stiletto, n.	bushpo bashpo	bŭsh-poh
still, adj. (motionless)	ik kunutlo ikkanallo	ĭk kŭn-ŭt-loh
still, adj. (silent)	chukilissa chokkilissa	chook-c-lĭss ah
still, n. (distillery)	oka homi aiikbi oka' homi' aaikbi'	ohk-ah hohm-e ah-ĭk-be
stilt, n.	iti isht nowa itti' ishtnowa'	ĭt-e ĭsht nohn-wah
stimulate, v.	ai yimmitlichi ayiimillichi	ah yĭm-mĭt-le-che
sting, v.	nulhi nalhlhi	nŭlh-e
stingy, adj.	nan *i* hullo nannihollo	nahn ehn hool-loh
stink, v.	shoha shoha	shoh-hah
stint, v.	im miholhochi imiholhochi	ĭm mehn-hohlh-oh-che
stipend, n.	ulhtoba alhtoba	ŭlh-toh-bah
stipulate, v.	itibachufa ittibaachaffa	ĭt-e-bah-chŭf-ah
stir, v.	tewachi tiwa'chi	te-wah-che
stirrup, n.	ahulhupli aahalha'bli'	ah-hŭlh-ŭp-le

ENGLISH	CHICKASAW	PRONUNCIATION
stitch, v.	ulhchowa alhcho'wa	ŭlh-choh-wah
stock, n. (domestic animals)	nan ulhpoba nannalhpooba'	nahn ŭlh-poh-bah
stocking, n.	ebesowa ibiisowa'	ee-be-sohn-wah
stogy, n.	chomak shunna chomak shanaa'	choh-mŭk shŭn-nah
stole, v.	hokopa tok honkopatok	hohn-koh-pah tohk
stole, n.	unchi a'chi'	ŭn-che
stomach, n.	itakoba ittakoba'	ĭt-ah-koh-bah
stone, n.	tulli tali'	tŭl-le
stool, n.	aiombinili aaombiniili'	ah-ohm-be-ne-le
stoop, n. (porch)	hoshotika hoshotika'	hoh-shoh te-kah
stoop, v. (bend)	waya wáyya	wah-yah
stop, v. (halt)	hika hika	he-kah
stop, v. (close)	atapachi atappachi	ah-tah-pah-che
stop, v. (quit)	aiissachi aaissachi	ah-ĭss-ah-che
store, n. (marketplace)	achumpa aachompa'	ah-choom-pah
store, v.	aiyashachi ayaashachi	ah-yah-shah-che
stork, n.	puskawo paskawo'	pŭs-kah-woh
storm, n.	mahli ishto mahli ishto'	mah-le ĭsh-toh
story, n.	isht unowa ishtannowa	ĭsht ŭn-oh-wah
stout, adj.	kelimpi kilimpi	ke-lĭm-pe
stove, n.	tulli aholhti tali' aaholhti'	tŭl-le ah-hohlh-te
stow, v.	abepoli abihpoli	ah-be-poh-le

straddle, v.	kafali kafahli	kah-fah-le
straggle, v.	folotowa foloto'wa	foh-loh-toh-wah
straight, adj.	apisa apissa	ah-pe-sah
strain, v. (filter)	bishlichi bishlichi	bĭsh-le-che
strain, v. (stretch)	ilafoha ilafoha	ĭl-ah-foh-hah
strait, n.	oka ayunutli oka' aayanalli'	ohk-ah ah-yŭn-ut-le
strand, n. (shore)	aiya iksho aya iksho	ah-yah ĭk-shoh
strange, adj.	ila ila	ehn-lah
strangle, v.	noklhetofi noklhitoffi	nohk-lhe-toh-fe
strap, n.	asita asiita	ah-se-tah
stratagem, n.	huksichi haksichi	hŭk-se-che
straw, n.	onush upi onoosh api'	oh-noosh ŭp-e
stray, v.	yoshoba yoshoba	yoh-shoh-bah
streak, n.	lhafa lhafa	lhahn-fah
stream, n.	fapili faapili	fah-pe-le
street, n.	hina putha hina' patha'	he-nah pŭt-hah
strength, n.	kilimpi kilimpi	ke-lĭm-pe
strengthen, v.	kilimpichi kilimpichi	ke-lĭm-pe-che
strenuous, adj. (zealous)	aiimeta ayiimita	ah-e-me-tah
stress, n.	ila chunachi ilachonna'chi	ĭl-ah choon-ah-che
stretch, v. (extend)	shepli shibli	sheep-le
stretch, v. (exert)	satapoli satapo'li	sah-tah-poh-le

strew, v.	femipli fimmibli	fe-mĭp-le
stricken, v.	o otola onottola	ohn oht-oh-lah
strict, adj.	alhichi alhínchi	ah-lhen-che
stride, v.	hika faleli hika faliili	he-kah fah-le-le
strife, n.	ik itemono ikittimo'no	ĭk ĭt-e-moh-noh
strike, v. (hit)	isso isso	ĭss-oh
strike, v. (as a match)	keleli kiliili	ke-le-le
strike, v. (cease from work)	toksulli aiissachi toksali aaissachi	tohk-sŭl-le ah-ĭss-ah-che
string, n.	nan puna nannpanaa	nahn pŭn-ahn
strip, v.	lholi lhohli	lhoh-le
stripe, n.	basowa basoowa	bah-soh-wah
strive, v.	ila chunachi ilachonna'chi	il-ah choon-ah-che
stroke, v. (rub)	pasholi pashohli	pah-shoh-le
stroll, v.	ile nowachi ilinowachi	ĭl-e nohn-wah-che
strong, adj. (having physical strength)	kilimpi kilimpi	ke-lĭm-pe
strong, adj. (solid)	kullo kallo	kŭl-loh
strop, n.	isht halopachi asita ishthaloppachi' asiita'	ĭsht hah-lohp-ah-che ah-se-tah
structure, n. (framework)	huknip haknip	hŭk-nĭp
struggle, v.	ilafoha ilafoha	ĭl-ah-foh-hah
strum, v.	kumachi kamaachi	kŭm-ah-che
strumpet, n.	hawi hawi	hah-we
strut, v.	tema tiima	te-mah

ENGLISH	CHICKASAW	PRONUNCIATION
stub, n.	ataha aataha	ah-tah-hah
stubborn, adj.	ilekullochi ilikallochi	il-e-kŭl-loh-che
stud, n. (stallion)	soba nukni soba nakni'	soh-bah nŭk-ne
stud, n. (upright support)	iti isht ulbasa itti' ishtalbasa'	ĭt-e ĭsht ŭl-bah-sah
study, v. (applying the mind)	holisso pisa holisso pisa	hoh-lĭss-oh pe-sah
study, v. (meditate)	anukfilli anokfilli	ah-nook-fĭl-le
stuff, v. (cram)	alotoli alootoli	ah-loh-toh-le
stuff, v. (eat greedily)	amosholi amosholi	ah-mohn-shoh-le
stultify, v.	chokfolochi chokfoloochi	chohk-foh-loh-che
stumble, v.	itolummi ittolammi	ĭt-oh-lŭm-me
stump, n.	tebe kolofa tibi kolofa	te-be koh-loh-fah
stun, v.	huksichi haksichi	hŭk-se-che
stupefy, v.	huksichi haksichi	hŭk-se-che
stupendous, adj.	ishto ishto	ĭsh-toh
stupid, adj.	im anukfilla ikono imaanokfila iko'no	ĭm ah-nook-fĭl-lah ĭk-ohn-noh
sturdy, adj.	kilimpi kilimpi	ke-lĭm-pe
stutter, v.	anuktuklo anoktoklo	ah-nook-took-loh
sty, n. (hogpen)	shukha i holita shokha' iholitta'	shook-hah ehn hoh-le-tah
sty, n. (inflammation of eyelid)	aiyikbichi aayikbichi'	ah-yĭk-be-che
style, n	ile yummishchi iliyammishchi	ĭl-e yŭm-mĭsh-che
suave, adj.	ila pisa impona ilapisa imponna	ĭl-ah pe-sah ĭm-pohn-ah
subdue, v.	imaiyachi imáyyachi	ĭm-ah-yah-che

ENGLISH	CHICKASAW	PRONUNCIATION
subject, n.	anumpa ishkobo anompa ishkobo'	ah-noom-pah ĭsh-koh-boh
subjoin, v.	achakali achaakali	ah-chah-kah-le
subjugate, v.	yuka yoka	yook-ah
sublimate, v.	chahachi chaahachi	chah-hah-che
sublime, adj.	holitopa holiitopa	hoh-le-toh-pah
submerge, v.	okakunia okaakaniya	ohk-ah-kŭn-e-ah
submit, v.	il imissa ilimissa	ĭl ĭm-ĭss-ah
suborn, v.	lushkachichi loshkachichi	loosh-kah-che-che
subpoena, n.	na noli holisso naanoli holisso	nahn nohn-le hoh-lĭss-oh
subscribe, v.	ulhpisa ahni alhpisa ahni	ŭlh-pe-sah ah-ne
subsequent, adj.	himonukma himónnakma	hĭm-ohn-nŭk-mahn
subserve, v.	apelachi apilachi	ah-pe-lah-che
subservient, adj.	i notaka inotaka'	ehn noh-tah-kah
subside, adj.	uka aiya akka' aya	ŭk-ah ah-yah
subsidy, n.	iskunosi apela iskanno'si apila	ĭss-kŭn-oh-se ah-pe-lah
subsist, v.	imatali imatahli	ĭm ah-tah-le
substance, n.	upi fehna api' finha	ŭp-e feh-nah
substantial, v.	alhi fehna álhlhi finha	ahnlh-e feh-nah
substantiate, v.	aiyalhichi ayalhlhínchi	ah-yahn-lhen-che
substitute, n.	isht atobichi ishtatobbichi'	ĭsht ah-toh-be-che
subterranean, adj.	yakni nota yaakni' nota'	yahk-ne noh-tah
subtile, adj.	kostinni kostini	kos-te-ne

subde, adj.	kostinni kostini	kos-te-ne
subtract, v.	aishi aaishi	ah-e-she
suburb, n.	takcha takcha'	tahk-chah
subvert, v.	okpuni okpani	ohk-pŭn-e
succeed, v. (accomplish)	atali atahli	ah-tah-le
succeed, v. (follow)	awulichi áwwali'chi	ah-wŭl-le-che
success, n.	atali atahli	ah-tah-le
successful, adj.	atali atahli	ah-tah-le
succinct, adj.	telofasi tiilo'fa'si	te-lohn-fah-se
succor, v.	apelachi apilánchi	ah-pe-lahn-che
succotash, n.	bula, tunchi itaholhponi bala, tanchi' ittaholhponi'	bŭl-ah, tŭn-che ĭt-ah- holh-poh-ne
succulent, adj.	okchi lawa okchi' lawa	ohk-che lah-wah
succumb, v. (die)	illi illi	ĭl-le
such, adj.	chomi chohmi	choh-me
suck, v.	pishi pishi	pe-she
suckle, v.	oshpishichi oshpishichi	ohsh-pe-she-che
sudden, adj.	toshpa toshpa	tohnsh-pah
suds, n.	pokpoki pokpoki	pohk-pohk-e
sue, v.	nan ulhpisa foki nannalhpisa fokhi	nahn ŭlh-pe-sah foh-ke
suet, n.	wak niha waak niha'	wahk ne-hah
suffer, v.	nukhummichi nokhámmi'chi	nook-hŭm-me-che
suffice, v.	ulhpisa alhpí'sa	ŭlh-pe-sah

ENGLISH	CHICKASAW	PRONUNCIATION
sufficiency, n.	ulhpisa / alhpí'sa	ŭlh-pe-sah
sufficient, adj.	ulhpisa / alhpí'sa	ŭlh-pe-sah
suffocate, v.	noklhamutli / noklhamatli	nok-lhah-mŭt-le
suffrage, n.	ulhpisa im ahni / alhpisa imahni	ŭlh-pe-sah ĭm-ah-ne
sugar, n.	shokola / shookola'	shoh-koh-lah
suggest, v.	ashli / aashli	ahsh-le
suicide, n.	illebi / ilibi	ĭl-le-be
suit, n. (clothing)	nafoka itifoka / naafokha' ittafokha'	nah-foh-kah ĭt-ah-foh-kah
suit, n. (action at law)	nan ulhpisa isht yuka / nannalhpisa' ishtyoka	nahn ŭlh-pe-sah ĭsht yū-kah
suite, n.	mah itachufa / maa ittachaffa	mah ĭt-ah-chŭf-ah
sulfa, n.	ithensh / ittish	ĭt-heensh
sulk, v.	malha / malhaa	mah-lhah
sullen, adj.	malha / malhaa	mah-lhah
sulphur, n.	hotuk lakna / hottok lakna'	hoh-took lŭk-nah
sultry, adj.	pulli atumpa / palli aatámpa	pŭl-le ah-tŭm-pah
sum, n.	moma / móma	mohn-mah
sumac, n.	bashunchik / bashanchik	bah-shŭn-chĭk
summer, n.	tohmi pulli / toomi palli	toh-me pŭl-le
summit, n.	ebetup / ibiitop	ee-be-toop
summon, v.	iwa / iwaa	ehn-wah
sumptuous, adj.	holitopa / holiitopa	hoh-le-toh-pah
sun, n.	hushi / hashi'	hŭsh-e

ENGLISH	CHICKASAW	PRONUNCIATION
sundae, n.	pishokchi hukmi pishokchi' hakmi'	pǐsh-ohk-che hŭk-me
Sunday, n.	Nitak Hullo Nittak Hollo'	Ne-tŭk Hoo̅l-loh
sunder, v.	kenufi kinaffi	ke-nŭf-e
sundry, adj.	itimelaiyuka ittimilayyoka	ĭt-e-me-lah-yū-kah
sunflower, n.	hushi im pakali hashi' impakali'	hŭsh-e ĭm pah-kahn-le
sunken, adj.	okakunia okaakaniya	oh-kah-kŭn-e-ah
sup, v.	lubbi labbi	lŭb-be
super-, prefix (beyond,above)	immaiya ímmayya	ĭm-mah-yah
superb, adj.	chukma im maiya chokma ímmayya	choo̅k-mah ĭm mah-yah
supercilious, adj.	ilapola ilapóla	ĭl-ah pohn-lah
superficial, adj.	holba holba	hohl bah
superintend, n.	apisachi apiisachi	ah-pe-sah-che
superior, adj.	chaha im maiya chaaha ímmayya	chah-hah ĭm mah-yah
superlative, adj.	moma im maiya móma ímmayya	mohn-mah ĭm mah-yah
supernal, adj.	chaha holitopa chaaha holiitopa	chah-hah hoh-le-toh-pah
superstition, n.	ilimehopo ilimihopoo	il-e-mehn-hoh-poh
supervise, v.	im mabachi imaabachi	ĭm mah-bah-che
supine, adj.	ilitulhofichi ilitalhoffichi	ĭl-e-tŭlh-oh-fe-che
supper, n.	okbiaka impa okbyaka' impa'	ohk-be-ah-kah ĭm-pah
supplant, v.	ulhtomba alhtómba	ŭlh-tohm-bah
supple, adj.	lebosha libosha	le-boh-shah
supplement, n.	ibafoka ibaafokha	e-bah-foh-kah

ENGLISH	CHICKASAW	PRONUNCIATION
suppliant, adj.	ukalosit asilha akkálo'sit asilhlha	ŭk-ahn-loh-sĭt ah-sĭlh-ah
supplicate, v.	ukalosit asilha akkálo'sit asilhlha	ŭk-ahn-loh-sĭt ah-sĭlh-ah
supply, v.	im atali imatahli	ĭm-ah-tah-le
support, v.	apelachi apilachi	ah-pe-lah-che
suppose, v.	pulla polla	pool-lah
suppress, v.	ilihalali ilihalálli	ĭl-e-hah-lahn-le
supreme, adj.	chaha mo imaiya chaaha momímmayya	chah-hah mohn ĭm-ah-yah
sure, adj.	alhi álhlhi	ahnlh-e
surety, n.	atoni atooni	ah-toh-ne
surf, n.	oka pokpoki oka' pokpoki'	ohk-ah pohk-pohk-e
surface, n.	puknaka paknaka'	pŭk-nah-kah
surge, n.	oka banata oka' banata'	ohk-ah bah-nah-tah
surgery, v.	bushli bashli	bŭsh-le
surly, adj.	hasha hashaa	hah-shah
surmise, n.	im ahoba imahooba	ĭm ah-hoh-bah
surmount, v.	ubanupli abaanabli	ŭb-ah-nŭp-le
surname, n.	holhchifo fehna holhchifo finha	hohlh-che-foh feh-na
surpass, v.	ot imaiya ootímmayya	oht ĭm-ah-yah
surplus, v.	ulhtumpa alhtámpa	ŭlh-tŭm-pah
surprise, n.	mulhulichi malhallichi	mŭlh-ŭl-e-che
surrender, n.	iliyukachi iliyokachi	il-e-yŭ-kah-che
surrey, n.	chuna-oshi chanaa' oshi'	chŭn-ah-oh-she

ENGLISH	CHICKASAW	PRONUNCIATION
surround, v.	afolopli afoolobli	ah-foh-lohp-le
surveillance, n.	apisachi apiisachi	ah-pe-sah-che
survey, v. (view)	pisa pisa	pe-sah
survey, v. (measure exactly)	apisa apiisa	ah-pe-sah
survive, v.	lhakofa lhakofa	lhah-koh-fah
suspect, v.	hopo hopoo	hoh-poh
suspend, v.	takachi takaachi	tah-kah-che
sustain, v.	halali haláli	hah-lahn-le
swab, v.	isht achefa ishtachifa	ĭsht ah-che-fah
swaddle, v.	unchechechi anchichichi	ŭn-che-che-che
swag, adj.	okafobi okaafobi	oh-kah-foh-be
swagger, v.	ilahobi ilahobbi	ĭl-ah-hoh-be
swain, n.	hatuk himita hattak himitta'	hah-tŭk hĭm-ĭt-ah
swallow, n. (bird)	chetolhuk chitolhak	che-tohlh-uk
swallow, v. (take in)	nunupli nannabli	nŭn-ŭp-le
swamp, n.	okpachulhi okpachalhlhi'	ohk-pah-chŭlh-e
swarm, v.	fohi ishki weha fohi' ishki' wiha	fo-he ĭsh-ke we-hah
swan, n.	shalukluk shalaklak	shah-lŭk-luk
swap, v.	itatoba ittatoba	ĭt-ah-toh-bah
sward, n.	hushok beika hashshok bíyyi'ka	hŭsh-ohk be-ĭk-ah
swarthy, adj.	tokbakali tokbakali	tohk-bah-kah-le
swash, v.	pachechi pachichi	pah-che-che

ENGLISH	CHICKASAW	PRONUNCIATION
swath, n.	abasha tok aabashatok	ah-bah-shah tohk
swathe, v.	tukchi takchi	tŭk-che
sway, v.	afalamowa afalamo'wa	ah-fah-lah-moh-wah
swear, v.	anumpa kullo ilomboli anompa kallo' ilombohli	ah-nōom-pah kŭl-loh ĭl- ohm-boh-le
sweat, n.	hoyano hoyahno	hoh-yah-noh
sweater, n.	nafoka ishto naafokhishto'	nah-foh-kah ĭsh-toh
sweep, v.	peli pihli	pee-le
sweet, adj.	chumpoli champoli	chŭm-poh-le
swell, adj.	shatali shatahli	shah-tah-le
swelter, adj.	bĭkachi bin-kachi	bĭnk-ah-che
swerve, v.	folota folota	foh-loh-tah
swift, adj.	toshpa toshpa	tohnsh-pah
swig, v.	ishko ishko	ĭsh-koh
swill, n.	ishko ishko	ĭsh-koh
swim, v.	yupi yopi	yū-pe
swindle, v.	huksichi haksichi	hŭk-se-che
swine, n.	shukha shokha'	shōok-hah
swing, n. (seat suspended by ropes)	afapa aafa'pa'	ah-fah-pah
swing, v. (sway)	fapa faapa	fah-pah
swipe, v. (steal)	hokopa honkopa	hohn-koh-pah
swipe, v. (give a sweeping blow)	isht itilisso ishtittilisso	ĭsht ĭt-e-lĭss-oh

ENGLISH	CHICKASAW	PRONUNCIATION
swirl, v. (eddy)	chokamola chokkaamola	choh-kah-moh-lah
swirl, n. (curl)	yelekachi yili'kachi	ye-le-kah-che
swish, v.	lhopochi lhopochi	lhoh-poh-che
switch, n. (a whip)	isht fumma ishtfama'	ĭsht fŭm-mah
switch, n. (false hair)	pashi holba pashi' holba'	pahn-she hohl-bah
swivel, n.	feletowa filito'wa	fe-le-toh-wah
swoon, v.	im-ilhkoli imilhkooli	ĭm-ĭlh-koh-le
sword, n.	bushpo fala bashpo falaa'	bŭsh-poh fah-lah
sycamore, n.	sini sini	se-ne
sycophant, n.	anumpa chukoshpali anompa chokoshpali'	ah-noom-pah chook-osh- pah-le
syllable, n.	itakatulhi ittakatalhlhi'	ĭt-ah-kah-tŭlh-e
sylph, n.	eho fabussa ihoo fabassa'	ee-hoh fah-bŭss-ah
sylvan, adj. (pertaining to woods)	itinoka ittanonka'	ĭt-e-nohn-kah
symbol, n.	isht ulhpisa ishtalhpisa	ĭsht ŭlh-pe-sah
sympathy, n.	nukhaklo nokhángklo	nook-hŭnk-loh
symptom, n.	isht ulhpisa ishtalhpisa	ĭsht ŭlh-pe-sah
synagogue, n.	aitanaha aaittanaha'	ah-ĭt-ah-nah-hah
syndicate, n.	itibachufa ittibaachaffa	ĭt-e-bah-chŭf-ah
synod, n.	iksa itibachufa iksa' ittibaachaffa'	ĭk-sah ĭt-e-bah-chŭf-ah
synonym, n.	itihoba ahoba ittihooba ahooba	ĭt-e-hoh-bah ah-hoh-bah
syphilis, n.	sipoknubi sipoknabi'	se-pohk-nŭb-e
syringe, n.	ithensh isht abeli ittish ishtabihli'	ĭt-heensh ĭsht ah-be-le

| syrup, n. | shokolokchi
shookolokchi' | shoh-koh-lohk-che |
| system, n. | ayummichi
aayammichi' | ah-yŭm-me-che |

tabby, n.	koi tek kowi' tiik	koh-e teek
table, n.	aiimpa aaimpa'	ah-ĭm-pah
tablet, n.	aiholissochi aaholissochi'	ah-hoh-lĭss-oh-che
tablet, n. (pill)	ithensh lhoboa ittish lhobowa'	ĭt-heensh lhoh-boh-ah
taboo, adj.	oktupa oktapa	ohk-tŭp-ah
tabor, n.	isht talhepa ishtalhipa'	ĭsht tah-lhe-pah
tacit, adj.	isht im ithana ishtimithána	ĭsht ĭm ĭt-hahn-nah
tack, n.	isht analha oshi ishtanalha' oshi'	ĭsht ah-nah-lhah oh-she
tackle, n.	weki isht uba weli wiiki ishtabaawiili'	we-ke ĭsht ŭb-ah we-le
tacky, adj. (sticky)	chukissa chakkissa	chŭk-ĭss-ah
tacky, adj. (dowdy)	pisa ila pisa ila	pe-sah ehn-lah
tact, n.	ithanut i yimmi ithánat iyimmi	ĭt-hahn-nŭt ehn yĭm-me
tactics, n.	isht afolopachi ishtafolopachi	ĭsht ah-foh-loh-pah-che
tadpole, n.	hatalobo hata'lobo'	hah-tahn-loh-boh
taffeta, n.	na-lopushki naaloposhki'	nah-loh-poosh-ke
tail, n.	hasimbish hasimbish	hah-sim-bĭsh

| --- | --- | --- |
tailor, n.	nafoka ikbi naafokha' ikbi'	nah-foh-kah ĭk-be
taint, n.	hawushko hawashko	hah-wŭsh-koh
take, v.	eshi ishi	ee-she
tale, n.	shokonompa shokkonompa'	shoh-kohn-ohm-pah
talent, n.	im-oktunni imoktani	ĭm-ohk-tŭn-ne
tales, n. (summons)	im-unowut itafama imannowat ittafama	ĭm-ŭn-oh-wŭt ĭt-ah-fah-mah
talisman, n.	isht uh weshopa ishtaawishopa'	ĭsht ŭh we-shoh-pah
talk, v.	anumpoli anompoli	ah-noom-poh-le
tall, adj.	chaha chaaha	chah-hah
tallow, n.	waka niha waaka' niha'	wah-kah ne-hah
tally, n.	holhtina holhtina	hohlh-te-nah
tallyho, interj.	owuta paha owwata paaha	oh-wŭt-ah pahn-hah
talon, n.	eyukchush iyyakchosh	ee-yŭk-choosh
tamale, n.	oshpani i banaha oshpaani' imbanaha'	ohsh-pah-ne ehn bah-nah-hah
tambourine, n.	isht talhepa ishtalhipa'	ĭsht tah-lhe-pah
tame, adj.	hapashi hapashshi	hah-pahn-she
tamp, v.	akullochi aakallochi	ah-kŭl-loh-che
tamper, v.	atuklummi ataklammi	ah-tŭk-lŭm-me
tampon, n.	isht oktupli ishtoktabli	ĭsht ohk-tŭp-le
tan, adj. (color)	losaiyi losayyi	loh-sah-ye
tan, v. (convert to leather)	tulhkochi talhkochi	tŭlh-koh-che
tan, v. (sunburn)	hushi loachi hashi' lowachi	hŭsh-e loh-ah-che

ENGLISH	CHICKASAW	PRONUNCIATION
tanager, n.	foshi taloa foshi' taloowa'	foh-she tah-loh-ah
tandem, adv.	awulichi áwwali'chi	ah-wŭl-e-che
tangerine, n.	takolo takolo	tah-kohn-loh
tangle, n.	itashekonopa ittashikoono'pa'	ĭt-ah-she-kohn-oh-pah
tango, n.	hilha hilha'	hĭlh-ah
tank, n.	oka ayuka oka' aayoka'	ohk-ah ah-yū-kah
tankard, n.	oka isht ishko ishto oka' ishtishko' ishto'	ohk-ah ĭsht ĭsh-koh ĭsh-toh
tantalize, v	atuklummichi ataklammichi	ah-tŭk-lŭm-me-che
tantamount, adj.	itilawi ittilawwi	ĭt-ĭl-ah-we
tap, n. (faucet)	oka abecheli oka' aabichili'	ohk-ah ah-be-che-le
tap, n. (bolt)	kullochi isht ashunichi kallochi ishtashannichi'	kŭl-loh-che ĭsht ah-shŭn-e-che
tap, v. (pat)	chukmalosit bohli chokmalo'sit bohli	chook-mah-loh-sĭt boh-le
tape, n. (measure)	isht ulhpisa ishtalhpisa'	ĭsht ŭlh-pe-sah
tape, n.	isht apukfoha ishtapakfoha'	ĭsht ah-pŭk-foh-hah
taper, adj.	bukshakali bakshakali	bŭk-shah-kahn-le
tapioca, n.	impa chala impa' chaala'	ĭm-pah chahn-lah
tar, n.	tiyuk bila sutko tiyak bila' sotko'	te-yŭk be-lah soot-koh
tarantula, n.	chuklhun ishto choklhan ishto'	chook-lhŭn ish-toh
tardy, adj.	obul takali obol-takaali	oh-bŭl tah-kah-le
tare, n.	ulba alba	ŭl-bah
target, n.	ulhpisa ahosa alhpisa aahosa'	ŭlh-pe-sah ah-hohn-sah
tarnish, v.	masat taha masat taha	mah-saht tah-hah

ENGLISH	CHICKASAW	PRONUNCIATION
tarpaulin, n.	ulhtipo alhtipo	ŭlh-te-poh
tarry, v.	aiyuta aayatta	ah-yŭt-ah
tart, adj.	wasacha wasaacha	wah-sah-chah
tartan, n.	nafoka toba kama naafokha toba' kamaa	nah-foh-kah toh-bah kah-mah
tarter, n.	ithensh bota ittish bota'	ĭt-heensh boh-tah
task, n.	toksuli ulhpisa toksali' alhpisa	tohk-sŭl-e ŭlh-pe-sah
tassel, n.	isht weshepa ishtwishipa'	isht we-she-pah
taste, v.	uput pisa; lubbi apat pisa; labbi	ŭp-ŭt pe-sah; lŭb-be
tatter, n.	lhelali lhilahli	lhe-lah-le
tatting, n.	tuna tanna	tŭn-ah
tatde, v.	chukoshpa chokoshpa	chook-ohsh-pah
tattoo, n.	ichowa incho'wa	ehn-choh-wah
taunt, v.	malhachi malhaachi	mah-lhah-che
taut, adj.	satupli satapli	sah-tŭp-le
tavern, n. (inn)	afoha aboa aafoha' aboowa	ah-foh-hah ah-boh-ah
tavern, n. (place where liquor is sold)	oka homi akunchi oka' homi' aakanchi'	ohk-ah hoh-me ah-kŭn-che
tawdry, adj.	ilatupoli atumpa ilatahpoli aatámpa	il-ah-tŭp-oh-le ah-tŭm-pah
tawny, adj. (tan)	losaiyi losayyi	loh-sah-ye
tax, n.	ishkobo atobi ishkobo' atobbi	ĭsh-koh-boh ah-toh-be
teach, v.	imabachi imaabachi	ĭm-ah-bah-che
teacher, n.	holisso pisachi holisso pisachi	hoh-lĭss-oh pe-sah-che
teal, n.	fochush imilha fochosh imilhlha'	foh-choosh ĭm-ĭlh-ah

ENGLISH	CHICKASAW	PRONUNCIATION
team, n.	itapotowa ittapoto'wa'	ĭt-ah-poh-toh-wah
tear, n. (liquid from eye)	ishkin okchi ishkin okchi'	ĭsh-kĭn ohk-che
tear, v. (pull apart)	lheluffi lhilaffi	lhe-lŭf-fe
tease, v.	apistekeli apistikili	ah-pes-te-ke-le
teat, n.	epishik ipishik	e-pehn-shik
tedious, adj.	ulhchiba alhchiba	ŭlh-che-bah
teem, v.	lawa lawa	lah-wah
teeny, adj.	iskunosi iskanno'si	ĭss-kŭn-oh-se
teepee, n.	oklushi imulhtipo okloshi' imalhtipo'	ohk-loosh-e ĭm-ŭlh-te-poh
teeter, v.	itimbayochi ittimbaayo'chi	ĭt-ĭm-bah-yoh-che
teethe, v.	noti otfo noti' ootfo'	noh-te oht-foh
telephone, n.	tulli anumpoli tali' anompoli'	tŭl-le ah-noom-poh-le
telescope, n.	hopaki isht pisa hopaaki ishtpisa'	hoh-pah-ke ĭsht pe-sah
tell, v.	anoli anoli	ah-nohn-le
temblor, n.	yakni wenakachi yaakni' wina'kachi'	yahk-ne we-nah-kah-che
temerity, n.	ik nokwaiyo iknokwayyo	ĭk nohk-wah-yoh
temper, n.	anukfila toshpa anokfila toshpa	ah-nook-fe-lah tohnsh-pah
temperance, n.	iloktumpli iloktampli	ĭl-ohk-tŭmp-le
temperature, n.	kocha isht ulhpisa kochcha ishtalhpisa'	koh-chah ĭsht ŭlh-pe-sah
tempest, n.	mahli ishto mahli ishto'	mah-le ĭsh-toh
temple, n.	aiitana aboa aaittanaa' aboowa	ah-ĭt-ah-nah ah-boh-ah
temporal, adj.	yakni puknachika yaakni' paknachika'	yahk-ne pŭk-nah-che-kah

ENGLISH	CHICKASAW	PRONUNCIATION
temporary, adj.	himonasi tukla himonna'si tankla'	hǐm-ohn-ah-se tǔnk-lah
tempt, v.	ebetublichi ibiitablichi	ee-be-tǔb-le-che
temptation, n.	aiyushachika ayashshachika'	ah-yǔsh-ah-che-kah
ten, adj.	pokoli pókko'li	pohk-koh-le
tenacious, adj.	cheleta chilita	che-le-tah
tenant, n.	pota ponta	pohn-tah
tend, v.	apisachi apiisachi	ah-pe-sah-che
tender, adj.	wulokshi walokshi	wǔl-ohk-she
tendon, n.	chushwa choshwa	chǔsh-wah
tendril, n.	isht atakali ishtatakaali'	ǐsht ah-tah-kah-le
tenement, n.	chuka chokka'	chook-ah
tenet, n.	cheleta chilita	che-le-tah
tennis, n.	towa itibohli to'wa' ittibo'li'	toh-wah ǐt-e-boh-le
tenor, n. (general intent)	meha miha	me-hah
tenor, n. (high tone)	nukni taloa chaha nakni' taloowa chaaha	nǔk-ne tah-loh-ah chah-hah
tense, adj.	ilikullochi ilikallochi	ǐl-e-kǔl-loh-che
tension, n.	ilikullochi ilikallochi	ǐl-e-kǔl-loh-che
tent, n.	ulhtipo alhtipo	ǔlh-te-poh
tentacle, n.	tashukchi tashankchi'	tah-shǔnk-che
tentative, adj.	ulhtaha keyu alhtaha ki'yo	ǔlh-tah-hah ke-yoh
tenure, n.	nan ulhpisa isht halali nannalhpisa ishthaláli	nahn ǔlh-pe-sah ǐsht hah-lahn-le
tepid, adj.	lushpa lashpa	lǔsh-pah

ENGLISH	CHICKASAW	PRONUNCIATION
term, n.	itimithana ittimithána	ĭt-ĭm-ĭt-hahn-nah
termagant, n. (quarrelsome woman)	eho issikopa ihoo issikopa'	ee-hoh ĭss-e-koh-pah
terminal, adj.	ahika aahika'	ah-he-kah
termite, n.	issosh shopichi issọsh shopichi'	ĭss-ohnsh shoh-pe-che
terrain, n.	yakni patali yaakni' patahli	yahk-ne pah-tah-le
terramycin, n.	ithensh homi ittịsh homi'	ĭt-heensh hoh-me
terrapin, n.	loksi loksi'	lohk-se
terrestrial, adj.	yakni halaya yaakni' halaya	yahk-ne hah-lahn-yah
terrible, adj.	pulummi pallammi	pŭl-ŭm-me
terrier, n.	ofi mohma ofi' mo'ma'	oh-fe moh-mah
terrify, v.	imilhali imilhlhali	e-mĭlh-ah-le
territory, n.	yakni toshafa yaakni' toshafa'	yahk-ne toh-shah-fah
terror, n.	imilha imilhlha	em-ĭlh-ah
test, n.	isht ulhpisa ishtalhpisa	ĭsht ŭlh-pe-sah
testament, n.	nan isht unoa nannishtannowa'	nahn ĭsht ŭn-oh-ah
Testament, n. (Biblical)	Holisso Holitopa Holisso Holitto'pa'	hoh-lĭss-oh hoh-lĭt-oh-pah
testify, v.	nan anoli nannanoli	nahn ah-nohn-le
testy, adj.	malha malhaa	mah-lhah
tetchy, adj.	malha malhaa	mah-lhah
tether, n.	isht talukchi ishtalakchi'	ĭsht tah-lŭk-che
text, n.	anumpa ishkobo anompa ishkobo'	ah-noom-pah ĭsh-koh-boh
textile, adj.	tuna tanna'	tŭn-ah

ENGLISH	CHICKASAW	PRONUNCIATION
thankful, adj.	ayukpachi ayokpachi	ah-yook-pahn-che
thanks, v.	yakoke yakkookay	yah-koh-ke
Thanksgiving, n.	Yakoke nitak Yakkookay Nittak	yah-koh-ke ne-tŭk
that, pron.	yumma yamma'	yŭm-mah
thatch, n.	hushok isht holmo hashshok ishtholmo'	hŭsh-ohk ĭsht hohl-moh
thaw, v.	bila bila	be-lah
theater, n.	ayopisa aboa ayyoopisa' aboowa	ah-yoh-pe-sah ah-boh-ah
thee, pron.	cheya ma chiyama	che-yah mah
theft, n.	hokopa honkopa	hohn-koh-pah
their, pron.	immi immi'	ĭm-me
theism, n.	Chihowa i yimmi Chihoowa iyimmi	Che-hoh-wah ehn yĭm-me
them, pron.	yumma yamma'	yŭm-mah
then, conj.	yohmi ma yohmima	yoh-me mah
thence, adv.	isht ona mut ishtonnahmat	ĭsht ohn-ah mŭt
theology, n.	Chihowa ithana bunna Chihoowa ithana banna	che-hoh-wah ĭt-hah-nah bŭn-nah
theory, n.	anukfila anokfilli	ah-nook-fĭl-ah
there, adv.	yumma yamma'	yŭm-mah
therefore, adv.	yohmi ka yohmika	yoh-me kahn
these, adj.	yuppa yappa'	yŭp-pah
they, pron.	mot mot	mohnt
thick, adj.	sutko sotko	soot-koh
thicket, n.	abokoli abokkoli'	ah-boh-koh-le

English	Chickasaw	Pronunciation
thief, n.	hokopa honkopa'	hohn-koh-pah
thigh, n.	iyubi iyyobi'	ee-yū-be
thimble, n.	ilbuk achoshowa ilbak achóshsho'wa'	ĭl-bŭk ah-choh-shoh-wah
thin, adj.	tapuski tapaski	tah-pŭs-ke
thing, n.	nana nanna	nah-nah
think, v.	anukfilli anokfilli	ah-nōok-fĭl-le
third, adj.	atuchina atochchí'na	ah-tōoch-e-nah
thirst, n.	atukshila atokshila	ah-tōok-she-lah
thirteen, adj.	awa-tuchina awa tochchí'na	ah-wah tōoch-e-nah
thirty, adj.	pokoli tuchina pokkó'li tochchí'na	poh-koh-le tōoch-e-nah
this, pron.	yuppa yappa	yŭp-pah
thistle, n.	ulba halopa alba hallopa'	ŭl-bah hah-loh-pah
thither, adv.	yuppa pila yappa pílla	yŭp-pah pe-lah
thorax, n.	huship haship	hŭsh-ĭp
thorn, n.	kati halopa kati' haloppa'	kah-te hah-loh-pah
thorough, adj.	ulhtaha alhtaha	ŭlh-tah-hah
those, pron.	yumma yamma'	yŭm-mah
thou, pron.	cheya chiya	che-yah
though, conj.	keyu ahoba ki'yo ahooba	ke-yoh ah-hoh-bah
thought, n.	anukfila anokfila	ah-nōok-fĭl-ah
thousand, adj.	talhepa sipokni talhipa sipokni'	tah-lhe-pah se-pohk-ne
thrall, n.	yuka yoka	yōok-ah

|---|---|---|
thrash, v.	fummi fammi	fŭm-me
thrash, v. (beat grain from husk)	nehichi nihichi	ne-he-che
thrasher, n. (bird)	foshi foshi'	foh-she
thread, n.	polona polona	poh-loh-nah
threat, v.	meha miha	me-hah
three, adj.	tuchina tochchí'na	to͞och-e-nah
three times, v.	italata tuchina ittalaata tochchí'na	ĭt-ah-lah-tah to͞och-e-nah
thresh, v.	nehichi nihichi	ne-he-che
threshold, n.	okisa okissa'	oh-kĭss-ah
thrice, adj.	atuchina atochchí'na	ah-to͞och-e-nah
thrill, v.	ayukpa ayokpa	ah-yo͞ok-pah
thrive, v.	achaka achaaka	ah-chah-kah
throat, n.	nokofolo nonkofolo'	nohn-koh-foh-loh
throb, v.	noktomepa noktomipa	nohk-toh-me-pah
throe, n.	hotopa hottopa	hoh-toh-pah
thrombosis, n.	issish hika issish hika	ĭss-ĭsh he-kah
throne, n.	aiombinili holitompa aaombiniili' holiitómpa	ah-ohm-be-ne-le hoh-lĭt-ohm-pah
throng, n.	lawa lawa	lah-wah
throttle, v.	isht oktupli ishtoktabli	ĭsht ohk-tŭp-le
through, prep.	lhoputli lhopolli	lhoh-po͞ot-le
throw, v.	fapichi faapichi	fah-pe-che
thrum, v.	komohachi komoowachi	koh-moh-hah-che

ENGLISH	CHICKASAW	PRONUNCIATION
thrush, n. (bird)	foshi foshi'	foh-she
thrush, n. (mouth disease)	lewali liwahli	le-wah-le
thrust, v.	topli topli	tohp-le
thumb, n.	ilbuk ishki ilbak ishki'	ĭl-bŭk ĭsh-ke
thump, n.	kupko kapko	kŭp-koh
thunder, n.	heloa hiloowa	he-loh-ah
Thursday, n.	Soisty Soysti'	Soĭs-te
thus, adv.	yukomi yakohmi	yŭk-oh-me
thwack, v.	isht pasukli ishpássa'kli	ĭsht pah-sŭk-le
thwart, adj.	okwata okwataa	ohk-wah-tah
tibia, n.	iyi chamo iyyinchaamo	ee-yehn chah-moh
tick, n. (parasitic insect)	shatuni shatanni	shah-tŭn-e
tick, n. (bed)	patulhpo i shukcha patalhpo ishokcha'	pah-tŭlh-poh ehn shook-cha
tick, v. (make a series of sounds)	chiskachi chiskachi	chĭss-kah-che
ticket, n.	holisso isht chukwa holisso ishtchokwaa'	hoh-lĭss-oh ĭsht chook-wah
tickle, v.	kamoshli kamoshli	kah-mohsh-le
tide, n.	oka bukhetipli oka' bakhitibli	ohk-ah bŭk-he-tip-le
tiding, n.	nan unoa nannannowa	nahn ŭn-oh-ah
tidy, adj.	chofata chofata	choh-fah-tah
tie, n. (a draw)	itilawi ittilawwi	ĭt-il-ah-we
tie, n. (wearing apparel)	i nochi inno'chi'	ehn-noh-che
tie, v. (bind)	tukchi takchi	tŭk-che

ENGLISH	CHICKASAW	PRONUNCIATION
tiff, n.	iti malha ittimalhaa	ĭt-ehn mah-lhah
tiger, n.	koi ishto kowi' ishto'	koh-e ĭsh-toh
tight, adj.	akullo aakallo	ah-kŭl-loh
till, n. (place to keep money)	touso aiiasha ta'osso' aayaasha'	tou-soh ah-yah-shah
till, v. (work land)	lokfi lopushki lokfi' loposhki	lohk-fe loh-poosh-ke
tilt, v.	waya wá'ya	wah-yah
timber, n.	iti anoka itti' anonka'	ĭt-e ah-nohn-kah
time, n.	hushi kunutli ulhpisa hashi' kanalli' alhpisa'	hŭsh-e kŭn-ŭt-le ŭlh-pe-sah
timid, adj.	nukwaiya nokwaya	nook-wah-yah
timorous, adj.	nukwaiya nokwaya	nook-wah-yah
timothy, n. (grass)	hushok hashshok	hŭsh-ohk
tin, n.	sonuk sonnak	soh-nŭk
tinder, n.	shila shila	she-lah
tine, n.	chofuk iwashala chofaak iwashshalla'	choh-fŭk ehn wash-ah-lah
tingle, v.	hofkachi hokfachi	hohf-kah-che
tinker, n. (mender)	nan alatali nannalaatali'	nahn ah-lah-tah-le
tinkle, adj.	chiskachi chiskachi	chĭss-kah-che
tiny, adj.	iskunosi iskanno'si	ĭss-kŭn-oh-se
tip, n. (point)	ebetup ibiitop	ee-be-toop
tip, v. (make a gift of money)	pila habinachi pílla habinachi	pe-lah hah-be-nah-che
tipple, v.	oka ishko oka' ishko	oh-kah ĭsh-koh
tipsy, adj.	huksi haksi	hŭk-se

| --- | --- | --- |
tirade, n.	anumpa faleli anompa faliili	ah-noom-pah fah-le-le
tire, v. (fatigue)	tekabi tikahbi	te-kah-be
tire, n. (rim of iron or rubber)	apokfoha apakfoha'	ah-pohk-foh-hah
tired, adj.	tekabi tikahbi	te-kah-be
tissue, n.	holisso tapuski holisso tapaski'	hoh-lĭss-oh tah-pŭs-ke
titan, adj.	kelimpi ishto kilimpi ishto'	ke-lim-pe ĭsh-toh
tithe, n.	isht pokoli ishtpokkó'li'	ĭsht pohk-koh-le
tide, n.	anumpa ishkobo anompa ishkobo'	ah-noom-pah ĭsh-koh-boh
titter, v.	lomut olulli lohmat ollali	loh-mŭt oh-lŭl-le
to, prep.	che chi	che
toad, n.	hoyukni hoyo'kni'	hoh-yook-ne
toad, n. (tree toad)	okemaluk okimalak	ohk-e-mah-lŭk
toadstool, n.	pukti pakti	pŭk-te
toast, n. (bread)	puska ulhpusha paska alhposha'	pŭs-kah ŭlh-poosh-ah
tobacco, n.	chomuk chomak	choh-mŭk
tobacco pipe, n.	chomuk shuti chomak shoti'	choh-mŭk shoot-e
toboggan, n. (sleigh)	okti isht oshalali okti' ishtoshala'li'	ohk-te ĭsht ohn-shah-lah-le
today, n.	himak nitak himmak nittak	hĭm-ŭk ne-tŭk
toddle, v.	nowa ik kullo nowa ikkallo	nohn-wah ĭk kŭl-loh
toddy, n.	oka homi chumpoli oka' homi' champoli'	ohk-ah hoh-me chŭm-poh-le
toe, n. (big)	iyishki iyyishki'	e-yĭsh-ke

ENGLISH	CHICKASAW	PRONUNCIATION
toe, n. (little)	iyoshi iyyoshi'	e-yoh-she
together, adv. (two)	itaiina ittahiina	ĭt-ah-e-nah
together, adv. (more than two)	itapeha ittapiha	ĭt-ah-pe-hah
toil, v.	toksuli toksali	tohk-sŭl-e
toilet, n.	aloma aboa aalohma' aboowa	ah-loh-mah ah-boh-ah
token, n.	isht il okpunnichi ishtilokpanichi	ĭsht il ohk-pŭn-ne-che
tolerate, v.	ila chunachi ilachonna'chi	e-lah chōon-ah-che
toll, n.	isht ilatohbi ishtilatobbi	ĭsht ĭl-ah-toh-be
tom, n. (male cat)	koi nukni kowi' nakni'	koh-e nŭk-ne
tomboy, n.	ilatobachi ilatobachi	ĭl-ah-toh-bah-che
tomahawk, n.	isht itibi ishtittibi'	ĭsht ĭt-e-be
tomato, n.	chakato chaka'to'	chah-kahn-toh
tomb, n.	illi atoa illi' aató'wa'	ĭl-le ah-toh-ah
tome, n. (large, heavy book)	holisso lawa holisso lawa	hoh-lĭss-oh lah-wah
tomorrow, n.	ona onna	ohn-ah
tom-tom, n.	isht talhepa ishtalhipa'	ĭsht tah-lhe-pah
ton, n.	weki talhepa sipokni tuklo wiiki' talhipa' sipokni' toklo'	we-ke tah-lhe-pah se-pohk-ne tōok-loh
tone, n.	olah ola	oh-lah
tongs, n.	isht ubaweli ishtabaawiili	ĭsht ŭb-ah-we-le
tongue, n.	issolush issolash	ĭss-ohn-lōosh
tonic, n.	ithensh ittish	ĭt-heensh

ENGLISH	CHICKASAW	PRONUNCIATION
tonight, n.	himak oklhili himmak oklhili	hĭm-ŭk ohk-lhe-le
too, adv.	yummut yammat	yŭm-mŭt
tool, n.	isht toksuli ishtoksali'	ĭsht tohk-sŭl-le
toot, n.	lupish ola lapish ola	lŭp-ish oh-lah
tooth, n.	noti noti'	noh-te
top, n.	pukna pakna'	pŭk-nah
tope, v.	wishki am*o*sholi wishki' amo̱sholi'	wĭsh-ke ah-mohn-shoh-le
topic, n.	isht anumpa ishtanompa	ĭsht ah-no͝om-pah
topple, v.	kenafa kinafa	ke-nah-fah
torch, n.	shopula shoppola	shoh-pŭl-ah
torn, adj.	lhelafa lhilafa	lhe-lah-fah
tornado, n.	mahli ishto mahli ishto	mah-le ĭsh-toh
torpid, adj.	lakna lawa lakna lawa	lŭk-nah lah-wah
torrent, n.	oka lhatapa oka' lhatapa	ohk-ah lhah-tah-pah
torrid, adj.	pulli palli	pŭl-le
torsion, n.	shuni shanni	shŭn-e
torso, n.	huknip haknip	hŭk-nĭp
tortilla, n.	oshpani *i* puska oshpaani' impaska'	ohsh-pah-ne ehn pŭs-kah
tortoise, n.	luksishto; hachotukni loksishto'; hachotakni'	lo͝ok-sish-toh; hah-choh-tŭk-ne
tortuous, adj.	folotowa foloto'wa	foh-loh-toh-wah
torture, n.	hotopachi hottopachi	hoh-toh-pah-che
toss, v.	uba pilachi aba' pilachi	ŭb-ah pe-lah-che

ENGLISH	CHICKASAW	PRONUNCIATION
tot, n.	chepota chipota	che-poh-tah
total, adj.	moma móma	mohn-mah
tote, v.	sholi shooli	shoh-le
totter, v.	italummi ittalammi	ĭt-ah-lŭm-me
touch, v.	haleli halili	hah-le-le
tough, adj.	kullo kallo	kŭl-loh
toupee, n.	pashi holba pashi' holba'	pahn-she hohl-bah
tour, n.	nowut folota nowat folota	nohn-wŭt foh-loh-tah
tournament, n.	itimpalummi ittimpalammi	ĭt-ĭm-pah-lŭm-me
tousle, v.	koyo ulhchi koyowalhchi	koh-yoh ŭlh-che
tow, v.	lhefechi lhifi'chi	lhe-fe-che
toward, prep.	yumma pila yamma pílla	yŭm-mah pe-lah
towel, n.	isht ile kushochi ishtilikasho'chi'	ĭsht il-e kŭsh-oh-che
tower, n.	aboa chaha aboowa chaaha'	ah-boh-ah chah-hah
town, n.	achumpa aachompa'	ah-choom-pah
toy, n.	isht chukoshmo ishchokoshmo'	ĭsht chook-ohsh-moh
trace, v.	aiyakachi ayyakachi	ah-yah-kah-che
track, n.	anowa aanowa'	ah-nohn-wah
tract, n. (leaflet)	anumpa isht anoli anompa ishtanoli'	ah-noom-pah ĭsht ah-nohn-le
tract, n. (expanse of land)	yakni toshafa yaakni' tosha'fa'	yahk-ne toh-shah-fah
tractable, adj. (docile)	hapashi hapashshi	hah-pahn-she
traction, n.	ili kunutlichi ilikanallichi	ĭl-e kŭn-ut-le-che

trade, v.	itatoba ittatoba	ĭt-ah-toh-bah
trader, n.	itatoba ittatoba	ĭt-ah-toh-bah
tradition, n.	yummomi chatok yámmohmichatok	yŭm-moh-me chah-tohk
traduce, v.	kalukshichi kalakshichi	kah-lŭk-she-che
traffic, n.	itayupitamoli ittayoppittamohli	ĭt-ah-yū-pĭt-ah-moh-le
tragedy, n.	oshkunupa oshkánna'pa	ohsh-kŭn-ŭp-ah
trail, n. (path)	hina iskuno hina' iskanno'	he-nah ĭss-kŭn-oh
trail, v. (track)	aiyaka ayakaa	ah-yah-kah
trail, v. (drag loosely)	lhefechi lhifi'chi	lhe-fe-che
train, v. (instruct)	immunoli imanoli	ĭm-mŭn-ohn-le
train, n. (locomotive)	chuna-maleli chanaa malili'	chŭn-ah-mah-le-le
traitor, n.	huksichi haksichi	hŭk-se-che
trammel, n.	isht atuklumichi ishtataklammichi	ĭsht ah-tŭk-lŭm-e-che
tramp, v.	nowa kullochi nowa kallochi	nohn-wah kŭl-loh-che
trample, v.	ahulhichi ahalhlhichi	ah-hŭlh-e-che
trance, n.	ilhpokona ahoba ilhpokonna ahooba	ĭlh-poh-kohn-ah ah-hoh-bah
tranquil, adj.	nuktala noktala	nŭk-tah-lah
tranquilize, v.	nuktalachi noktalachi	nŭk-tah-lah-che
transact, v.	im malummi imaalami	ĭm mah-lŭm-me
transcend, v.	ubanupli abaanabli	ŭb-ah-nup-le
transcribe, v.	hobasht holissochi hobasht holissochi	hoh-bahsht hoh-lĭss-oh-che
transfer, v.	pit kunutlichi pitkanallichi	pĭt kŭn-ŭt-le-che

| --- | --- | --- |
transferred, v.	kunutlichi tok kanallichitok	kŭn-ŭt-le-che tohk
transferring, v.	kunutlichi ot aiiasha kanallichit ootáyya'sha	kŭn-ŭt-le-che oht ah-yah- shah
transfigure, v.	ila toba ila toba	ehn-lah toh-bah
transform, v.	ilachit ikbi ilánchit ikbi	ehn-lahn-chit ĭk-be
transfuse, v.	ilachit foki ilánchit fokhi	ehn-lahn-chĭt foh-ke
transgress, v.	nan ulhpisa kobuffi nannalhpisa' kobaffi	nahn ŭlh-pe-sah koh-bŭf- fe
transient, adj.	ilat tohomba ilat tohómba	ehn-laht toh-hohm-bah
transient, n.	nowut folotowa nowat foloto'wa	nohn-wŭt foh-loh-toh- wah
transitory, adj.	toshpat kunia toshpat kaniya	tohnsh-pŭt kŭn-e-yah
translate, v.	tosholi toshooli	toh-shoh-le
translation, n.	anumpa tosholi anompa toshooli	ah-noom-pah toh-shoh-le
translucent, adj.	hushtali italata hashtahli' ittalaata	hŭsh-tah-le ĭt-ah-lah-tah
transmit, v.	aiiachi ayachi	ah-yah-che
transmute, v.	ilat toba ilat toba	ehn-lah toh-bah
transparent, adj.	anoktawali anoktawali	ah-nohk-tah-wahn-le
transpire, v.	kofoli kofohli	koh-foh-le
transplant, v.	holokchi kunachi holokchi kana'chi	hoh-lohk-che kŭn-ah-che
transport, v.	wehachi wihachi	we-hah-che
transpose, v.	itibafoki ittibaafokhi	ĭt-e-bah-foh-ke
transverse, adj.	itabukochi ittabankochi	ĭt-ah-bŭnk-oh-che
trap, n.	isht yukli ishtyokli	isht yook-le
trap, v. (snare)	hotosi hotosi	hoh-tohn-se

ENGLISH	CHICKASAW	PRONUNCIATION
trapeze, n.	afapa aafa'pa'	ah-fah-pah
trash, n.	na boshotli naaboshotli'	nah boh-shoht-le
travail, n.	hotopa hottopa	hoh-toh-pah
travel, v.	nowa nowa	nohn-wah
traverse, adj.	ubanupli abaanabli	ŭb-ah-nŭp-le
trawl, n.	nunni isht peha nani' ishtpiha'	nŭn-ne ĭsht pe-hah
tray, n.	nan aiulhto nannaayalhto'	nahn ah-ŭlh-toh
treachery, n.	huksichi haksichi	hŭk-se-che
tread, v.	nowa nowa	nohn-wah
treason, n.	nan ulhpisa ik alhicho nannalhpisa' ikalhíncho	nahn ŭlh-pe-sah ĭk ah- lhen-cho
treasure, n.	holitopli holiitobli	hoh-le-tohp-le
treasurer, n.	touso sholi ta'osso' sho'li'	tou-soh shoh-le
treasury, n.	touso atowa ta'osso' aató'wa'	tou-soh ah-toh-wah
treat, v.	habenachi habinachi	hah-be-nah-che
treatment, n.	im alikchi imalikchi	ĭm ah-lĭk-che
treatise, n.	anumpa holisso anompa holisso'	ah-noom-pah hoh-lĭss-oh
treaty, n.	nan itim apisa nannittimapiisa	nahn ĭt-ĭm ah-pe-sah
treble, adj.	isht atuchina ishtatochchí'na	ĭsht ah-tooch-e-nah
tree, n.	iti itti'	ĭt-e
tree, n. (cottonwood)	shomola shoomala	shoh-mah-lah
tremble, v.	yulichi yollichi	yūl-e-che
tremendous, adj.	ishto ishto	ĭsh-toh

tremor, n.	wenakachi wina'kachi	we-nah-kah-che
tremulous, adj.	wenakachi wina'kachi	we-nah-kah-che
trench, n.	yakni kola yaakni' kola'	yahk-ne koh-lah
trencherman, n.	amosholi amosholi	ah-mohn-shoh-le
trend, n.	aiya bunna tok aya bannatok	ah-yah bŭn-nah tohk
trespass, v.	ushichi ashshachi	ŭsh-e-che
tress, n.	ipashi tupasi ipashi' tapa'si'	ee-pahnsh-e tŭp-ah-se
trestle, n.	iti patulhpo chaha itti' patalhpo' chaaha'	it-e pah-tŭlh-poh chah-hah
trial, n.	nan isht im asha nannishtima'sha	nahn ĭsht ĭm ah-shah
triangle, n.	shokulbi tuchina shokolbi tochchí'na	shoh-kool-be tooch-e-nah
tribe, n.	aiyachufa ayachaffa'	ah-yah-chŭf-ah
tribulation, n.	isht im palummi ishtimpállammi	ĭsht ĭm pah-lŭm-me
tribunal, n.	nan apisa abinili nannapiisa' aabiniili'	nahn ah-pe-sah ah-bĭn-e-le
tributary, n. (stream)	itibulhto ittibaalhto'	ĭt-e-bŭlh-toh
tribute, n.	ayukpachi ayokpachi	ah-yook-pah-che
trick, n.	cheyamichi chiyahmichi	che-yah-me-che
trickle, v.	hoya hoyya	hoh-yah
trifle, n.	apistekeli apistikili	ah-pĭs-te-ke-le
trigger, n.	kap isht bohli kap ishtbo'li'	kap ĭsht boh-le
trill, v.	taloa yulichi taloowa' yollichi	tah-loh-ah yōl-e-che
trim, v. (cut, clip)	umo amo	ŭm-oh
trim, v. (adorn a garment)	nafoka isht aiiksachi naafokha' ishtaaiksaachi'	nah-foh-kah ĭsht ah-ĭk-sah-che

| --- | --- | --- |
Trinity, n.	Aholitopaka Aaholiitopaka'	ah-hoh-lĭt-oh-pah-kah
trinket, n.	isht alhopoli ishtalhopo'li'	ĭsht ah-lhoh-poh-le
trio, n.	tuchina tochchí'na	tōōch-e-nah
trip, n. (journey)	hopaki aiya hopaaki aya	hoh-pah-ke ah-yah
trip, v. (stumble)	itolummi ittolammi	ĭt-oh-lŭm-me
trip, v. (release quickly)	talhofa toshpa talhofa toshpa	tah-lhoh-fah tohnsh-pah
tripe, n.	intoshi intoshi'	ehn-toh-she
triple, adj.	italata ittalaata	ĭt-ah-lah-tah
trite, adj.	sipoknit taha sipoknit taha	se-pohk-nĭt tah-hah
triturate, v.	foloha foloha	foh-loh-hah
triumph, n.	im aiyachi ímmayyachi	ĭm ah-yah-che
troche, n. (pill, tablet)	ithensh lhoboa ittish lhobowa'	ĭt-heensh lhoh-boh-ah
trod, v.	anowa tok aanowatok	ah-nohn-wah tohk
trodden, v.	onowa tok onowatok	ohn-nohn-wah tohk
troll, n. (dwarf)	iyaknasha iyaaknaasha'	ehn-yahk-nah-shah
troll, v. (roll about)	folokachi folo'kachi	foh-loh-kah-che
trollop, n. (prostitute)	hawi hawi	hah-weh
troop, n.	tushka chepota tashka chipota'	tŭsh-kah che-poh-tah
trophy, n.	impona isht im ulhtoba imponna ishtimalhtoba'	ĭm-pohn-nah ĭsht ĭm ŭlh- toh-bah
trot, v.	tulhtochi tolhto'chi	tŭlh-toh-che
troth, n. (betrothal)	it imulhpoba ittimalhpooba	ĭt ĭm-ŭlh-poh-bah
trouble, v.	atuklumma ataklama	ah-tŭk-lŭm-mah

ENGLISH	CHICKASAW	PRONUNCIATION
trough, n.	aiimpa aaimpa'	ah-ĭm-pah
trousers, n.	balafoka balaafokha'	bah-lah foh-kah
trousseau, n.	itihalutli i nafoka ittihaalalli' inaafokha'	ĭt-e hah-lŭt-le ehn nah- foh-kah
trout, n.	nunni sukli nani' sakli'	nŭn-ne sŭk-le
trow, v.	yimmi yimmi	yĭm-me
trowel, n.	isht itilawichi ishtlawwichi'	ĭsht ĭt-ĭl-ah-we-che
truant, n.	yohmi ik bunno yohmi ikbanno	yoh-me ĭk bŭn-noh
truck, n. (vehicle)	chuna ishto chanaa' ishto'	chŭn-ah ĭsh-toh
truck, n. (vegetables)	numposhi namposhi'	nŭm-poh-se
truckle, n. (pulley)	isht ubaweli ishtabaawiili'	ĭsht ŭb-we-le
truckle, n. (submit)	illi hapashi ilihapashshi	ĭl-le hah-pahn-she
truculent, adj.	issikopa issikopa	ĭss-e-koh-pah
trudge, v.	tekabi tikahbi	te-kah-be
true, adj.	alhi álhlhi	ahn-lhe
truly, adv.	alhi álhlhi	ahn-lhe
trump, v. (play a trump card)	isht chulhka ishtchalhka'	ĭsht chŭlh-kah
trumpet, n.	sonuk banata sonak banata'	soh-nŭk bah-nah-tah
truncate, v.	tupli tapli	tŭp-le
trunk, n. (part of a tree)	iti upi itti' api'	ĭt-e ŭp-e
trunk, n. (body)	huknip haknip	hŭk-nĭp
trunk, n. (chest)	itubi ittoobi'	e-tū-be
truss, v.	tukchi takchi	tŭk-che

ENGLISH	CHICKASAW	PRONUNCIATION
trustee, n.	apisachi apiisachi'	ah-pe-sah-che
trustworthy, adj.	o i yimmi oniyimmi	ohn ehn yĭm-me
truth, n.	alhi álhlhi	ahn-lhe
truthful, adj.	alhi álhlhi	ahn-lhe
try, v.	anoa anowa'	ah-nohn-ah
tryst, n.	aiitifama aaittafama'	ah-ĭt-te-fah-mah
tub, n.	nan aiulhchifa nannaa-alhchifa'	nahn ah-ŭlh-che-fah
tube, n.	lhompa lhompa	lhohm-pah
tuber, n.	hukshish hakshish	hŭk-shĭsh
tubercle, n.	unechichi aniichichi	ŭn-e-che-che
tuberculosis, n.	hotulhko shila hotolhko' shila'	hoh-tōolh-koh she-lah
tuck, v. (fold)	polhi polhlhi	poh-lhe
tuck, v. (cover)	unchechi anchichi	ŭn-che-che
Tuesday, n.	Chosti Chosti'	Chohs-te
tuft, n.	chafohut ombinili chaafohaat ombiniili'	chah-foh-hŭt ohm-be-ne-le
tug, v.	itiba halutli ittibaahalalli	ĭt-e-bah hah-lut-le
tuition, n.	isht ulhtoba ishtalhtoba'	ĭsht ŭlh-toh-bah
tumble, v.	itola ittola	ĭt-oh-lah
tumor, n.	halak takali haalak takaali'	hahn-lak tah-kah-le
tumult, n.	ushakapa ashakapa	ŭ-shah-kah-pah
tuna, n.	nunni ishto nani' ishto'	nŭn-ne ĭsh-toh
tune, n.	ola ola	oh-lah

ENGLISH	CHICKASAW	PRONUNCIATION
tunic, n.	nafoka naafokha'	nah-foh-kah
tunnel, n.	yakni nota choluk yaakni' nota' cholok	yahk-ne noh-tah choh-look
turban, n.	yachikoli yaachiko'li'	yah-che-koh-le
turbulent, adj.	noktala iksho noktala iksho	nohk-tah-lah ĭk-shoh
turf, n.	lokfi pasukto lokfi' pasakto'	lohk-fe pah-sŭk-toh
turgid, adj.	shatupli shatabli	shah-tŭp-le
turkey, n.	chalokloha chalokloha'	chah-lohk-loh-hah
turn, v.	folota folota	foh-loh-tah
turning, v .	folotoli foloto'li	foh-loh-toh-le
turn down, v.	ulhpisa ikano alhpí'sa ikanho	ŭlh-pe-sah ĭk-ah-noh
turn off, v.	oktapli oktapli	ohk-tŭp-le
turn over, v.	talhofichi talhoffichi	tah-lho-fe-che
turn up, v.	hayaka hayaka	hah-yah-kah
turnip, n.	tunup tanap	tŭn-ŭp
turpentine, n.	tiuk shoha tiyak shoha'	te-yŭk shoh-hah
turpitude, n.	ushichi ashshichi	ŭsh-e-che
turtle, n.	loksi loksi'	lohk-se
turtledove, n.	puchi yoshoba pachi' yoshoba'	pŭch-e yoh-shoh-bah
tusk, n.	noti noti'	noh-te
tutor, n.	itanachi ithanachi'	ĭt-ah-nah-che
twain, adj.	tuklo toklo	took-loh
twang, n.	tamapa tamapa	tah-mah-pah

ENGLISH	CHICKASAW	PRONUNCIATION
tweak, v. (pinch)	chenofi chinoffi	che-noh-fe
tweezers, n.	isht kesichi ishtkisichi'	ĭsht ke-se-che
twelve, adj.	awa tuklo awa toklo	ah-wah tōok-loh
twenty, adj.	pokoli tuklo pokkó'li toklo	poh-koh-le tōok-loh
twice, adj.	atuklo atónklo	ah-tōonk-loh
twig, n.	iti nuksish itti' naksish	ĭt-e nŭk-sĭsh
twilight, n.	hushtali hashtahli	ŭsh-tah-le
twin, adj.	tuklo toklo	tōok-loh
twine, n.	numpana nampanaa'	nŭm-pah-nahn
twinge, v.	chimiklichi chímmikli'chi	chim-ĭk-le-che
twinkle, adj.	mushmoli moshmoli	mŭsh-moh-le
twirl, v.	paneli paniili	pah-ne-le
twist, v.	shunni shanni	shŭn-ne
twit, v.	emeha imiha	ehn-me-hah
twitch, v.	halali halahli	hah-lah-le
twitter, v. (chirp)	foshi ola foshi' ola	foh-she oh-lah
twitter, v. (giggle)	olulli ollali	oh-lŭl-le
two, adj.	tuklo toklo	tōok-loh
tycoon, n. (wealthy man)	hatuk holitopa hattak holiitopa'	hah-tŭk hoh-le-toh-pah
tyke, n. (small child)	chepota iskunno chipota iskanno'	che-poh-tah ĭss-kŭn-noh
type, n. (kind)	katemi katihmi	kah-te-me
type, v. (use a typewriter)	icholi incho'li	ehn-choh-le

ENGLISH	CHICKASAW	PRONUNCIATION
typewriter, n.	isht icholi ishtincho'li	ĭsht ehn-choh-le
typhoid, n.	yunha fala yanha falaa'	yŭn-hah fah-lah
tyranny, n.	ilifenachi ilifinhachi	ĭl-e-fe-nah-che
tyrant, n.	ilikullochi atumpa ilikallochi aatámpa	ĭl-e-kŭl-loh-che ah- tŭm-pah

ENGLISH	CHICKASAW	PRONUNCIATION
ubiquitous, adj.	kunia moma ahunta kaniya' móma ahánta	kŭn-e-ah mohn-mah ah- hŭn-tah
udder, n.	epishik ipishik	ee-pehn-shik
ugly, adj.	okpolosi okpolo'si	ohk-poh-loh-se
ukelele, n.	isht talhepa ishtalhipa'	ĭsht tah-lhe-pah
ulcer, n.	lewali liwaali	le-wah-le
ulterior, adj.	alomichi alohmichi	ah-loh-me-che
ultimate, adj.	otalhi ontalhlhi	ohnt ah-lhe
ultimatum, adj.	isht alhi ishtalhlhi	ĭsht ah-lhe
ultra, adj.	abunna iksho aabanna iksho	bŭn-nah ĭk-shoh
ululate, v. (howl)	woha wooha	woh-hah
umbilicus, n.	itulbish ittalbish	ĭt-ŭl-bĭsh
umbra, n.	ahoshotika aahoshontika'	ah-hoh-shohn-te-kah
umbrage, n.	ik imono ikimóno	ĭk ĭm-oh-noh
umbrella, n.	isht ilehoshotika ishtilihoshontika'	ĭsht ĭl-e-hoh-shohn-te-kah

ENGLISH	CHICKASAW	PRONUNCIATION
unable, adj.	kanima keyu kanihma' ki'yo	kah-ne-mah ke-yoh
unaccompanied, adj.	ebaiya iksho ibaa-aya iksho	ee-bah-yah ĭk-shoh
unaccustomed, adj.	ik imithano ikimitha'no	ĭk ĭm-ĭt-hah-noh
unadvised, adj.	ik imunolo ketok ikimano'lokitok	ĭk ĭm-ŭn-oh-loh ke-tohk
unaffected, adj.	apisali apissáli	ah-pĭs-ahn-le
unaided, adv.	ulhpila iksho alhpila iksho	ŭlh-pe-lah ĭk-shoh
unallowed, adv.	ulhpisa ik imahno alhpí'sa ikimanho	ŭlh-pe-sah ĭk ĭm-ah-noh
unanimous, adj.	itibachufa ittibaachaffa	ĭt-e-bah-chŭf-ah
unapproved, adj.	ikayukpacho ikayokpa'cho	ĭk-ah-yook-pah-choh
unaware, adv.	ikithano ikitha'no	ĭk-ĭt-ah-noh
unbalanced, adj.	weki itemela wiiki ittimila	we-ke ĭt-e-mehn-lah
unbalanced, adj. (applied to mental condition)	im anukfila ikono imaanokfila iko'no	ĭm ah-nook-fĭl-ah ĭk-ohn- noh
unbearable, adj.	ikachonacho ikachonna'cho	ĭk-ah-chohn-ah-choh
unbecoming, adj.	isht ikono ishtiko'no	ĭsht ĭk-ohn-noh
unbelief, n.	ik yimmo ikyimmo	ĭk yĭm-moh
unblemished, adj.	okpulo iksho okpolo iksho	ohk-pool-oh ĭk-shoh
unbolt, v.	tewi tiwwi	te-we
unborn, adj.	ik utto kesha ikattokisha	ĭk ŭt-toh kehn-shah
unbroken, adj.	ik kobafo ikkoba'fo	ĭk koh-bah-foh
unbuckle, v.	tulhofichi talhoffichi	tŭlh-oh-fe-che
unburden, v.	shokpalali shokpalali	shohk-pah-lah-le
unbutton, v.	isht akullochi tulhofichi ishtakallochi talhoffichi	ĭsht ah-kŭl-loh-che tŭlh- oh-fe-che

| --- | --- | --- |
uncalled, adj.	ikasilho ikasilhlho	ĭk-ah-sĭlh-oh
unceasing, adj.	bilia bílli'ya	bĭl-e-yah
uncertain, adj.	che pulla chi polla	che pōōl-lah
unchangeable, adj.	ila iksho ila iksho	ehn-lah ĭk-shoh
unclasp, v.	tulhofichi talhoffichi	tŭlh-oh-fe-che
uncle, n.	imoshi imoshi'	e-moh-she
uncomfortable, adj.	isht atuklumma ishtataklama	ĭsht ah-tŭk-lŭm-mah
uncommon, adj.	ila ila	ehn-lah
unconcern, n.	nan isht ikano nannishtikanho	nahn ĭsht ĭk-ah-noh
unconditional, adj.	isht ameha iksho ishtaamiha iksho	ĭsht ah-me-hah ĭk-shoh
unconscious, adj.	nan ikithano nannikitha'no	nahn ĭk-ĭt-hah-noh
uncouth, adj.	alhi ila alhlhi ila	ahn-lhe ehn-lah
uncover, v. (expose)	oktunnichi oktanichi	ohk-tŭn-ne-che
uncover, v. (remove from)	aiishi aaishi	ah-e-she
unction, n.	lhilichi lhiilichi	lhe-le-che
undaunted, adj.	ik imilho ikimilhlho	ĭk ĭm-ĭlh-oh
undeceive, v.	yimmichi yimmichi	yĭm-me-che
under, prep. (beneath)	nota nota'	noh-tah
under, adv. (subordinate)	notaka notaka'	noh-tah-kah
undercut, n.	notachit bushafli notachit bashafli	noh-tah-chit bŭsh-ŭf-le
underground, adj.	yakni nota yaakni' nota'	yahk-ne noh-tah
underhand, adj.	huksichi haksichi	hŭk-se-che

ENGLISH	CHICKASAW	PRONUNCIATION
undermost, adj.	nota fehna nota' finha	noh-tah feh-nah
underneath, adv.	nota nota'	noh-tah
understand, v.	akostinichi akostinichi	ah-kohs-te-ne-che
undertake, v.	yohmi kia yohmikya	yoh-me ke-ah
underworld, n.	ittimelaiyuka ittimilayyoka	ĭt-te-me-lah-yǔ-kah
underwrite, v.	ayukpachi ayokpánchi	a-yo͞ok-pahn-che
undulate, v.	afolomoa aafolomo'ha	ah-foh-loh-moh-ah
unearned, adj.	toksul it ik habino toksalit ikhabi'no	tohk-sǔl ĭt ĭk hah-be-noh
uneasy, adj.	nukwaiya nokwaya	no͞ok-wah-yah
uneducated, adj.	holisso ik ithano holisso ikitha'no	hoh-lĭss-oh ĭk ĭt-hah-noh
unequal, adj.	itti maiya ittímmayya	ĭt-te mah-yah
uneven, adj.	ik itilawo ikittilawwo	ĭk ĭt-ĭl-ah-woh
unexpected, adj.	yohmi ikano yohmi ikanho	yoh-me ĭk-ah-noh
unfailing, adj.	taha keyu taha ki'yo	tah-hah ke-yoh
unfair, adj.	ik alhpiso ikalhpí'so	ĭk ahlh-pe-soh
unfaithful, adj.	ik imilho ikimilhlho	ĭk ĭm-ĭlh-oh
unfasten, v.	tulhofichi talhoffichi	tǔlh-oh-fe-che
unfavorable, adj.	ikono iko'no	ĭk-ohn-oh
unfinished, adj.	ik ulhtaho ikalhta'ho	ĭk ǔlh-tah-hoh
unfit, v.	ikaiyubo ikayyobo	ĭk-ah-yoh-boh
unfold, v.	hotofi hotoffi	hoh-toh-fe
unfortunate, adj.	ikayulho ikayolhlho	ĭk-ah-yo͞olh-oh

ENGLISH	CHICKASAW	PRONUNCIATION
unfriendly, adj.	ikana keyu inkána ki'yo	ehn-kahn-ah ke-yoh
ungodliness, n.	nan ushichi nannashshachi'	nahn ush-e-che
ungodly, adj.	Chihowa ik ithano Chihoowa ikitha'no	Che-hoh-wah ĭk ĭt-hah-noh
ungrateful, adj.	ik ayukpacho ikayokpa'cho	ĭk ah-yoōk-pah-choh
unguarded, adj.	apisachi iksho apiisachi iksho	ah-pe-sah-che ĭk-shoh
unhandy, adj.	isht atuklumma ishtataklama	ĭsht ah-tŭk-lŭm-mah
unhappy, adj.	ik ayukpo ikayokpo	ĭk ah-yoōk-poh
unharmed, adj.	ik aiokpolo ikaayokpo'lo	ĭk ah-ohk-poh-loh
unhealthy, adj.	abekamo abiikamo	ah-be-kah-moh
unheard, adj.	ik haklo chatok ikhaklochatok	ĭk hahk-loh chah-tohk
unholy, adj.	ik holitopo ikholiito'po	ĭk hoh-le-toh-poh
unhurt, adj.	ik hotopacho ikhottopa'cho	ĭk hoh-toh-pah-choh
unify, v.	itibachufa ittibaachaffa	ĭt-e-bah-chŭf-ah
union, n.	itibachufa ittibaachaffa	ĭt-e-bah-chŭf-ah
unique, adj.	isht ilasi ishtila'si	ĭsht ehn-lah-se
unit, n.	itichufa ittichaffa	ĭt-e-chŭf-ah
universe, n.	nunna moma nanna móma	nŭn-nah mohn-mah
universal, n.	moma itibachufa móma ittibaachaffa	mohn-mah ĭt-e-bah-chŭf-ah
unkempt, adj.	oshwechali oshwichali	ohsh-we-chah-le
unless, conj.	mikyaba mikya'ba	mik-yah-bah
unlike, adj.	ik ahobo ikaho'bo	ĭk ah-hoh-boh
unlimited, adj.	ataha iksho aataha iksho	ah-tah-hah ĭk-shoh

ENGLISH	CHICKASAW	PRONUNCIATION
unload, v.	kochichi kochchichi	koh-che-che
unlock, v.	tewi tiwwi	te-we
unloose, v.	hotofi hotoffi	hoh-toh-fe
unlovely, adj.	aiyobosi ayyo'bo'si	ah-yoh-boh-se
unlucky, adj.	ik ayulho ikayolhlho	ĭk ah-yōolh-oh
unmask, v.	oktunnichi oktanichi	ohk-tŭn-ne-che
unmeasured, adv.	ikulhpiso kesha ikalhpí'sokisha	ĭk-ŭlh-pe-soh kehn-shah
unmerciful, adj.	ik nukhaklo iknokhángklo	ĭk nōok-hŭnk-loh
unmindful, adj.	ik hapohaklo ikhaponhaklo	ĭk hah-pohn-hŭk-loh
unmistakable, adj.	ilhakofi iksho ilhakoffi iksho	ehn-lhah-koh-fe ĭk-shoh
unnatural, adj.	ik ahobo ikaho'bo	ĭk ah-hoh-boh
unnecessary, adj.	isht alhpisa iksho ishtalhpí'sa iksho	ĭsht ahlh-pe-sah ĭk-shoh
unnerve, v.	ik iliyimmo ikiliyimmo	ĭk ĭl-ehn-yĭm-moh
unnumbered, adj.	ik holhtino ikholhti'no	ĭk hohlh-te-noh
unoccupied, adj.	kuna iksho kana' iksho	kŭn-ah ĭk-shoh
unorganized, adj.	ik itaholhtino ikittaholhti'no	ĭk ĭt-ah-hohlh-te-noh
unpack, v.	tewichi tiwwichi	te-we-che
unpaid, adj.	ik ulhtobo ikalhto'bo	ĭk ŭlh-toh-boh
unpardoned, adj.	ik ikashofo ikinkasho'fo	ĭk ehn-kah-shoh-foh
unpleasant, adj.	achukilissa salami aachokkilissa' salami	ah-chōok-il-ĭss-ah sah-lah-me
unqualified, adj.	impona ikono imponna iko'no	ĭm-pohn-nah ĭk-ohn-noh
unquestionable, adj.	anuktala iksho anoktála iksho	ah-nōok-tahn-lah ĭk-shoh

ENGLISH	CHICKASAW	PRONUNCIATION
unquiet, adj.	ik nokchito iknokchi'to	ĭk nohk-che-toh
unravel, v.	hotochi hotoochi	hoh-toh-che
unready, adj.	ik imulhtaho ikimalhta'ho	ĭk ĭm-ŭlh-tah-hoh
unreal, adj.	meh keyu mi ki'yo	meh ke-yoh
unreasonable, adj.	ot atumpa ootaatámpa	oht ah-tŭm-pah
unregenerate, adj.	ushichi ashshachi	ŭsh-e-che
unreserve, n.	ik nokchito iknokchi'to	ĭk nohk-che-toh
unrest, n.	nokhumichi nokhámmi'chi	nohk-hŭm-e-che
unrighteous, adj.	ik hohlitopo ikholiito'po	ĭk hoh-le-toh-poh
unripe, adj.	ik nono ikno'no	ĭk noh-noh
unrivaled, adj.	achapa iksho achaapa iksho	ah-chah-pah ĭk-shoh
unroll, v.	isht holbona tewichi ishtholbona' tiwwichi	ĭsht hohl-boh-nah te-we- che
unroof, v.	isht holmo shukufi ishtholmo' shokaffi	ĭsht hohl-moh shoōk-ŭf-fe
unruly, adj.	illi huksichi ilihaksichi	il-le hŭk-se-che
unsaddle, v.	soba ompatulhpo shukafi soba ompatalhpo' shokaffi	soh-bah ohm-pah-tŭlh-poh shoōk-ah-fe
unscrew, v.	isht ashana tewi ishtashana' tiwwi	ĭsht ah-shah-nah te-we
unscrupulous, adj.	ik alhpiso ikalhpí'so	ĭk ahlh-pe-soh
unseal, v.	tewi tiwwi	te-we
unsearchable, adj.	loma lohma	loh-mah
unseasonable, adj.	kocha alhpisa keyu kochcha alhpisa ki'yo	koh-chah ahlh-pe-sah keyoh
unseated, adj.	ik binicho ikbini'cho	ĭk be-ne-choh

ENGLISH	CHICKASAW	PRONUNCIATION
unseemly, adj.	ik chukmo ikchokmo	ĭk chook-moh
unseen, adj.	ikpiso ikpi'so	ĭk-pe-soh
unsettle, v.	noktala keyu noktala ki'yo	nohk-tah-lah ke-yoh
unsightly, adj.	pisa ik kaiyubo pisa ikayyo'bo	pe-sah ĭk kah-yoh-boh
unskillful, adj.	ik ithano ikitha'no	ĭk ĭt-hah-noh
unsociable, adj.	ithana ik bunno ithana ikbanno	ĭt-hah-nah ĭk bŭn-noh
unsold, adj.	ik kacho ikka'cho	ĭk kahn-choh
unspotted, adj.	chofata chofata	choh-fah-tah
untamed, adj.	ik hapasho ikhapa'sho	ik hah-pahn-shoh
unthankful, adj.	ayukpachi keyu ayokpánchi ki'yo	ah-yook-pahn-che ke-yoh
untidy, adj.	ik chofato ikchofa'to	ĭk choh-fah-toh
untie, v.	hotofi hotoffi	hoh-toh-fe
until, prep.	hahya ha'ya	hah-yah
untimely, adj.	ik aono ikaao'no	ĭk ah-ohn-noh
unto, prep.	immona imonna	im-moh-nah
untold, adj.	ikunowo ikannowo	ĭk-ŭn-oh-woh
untouchable, adj.	ik halelo ikhali'lo	ĭk hah-le-loh
untrue, adj.	ik alho ika'lho	ĭk-ahnlh-oh
unusual, adj.	yohmi chatok keyu yohmichatok ki'yo	yoh-me chah-tohk ke-yoh
unutterable, adj.	isht unoa iksho ishtannowa iksho	ĭsht ŭn-oh-ah ĭk-shoh
unvalued, adj.	aiyulli onuttola iksho ayalli onottola iksho	ah-yŭl-le oh-noot-toh-lah ik-shoh
unviolated, adj.	kobafa iksho kobafa iksho	koh-bah-fah ĭk-shoh

ENGLISH	CHICKASAW	PRONUNCIATION
unveil, v.	ulhepeya aieshi alhiipi'ya' aaishi	ŭlh-e-pe-yah ah-ee-she
unwary, adj.	yohmi ikano yohmi ikanho	yoh-me ik-ah-noh
unwashed, adj.	ik ulhchifo ikalhchi'fo	ĭk ŭlh-che-foh
unwelcome, adj.	ik ayukpacho ikayokpa'cho	ĭk ah-yo͞ok-pah-choh
unwell, adj.	abekamo abiikamo	ah-be-kah-moh
unwept, adj.	ik nukhaklo iknokhángklo	ik no͞ok-hŭnk-loh
unwholesome, adj.	ik chukmo ikchokmo	ik cho͞ok-moh
unwilling, adj.	ulhpisa ikano alhpisa ikanho	ŭlh-pe-sah ĭk-ah-noh
unwind, v.	hotochi hotoochi	hoh-toh-che
unwise, adj.	ik hopoyukso ikhopoyokso	ĭk hoh-poh-yo͞ok-soh
unwitting, adj.	yohmi ikana yohmi ikanho	yoh-me ĭk-ah-noh
unwomanly, adj.	eho ik ilahobalo ihoo ikilahooba'lo	ee-hoh ĭk e-lah-hoh-bah- loh
unwonted, adj.	ila ila	ehn-lah
unworthy, adj.	isht ikono ishtiko'no	ĭsht ĭ-kohn-oh
unwritten, adj.	ik holisso kesha ikholissokisha	ĭk hoh-liss-oh kehn-shah
unyielding, adj.	ibachufa keyu ibaachaffa ki'yo	e-bah-chŭf-ah ke-yoh
unyoke, adj.	nokistup abana aieshi nokhistap abánna' aaishi	noh-kĭss-tŭp ah-bah-nah ah-e-she
up, adv.	uba aba'	ŭb-ah
upbraid, v.	emeha imiha	ee-me-hah
uphold, v.	apelachi apilachi	ah-pe-lah-che
upland, n.	kocha afoka kochcha aafokha'	koh-chah ah-foh-kah
upon, prep.	pukna pakna'	pŭk-nah

ENGLISH	CHICKASAW	PRONUNCIATION
upper, adj.	uba aba'	ŭb-ah
uppermost, adj.	chaha imaiya chaaha ímmayya	chah-hah ĭm-ah-yah
upright, adj. (honest)	ilapisachi ilapisachi	ĭl-ah-pe-sah-che
upright, adj. (erect)	apisa apissa	ah-pĭs-ah
uproar, n.	shakapa shakapa	shah-kah-pah
upset, v.	atuklummi ataklammi	ah-tŭk-lŭm-me
upward, adv.	uba pila aba' pílla	ŭb-ah pe-lah
urban, adj.	okla takcha okla' takcha'	ohk-lah tahk-chah
urbane, adj.	noktala noktala	nohk-tah-lah
urchin, n.	chepota nukni chipota nakni'	che-poh-tah nŭk-ne
urge, v.	atonochi atohnochi	ah-tohn-noh-che
urine, n.	shouk showak	shoh-ŭk
urn, n.	nan aiulhto nannaayalhto'	nahn ah-ŭlh-toh
us, pron.	pushno poshno'	po͞osh-noh
use, n.	isht utta ishtatta	ĭsht ŭt-tah
usable, adj.	chukma kut imoma chokmakat imoma	cho͞ok-mah kŭt ehn- mohn-mah
useful, adj.	isht alhpisa ishtalhpí'sa	ĭsht ahlh-pe-sah
usher, n.	binichi biniichi'	be-ne-che
usual, adj.	aiyummomi chatok aayámmohmichatok	ah-yŭm-moh-me chah- tohk
utensil, n.	nan aiholhponi nannaaholhponi'	nahn ah-hohlh-poh-ne
uterus, n.	oshi atoba oshi' aatoba'	oh-she ah-toh-bah
utmost, adj.	moma imaiya móma ímmayya	mohn-mah ĭm-ah-yah

ENGLISH	CHICKASAW	PRONUNCIATION
utter, adj. (absolute)	fehna finha	feh-nah
utter, v. (speak)	achi aachi	ah-che

ENGLISH	CHICKASAW	PRONUNCIATION
vacant, adj.	iksho iksho	ĭk-shoh
vacate, v.	kunutlichi kanallichi	kŭn-ŭt-le-che
vacancy, n.	kuna iksho kana iksho	kŭn-ah ĭk-shoh
vacation, n.	fohut nowa fohat nowa	foh-hŭt nohn-wah
vaccinate, v.	ithensh abeli ittish abihli	ĭt-heensh ah-be-le
vaccine, n.	ithensh ittish	ĭt-heensh
vacillate, v.	fayakachi faya'kachi	fah-yah-kah-che
vacuum, n.	ilafoyopa ilafoyopa	ĭl-ah-foh-yoh-pah
vagabond, n.	aiutta iksho aayatta' iksho	ah-ŭt-tah ĭk-shoh
vagary, n.	imanukfila folokachi imaanokfila folo'kachi	ĭm-ah-nook-fĭl-ah foh-loh-kah-che
vagrant, adj.	ichuka iksho inchokka' iksho'	ehn-chook-ah lk-shoh
vague, adj.	ik ahobo ikaho'bo	ĭk ah-hoh-boh
vain, adj.	ilahobi ilahobbi	ĭl-ah-hoh-be
vale, n.	ochuba itatukla onchaba' ittatakla'	ohn-chŭb-ah ĭt-ah-tŭk-lah
valet, n.	tisho tisho	te-shoh
valiant, adj.	aiimeta ayiimita	ah-e-me-tah

valid, adj.	chukma chokma	chōok-mah
valise, n.	ulbeha albiha'	ŭl-be-hah
valley, n.	ochuba itatukla onchaba ittatakla'	ohn-chŭb-ah ĭt-ah-tŭk-lah
valor, n.	nukwaiya iksho nokwaya iksho	nōok-wah-yah ĭk-shoh
value, n.	aiyulli ayalli'	ah-yŭl-le
van, n.	isht wehachi ishtwihachi'	ĭsht we-hah-che
vandal, n.	aiokpanichi ayokpanichi'	ah-ohk-pah-ne-che
vandalism, n.	aiokpanichi ayokpanichi	ah-ohk-pah-ne-che
Vandyke, adj.	bukshakali bakshakali	bŭk-shah-kahn-le
vane, n.	mahli isht ithana mahli ishtithana'	mah-le ĭsht ĭt-hah-nah
vanish, v.	kunia kaniya	kŭn-e-yah
vacant, adj.	iksho iksho	ĭk-shoh
vacate, v.	kunutlichi kanallichi	kŭn-ŭt-le-che
vacancy, n.	kuna iksho kana' iksho	kŭn-ah ĭk-shoh
vanity, n.	holba holba'	hohl-bah
vanquish, v.	imaiyachi ímmayyachi	ĭm-ah-yah-che
vantage, n.	ahayaka chukma aahayaka' chokma	ah-hah-yah-kah chōok- mah
vapid, adj.	takushpa takashpa	tah-kŭsh-pah
vapor, n.	kofoli kofohli	koh-foh-le
variable, adj.	ila ila	ehn-lah
variance, n.	itimelaiyuka ittimilayyoka	ĭt-e-me-lah-yŭ-kah
variety, n.	itimelaiyuka ittimilayyoka	ĭt-e-me-lah-yŭ-kah

ENGLISH	CHICKASAW	PRONUNCIATION
various, adj.	itimelaiyuka ittimilayyoka	ĭt-e-me-lah-yŭ-kah
varmint, n.	nan imilha nannimilhlha'	nahn ĭm-ilh-ah
varnish, n.	ulbi albi'	ŭl-be
vary, v.	ilaiyuka ilayyoka	ĭl-ah-yŭe-kah
vase, n.	pakali yukli pakali' yokli'	pah-kahn-le yook-le
vaseline, n.	ithensh sutko ittish sotko'	ĭt-heensh soot-koh
vassal, n.	illayukachi ilayyokachi'	ĭl-lah yook-ah-che
vast, adj.	ishto ishto	ĭsh-toh
vat, n.	aholhponi aaholhponi'	ah-hohlh-poh-ne
vault, n. (for burial)	ahollopi aaholloppi'	ah-hohl-loh-pe
vault, n. (safe)	touso atowa ta'osso' aató'wa'	toŭ-soh ah-toh-wah
vault, v. (jump)	chaha mulli chaaha malli	chah-hah mŭl-le
vaunt, v.	illi chachit anumpoli ilichaachit anompoli	ĭl-le chah-chĭt ah-noom- poh-le
veal, n.	wak-oshi nipi waakoshi' nipi'	wahk-oh-she ne-pe
vegetable, n.	numposhi namposhi'	nŭm-poh-she
vegetation, n.	na holhfo naaholhfo	nah hohlh-foh
vehement, adj.	illikullochit anumpoli ilikallochit anompoli	ĭl-le kŭl-loh-chĭt ah- noom-poh-le
vehicle, n.	chuna chanaa	chŭn-ah
veil, n.	ishoka alhepeya ishshoka' alhiipi'ya'	ĭsh-oh-kah ah-lhe-pe-yah
vein, n.	issish ihina issish ihina'	ĭss-ĭsh ehn he-nah
velocity, n.	pulhki palhki	pŭlh-ke
venal, adj.	huksichit chumpa haksichit chompa	hŭk-se-chĭt choom-pah

ENGLISH	CHICKASAW	PRONUNCIATION
vend, v.	kunchi kanchi	kŭn-che
vendetta, n.	itti tanupa ittintanapa'	ĭt-tehn tah-nŭp-ah
venerable, adj. (sacred)	holitopa holiitopa	hoh-le-toh-pah
venerate, v.	holitopli holiitobli	hoh-le-tohp-le
venereal, adj.	abeka okpulo abika okpolo'	ah-be-kah ohk-poh-loh
vengeance, n.	isht ilaiyuka ishtilayyoka	ĭsht e-lah-yŭ-kah
venial, adj.	i kashofa hebeka inkashofa hibíyyi'ka	ehn kah-shoh-fah he-be-kah
venison, n.	issi nipi issi' nipi'	ĭss-e ne-pe
venom, n.	sinti i homi sinti' ihomi'	sĭn-te ehn hoh-me
vent, n.	apukota aapakota	ah-pŭk-oh-tah
ventilate, v.	amahchi amahchi	ah-mah-che
venture, n.	isht immomaka pisa ishtimómaka' pisa	ĭsht ehn-mohn-mah-kah pe-sah
veracious, adj.	aialhi áyyalhlhi	ah-ahnlh-e
veranda, n.	shoktika shoktika'	shohk-te-kah
verbal, adj.	anumpa ikocha anompa inkónchcha'	ah-noom-pah ehn-kohn chah
verbatum, adv.	anumpa itachufa anompa ittachaffa	ah-noom-pah ĭt-ah-chŭf-ah
verdant, adj.	fokopli fokobli	foh-kohp-le
verdict, n.	nan isht unoa nannishtannowa	nahn ĭsht ŭn-oh-ah
verdigris, n.	okchamali sutko lapali okchamali sotko' lapali'	ohk-chah-mah-le soot-koh lah-pah-le
verdure, n.	ulba itimelaiyuka alba' ittimilayyoka	ŭl-bah ĭt-e-me-lah-yŭ-kah
verge, n. (edge)	ot alhi ootalhlhi	oht ah-lhe
verge, n. (a point)	che beika tok chi bíyyi'katok	che be-e-kah tohk

ENGLISH	CHICKASAW	PRONUNCIATION
verify, v.	atokoli atókko'li	ah-toh-koh-le
verily, adv.	alhi álhlhi	ahn-lhe
verity, n.	alhi álhlhi	ahn-lhe
vermilion, n. (vivid red)	homa homma	hohm-ah
vermin, n.	issosh issosh	ĭss-ohnsh
vernal, adj. (springlike)	himona yokolbi himona yokolbi	hĭm-oh-nah yoh-kol-be
vernal, adj. (youthful)	himita himitta	he-mĭt-ah
versatile, adj.	ilaiyukali ilayokka'li	il-ah-yŭ-kah-le
verse, n.	lhafa chufa lhafa chaffa	lhahn-fah chŭf-ah
version, n. (account)	yummak ahoba yammak ahooba	yŭm-mŭk ah-hoh-bah
version, n.	anumpa tosholi anompa toshooli	ah-noom-pah toh-shoh-le
vertebra, n.	nulhchuba foni nalhchaba foni'	nŭlh-chŭb-ah foh-ne
vertex, n. (a point)	ebetup ibiitop	ee-be-toop
vertigo, n.	chukfolowa chokfolowa	chook-foh-loh-wah
verve, n.	aiimeta ayiimita	ah-e-me-tah
very, adv.	afehna aafinha	ah-feh-nah
vesicle, n.	wokola wokkola	wohk-oh-lah
vesper, adj.	okbiyasi ithana okbiya'si ithana'	ohk-be-yah-se ĭt-hah-nah
vessel, n. (ship)	peni piini'	pee-ne
vessel, n. (container)	nan aiulhto nannaayalhto'	nahn ah-ŭlh-toh
vest, n.	nafoka oshkololi naafokha' oshkololi'	nah-foh-kah ohsh-koh-loh-le
vestal, n.	eho himita kostini ihoo himitta' kostini'	ee-hoh he-mĭt-ah kohs-te-ne

ENGLISH	CHICKASAW	PRONUNCIATION
vestibule, n.	aboa ititukla aboowa ittintakla'	ah-boh-ah ĭt-ehn-tŭk-lah
vestige, n.	nan isht aioktunni nannishtaaoktani'	nahn ĭsht ah-ohk-tŭn-ne
veteran, adj.	tushka chepota sipokni tashka chipota' sipokni'	tŭsh-kah che-poh-tah se-pohk-ne
veterinary, n.	nan ulhpoba im alikchi nannalhpooba' imalikchi'	nahn ŭlh-poh-bah ĭm ah-lĭkche
veto, n.	oktupli oktabli	ohk-tŭp-le
vex, v.	hasheli hashiili	hah-she-le
viaduct, n.	ulhchuba ishto alhchaba ishto'	ŭlh-chŭb-ah ĭsh-toh
vial, n.	ketoboshi kitoboshi'	ke-toh-boh-she
viand, n.	penuk pinak	pe-nŭk
vibrate, v.	fayakachi faya'kachi	fah-yah-kah-che
vibration, n.	fayakachi faya'kachi	fah-yah-kah-che
vicar, n.	uba-numpa toksuli abaanompa' toksali'	ŭb-ah-noom-pah tohk-sŭl-e
vice, prep. (fault, blemish)	ikchukmo ikchokmo	ĭk-chook-moh
vice, n. (device for holding objects firmly)	isht kesechi ishtkisichi'	ĭsht ke-se-che
vicinity, n.	chuka lokoli chokka' lókko'li'	chook-ah loh-koh-le
vicious, adj.	issikopa issikopa	ĭss-e-koh-pah
victim, n.	ik alhpiso ikalhpí'so	ĭk ahlh-pe-soh
victor, n.	imaiyachi ímmayyachi	ĭm-ah-yah-che
victory, n.	imumbi imambi	ee-mŭm-be
victual, n.	penuk pinak	pe-nŭk
view, n.	hopopoyo hoponpoyo	hoh-pohn-poh-yoh

ENGLISH	CHICKASAW	PRONUNCIATION
vigil, n.	atoni atooni	ah-toh-ne
vigilant, adj.	apisachi cheleta apiisachi chilita	ah-pe-sah-che che-le-tah
vigor, n.	kelimpi kilimpi	ke-lĭm-pe
vile, adj.	ik kaiyobo ikayyo'bo	ĭk kah-yoh-boh
vilify, v.	kalukshichi kalakshichi	kah-lŭk-she-che
village, n.	chuka lokoli chokka' lókko'li'	chook-ah loh-koh-le
villain, n.	hatuk issikopa hattak issikopa'	hah-tŭk ĭss-e-koh-pah
vindicate, v.	*i* kashofi inkashoffi	ehn kah-shoh-fe
vindictive, adj.	ik ayukpacho ikayokpa'cho	ĭk ah-yook-pah-choh
vine, n.	upi api'	ŭp-e
vinegar, n.	oka hawushko oka' hawashko'	ohk-ah hah-wŭsh-koh
vineyard, n.	punki osapa panki' osaapa'	pŭnk-e oh-sah-pah
vintage, n.	punki aiyowa ona panki' ayoowa' ona	pŭnk-e ah-yoh-wah oh-nah
vintner, n.	oka punki kunchi oka' panki' kanchi'	ohk-ah pŭnk-e kŭn-che
viol, n.	isht talhepa ishtalhipa'	ĭsht tah-lhe-pah
violate, v.	nan ulhpisa kobuffi nannalhpisa kobaffi	nahn ŭlh-pe-sah koh- bŭf-fe
violent, adj.	hoyupa hoyopa	hoh-yŭ-pah
violin, n.	isht talhepa ishtalhipa'	ĭsht tah-lhe-pah
viper, n.	sinti sinti'	sĭn-te
virago, n.	eho malha ihoo malhaa'	ee-hoh mah-lhah
virgin, n.	eho himita ihoo himitta'	ee-hoh he-mĭt-ah
virtue, n.	chofata chofata	choh-fah-tah

ENGLISH	CHICKASAW	PRONUNCIATION
virtuous, adj.	chofata chofata	choh-fah-tah
virulent, adj.	isht illi okpulo ishtilli' okpolo'	ĭsht ĭl-le ohk-poh-loh
virus, n.	abeka iti haleli abika ittihalali'	ah-be-kah ĭt-e hah-le-le
visage, n.	ishoka ishshoka'	ĭsh-oh-kah
viscera, n.	sulhkona salhkona	sŭlh-koh-nah
viscid, adj.	chukissa chakkissa	chŭk-ĭss-ah
vise, n. (clamp)	isht kesechi ishtkisichi'	ĭsht ke-se-che
visible, adj.	oktunni oktani	ohk-tŭn-ne
vision, n.	pisa písa	pehn-sah
visit, n.	chukala chokkaala	chōok-ah-lah
visit, v.	i chukala inchokkaala	ehn chōok-ah-lah
visitor, n.	chukalaha chokkaalaha'	chōok-ah-lah-hah
visual, adj.	isht pisa ishtpisa	ĭsht pe-sah
vital, adj.	afehna aafinha	ah-feh-nah
vitamin, n.	ithensh ittish	ĭt-heensh
vitiate, v.	okpuni okpani	ohk-pŭn-e
vivacious, adj.	okcha chukma okcháa chokma	ohk-chahn chōok-mah
vocabulary, n.	anumpa anompa	ah-nōom-pah
vocal, adj.	isht anumpoli ishtanompoli	isht ah-nōom-poh-le
vocation, n.	ithanut isht toksuli ithánat ishtoksali'	lt-hahn-nŭt ĭsht tohk- sŭl-e
vociferate, v.	shakapa shakapa	shah-kah-pah
vociferous, adj.	shakupli shakapli	shah-kŭp-le

| --- | --- | --- |
voice, n.	isht anumpoli ishtanompoli	ĭsht ah-noom-poh-le
void, adj.	iksho shabi iksho shaabi	ĭk-shoh shah-be
voile, n.	nafoka toba naafokha' toba'	nah-foh-kah toh-bah
volatile, adj. (fickle)	illi huksichi ilihaksichi	ĭl-le hŭk-se-che
volatile, adj. (evaporable)	kofoli kofohli	koh-foh-le
volition, n.	ilapoahni ilaapo' anhi	ĭl-ah-poh ah-ne
volley, n.	tokali lawa tokahli lawa	toh-kah-le lah-wah
volume, n. (large, many)	ishto; lawa ishto; lawa	ĭsh-toh; lah-wah
voluntary, adj	ilapo ahni ilaapo' anhi	ĭl-ah-poh ah-ne
volunteer, n.	ilapo ahni ilaapo' anhi	ĭl-ah-poh ah-ne
vomit, v.	howeta howiita	hoh-we-tah
voodoo, n.	isht ahollo ishtahollo'	ĭsht ah-hohl-loh
voracious, adj.	amosholi amosholi	ah-mohn-shoh-le
vortex, n.	oka-chukamala okaachokkaamala'	oh-kah-chook-ah-mah-lah
vote, n.	isht atokoli ishtatookoli	ĭsht ah-toh-koh-le
vouch, v.	imim anumpoli imimanompoli	e-mĭm ah-noom-poh-le
vow, n.	anumpa kullo anompa kallo	ah-noom-pah kŭl-loh
voyage, n.	hopaki aiya hopaaki aya	hoh-pah-ke ah-yah
vulgar, adj.	leteha litiha	le-te-hah
vulnerable, adj.	i yimmi iyimmi	ehn yĭm-me
vulture, n.	sheki ishto shiiki ishto'	she-ke ĭsh-toh

ENGLISH	CHICKASAW	PRONUNCIATION
wad, n.	tukasa takassa	tŭk-ah-sah
wadding, n.	isht tukasali ishtakassali	ĭsht tŭk-ah-sah-le
waddle, v.	shanaiyowa shanaayo'wa	shah-nah-yoh-wah
wade, v.	okanowa okaan̲owa	oh-kah-nohn-wah
wader, n.	okanowa bieka tok okaan̲owa bíyyi'katok	oh-kah-nohn-wah be-ee- kah tohk
wafer, n. (cracker)	puska shila paska shila'	pŭs-kah she-lah
waffle, n.	puska tupuski paska tapaski'	pŭs-kah tŭp-ŭs-ke
waft, v.	lhopoli lhopoli	lhoh-poh-le
wag, v. (move side to side)	fapochi faapo'chi	fah-poh-che
wag, n. (joker)	yopola yoppola	yoh-poh-lah
wage, n. (payment)	im ulhtoba imalhtoba	ĭm ŭlh-toh-bah
wage, v. (carry on)	tushwuchi tashwánchi	tŭsh-wahn-che
wager, n.	itasita ittasiita	ĭt-ah-se-tah
waggle, v.	fapochi faapo'chi	fah-poh-che
wagon, n.	iti chuna itti' chanaa'	ĭt-e chŭn-ah
waif, n. (foundling)	ulhtukla alhtakla'	ŭlh-tŭk-lah
wail, v.	yah yaa	yah
wailing, n.	yah yaa	yah
waist, n.	uskofa askoffa	ŭsk-oh-fah

ENGLISH	CHICKASAW	PRONUNCIATION
waistband, n.	uskkofachi askoffa'chi'	ŭs-koh-fah-che
waistcoat, n.	nafoka ishto naafokha' ishto'	nah-foh-kah ĭsh-toh
wait, v.	himona himóna	hĭm-ohn-nah
waive, v.	im aiissachi imaaissachi	ĭm ah-ĭss-ah-che
wake, v.	okchali okchali	ohk-chah-le
waken, v.	okcha okcha	ohk-chah
walk, v.	nowa nowa	nohn-wah
wall, n.	ayuksika ayaksika'	ah-yŭk-se-kah
wall-eyed, adj.	okmeloli okmiloli	ohk-me-loh-le
wallet, n.	touso afoka ta'osso' aafo'kha'	toŭ-soh ah-foh-kah
walnut, n.	hayi hayyi	hah-ye
wampum, n.	oksup oksop	ohk-sŏop
wan, adj.	tokbakali tokbakali	tohk-bah-kah-le
wand, n.	isht abachi ishtabachi'	ĭsht ah-bah-che
wander, v.	folokachi folo'kachi	foh-loh-kah-che
wane, v.	ik kelimpo ikkili'po	ĭk ke-lĭm-poh
wangle, v.	i habina ihabina	ehn hah-be-nah
want, n.	bunna banna	bŭn-nah
wanton, adj.	yopola fehna yoppola finha	yoh-poh-lah feh-nah
war, n.	tunup tanap	tŭn-ŭp
war chief, n.	tunup i miko tanap iminko'	tŭn-ŭp ehn mehn-koh
war club, n.	tunup itapina tanap intapinna'	tŭn-ŭp ehn-tah-pĭn-ah

ENGLISH	CHICKASAW	PRONUNCIATION
war prophet, n.	tunup *i* hopaii tanap ihopayi'	tŭn-ŭp ehn hoh-pah-e
warble, v.	taloa taloowa	tah-loh-ah
warbler, n.	foshi taloa foshi' taloowa	foh-she tah-loh-ah
ward, n. (division of city)	aboa itakushkowa aboowa ittakashkowa'	ah-boh-ah ĭt-ah-kŭsh-koh-wah
ward, n. (person under protection)	ilhpita ilhpita	ĭlh-pe-tah
ward (off), v. (repel)	achapa achaapa	ah-chah-pah
wardrobe, n.	nafoka atukoli naafo'kha' aatakohli'	nah-foh-kah ah-tuk-oh-le
warden, n.	aboa kullo apisachi aboowa' kallo' apiisachi'	ah-boh-ah kŭl-loh ah-pe-sah-che
ware, n.	ulhpoyuk alhpooyak	ŭlh-poh-yŭk
warm, adj.	lushpa lashpa	lŭsh-pah
warn, v.	immunoli imanoli	ĭm-mŭn-ohn-le
warp, v.	pushana pashshana	pŭsh-ah-nah
warrant, n.	holisso isht yuka holisso ishtyoka'	hoh-lĭss-oh ĭsht yo͞ok-ah
warrior, n.	tushka tashka	tŭsh-kah
wart, n.	tokchanapa tokchana'pa'	tohk-chah-nah-pah
wary, adj.	illihopo ilihopoo	ĭl-le-hoh-poh
was, v.	tok tok	tok
wash, v.	achefa achifa	ah-che-fah
wasp, n.	fushchanachik foshchanachik	fŭsh-chah-nah-chĭk
waspish, adj. (peevish)	malha malhaa	mah-lhah
waste, adj. (weedy)	ulba ukania alba' akaniya'	ŭl-bah ŭk-ah-ne-ah
waste, v. (destroy)	aiokpanichi ayokpanichi	ah-ohk-pah-ne-che

watch, n. (timepiece)	hushi kunutli isht ithana hashi' kanalli' ishtithana'	hŭsh-e kŭn-ŭt-le ĭsht ĭt-hah-nah
watch, v. (keep vigil)	apisachi apiisachi	ah-pe-sah-che
water, n.	oka oka'	oh-kah
water, n. (cold)	oka kapussa oka' kapassa'	oh-kah kah-pŭs-sah
water, n. (hot)	oka pulli oka' palli'	oh-kah pŭl-le
watermelon, n.	isstokchuk istokchank	ĭss-tohk-chŭnk
wattle, n.	halak halak	hahn-lahk
wave, v. (signal with hand)	fali fahli	fah-le
wave, n. (ripple)	banata banata	bah-nah-tah
waver, v.	fayakachi faya'kachi	fah-yah-kah-che
wax, n. (herb)	otokcheli otokchili'	oh-tok-che-le
wax, n. (bees)	fohi hukmi fohi' hakmi'	foh-he hŭk-me
way, n.	pila pílla	pil-ah
wayfarer, n.	uka nowa akka' nowa'	ŭk-ah nohn-wah
wayside, n.	hina apotaka hina' apootaka'	he-nah ah-poh-tah-kah
wayward, adj.	yoshoba yoshoba	yoh-shoh-bah
we, pron.	pushno poshno'	poosh-noh
weak, adj.	ik kelimpo ikkili'po	ĭk ke-lĭm-poh
weaken, v.	tekabi tikahbi	te-kah-be
weakling, n.	tekahumbi tikahámbi	te-kah-hŭm-be
wealth, n.	na holitopa naaholiitopa'	nah hoh-le-toh-pah

ENGLISH	CHICKASAW	PRONUNCIATION
wealthy, adj.	holitopa holiitopa	hoh-le-toh-pah
wean, v.	pishik aiissachi pishik aaissachi	pe-shĭk ah-ĭss-ah-che
weapon, n.	isht itibi ishtittibi'	ĭsht ĭt-e-be
wear, v.	foka fokha	foh-kah
weary, adj.	tekabi tikahbi	te-kah-be
weather, n.	kocha kochcha'	koh-chah
weave, v.	tunna tanna	tŭn-nah
web, n.	olali olaali	oh-lah-le
wed, v.	itti halutli ittihaalalli	ĭt-te hah-lŭt-le
wedding, n.	ai itti halutli aaittihaalalli'	ah ĭt-te hah-lŭt-le
wedge, n.	isht pulhi ishtpalhlhi'	ĭsht po͞olh-e
wee, adj.	isskunosi iskanno'si	ĭss-kŭn-oh-se
weed, n.	ulba alba	ŭl-bah
week, n.	nitak hullo itatukla nittak hollo' ittatakla'	ne-tŭk ho͞ol-oh ĭt-ah-tŭk- lah
weep, v.	yah yaa	yah
weevil, n.	shopichi shoppichi'	shoh-pe-che
weft, n.	ponola itatunnichi ponola ittatannichi'	poh-noh-lah ĭt-ah-tun-ne- che
weigh, v.	wekichi wiikichi	we-ke-che
weight, n.	weki wiiki	we-ke
weird, adj.	isht ila ishtila	ĭsht ehn-lah
welcome, adj.	ayukpachi ayokpachi	ah-yo͞ok-pah-che
weld, v.	ita hukmichi ittahakmichi	ĭt-ah hŭk-me-che

| --- | --- | --- |
welfare, n. (condition of health, happiness, or prosperity)	isht aiimulhpisa ishtaaimalhpí'sa	ĭsht ah-ĭm-ŭlh-pe-sah
welkin, n.	tobakaka tobakaka'	toh-bah-kah-kah
well, n. (source of water)	kulli hofobi kali hofobi'	kŭl-le hoh-foh-be
well, adj.	abeka iksho abika iksho	ah-be-ka ĭk-shoh
well, interj.	hokma; atukma hookma, atokma	hohk-mahn; ah-took-mahn
well-to-do, adj.	holitopa holiitopa	hoh-le-toh-pah
welt, n.	ulhchowa tok alhchowatok	ŭlh-choh-wah tok
welter, v.	lokchuk yupi lokchok yopi	lohk-chook yŭ-pe
wen, n.	yaboli yabohli	yah-boh-le
wench, n.	eho huksi ihoo haksi'	e-hoh hŭk-se
wend, v.	aiya aya	ah-yah
went, v.	aiya tok ayatok	ah-yah tok
wept, v.	yah tok yaatok	yah tok
werewolf, n.	isht ahollo ishtahollo'	ĭsht ah-hohl-loh
west, n.	hushi aiokutola hashi' aaokottola'	hŭsh-e ah-oh-kŭt-oh-lah
westerly, adj.	hushi aiokutola pila hashi' aaokottola' pílla	hŭsh-e ah-oh-kŭt-oh-lah pe-lah
western, adj.	hushi aiokutola hashi' aaokottola'	hŭsh-e ah-oh-kŭt-oh-lah
westward, adj.	hushi aiokutola pila hashi' aaokottola' pílla	hŭsh-e ah-oh-kŭt-oh-lah pe-lah
wet, adj.	lhaeta lhayita	lhah-e-tah
whack, n.	pasuklichi passakli'chi	pah-sŭk-le-che
whale, n.	nunni ishto nani' ishto'	nŭn-ne ĭsh-toh

ENGLISH	CHICKASAW	PRONUNCIATION
wharf, n.	peni aihika piini' aahika'	pe-ne ah-he-kah
what, adj.	nunta nanta	nŭn-tah
wheat, n. (plant)	teleko upi tili'ko' api'	te-le-koh ŭp-e
wheat, n. (grain)	teleko uni tili'ko' ani'	te-le-koh ŭn-e
wheat, n. (flour)	teleko bota tili'ko' bota'	te-le-koh boh-tah
wheedle, v.	yimmichi yimmichi	yĭm-me-che
wheel, n.	chunaha chanaaha	chŭn-ah-hah
wheelbarrow, n.	chuna isht toksuli chanaa' ishtoksali'	chŭn-ah ĭsht tohk-sŭl-e
wheelchair, n.	abinili chuna aabiniili' chanaa'	ah-be-ne-le chŭn-ah
wheeze, v.	lhekiachi lhikiiyachi	lhe-ke-ah-che
whelp, n.	nashoba oshi nashoba oshi'	nah-shoh-bah oh-she
when, adv.	katemikma katihmikma	kah-te-mĭk-mahn
where, adv.	kateyukta katiyakta	kah-te-yŭk-tah
wherry, n.	peni piini'	pe-ne
whet, v.	halopachi haloppachi	hah-loh-pah-che
whetstone, n.	tashumpa tashampa	tah-shŭm-pah
whey, n.	pishokchi sutko okchi pishokchi' sotko' okchi'	pish-ohk-che soot-koh ohk-che
which, pron.	katimpi katimpi	kah-tĭm-pĭ
whichever, adj.	katimpi okya katimpiookya	kah-tĭm-pe ohk-yah
whiff, n.	hoshwunchi hoshwanchi	hohsh-wŭn-che
while, n.	katemeta katihmita	kah-te-me-tah
whimper, v.	kefa kifáa	ke-fahn

ENGLISH	CHICKASAW	PRONUNCIATION
whine, v.	bushi bashshi	bŭsh-e
whinney, v.	iwa iwaa	ehn-wah
whip, v. (punish)	fummi fammi	fŭm-me
whip, v. (beat to a froth)	bochi bo'chi	boh-che
whip, v. (sew)	apukfochi apakfohchi	ah-pŭk-foh-che
whippoorwill, n.	chukalumbolo chakkalambolo'	chŭk-ah-lŭm-boh-loh
whir, adj.	sholoachi sholo'wachi	shoh-loh-ah-che
whirl, v.	folotowa foloto'wa	foh-loh-toh-wah
whisk, v.	peli pihli	pe-le
whisker, n.	notukshish notakshish	noh-tŭk-shish
whiskey, n.	oka homi; wishki oka' homi'; wishki'	ohk-ah hoh-me; wĭsh-ke
whistle, v. (sound from mouth)	kota konta	kohn-tah
whistle, v. (sound mechanically)	ola ola	oh-lah
white, adj.	tohbi tohbi	toh-be
whither, adv.	kateukta katiyakta	kah-te-ŭk-tah
whittle, v.	tulhi talhlhi	tŭlh-e
whiz, v.	fomoachi fomoowachi	foh-moh-ah-che
who, pron.	kata kata'	kah-tah
whoa, interj.	hika hika	he-kah
whole, adj.	itamoma ittamóma	ĭt-ah-mohn-mah
whole-hearted, adj.	alotolit ayukpachi alootolit ayokpánchi	ah-loh-toh-lĭt ah-yook-pahn-che
whoop, v.	pa páa	pahn

whooping cough, n.	hotulhko illi hotolhko' illi'	hoh-tŭlh-koh ĭl-le
whore, n.	hawi hawi	hah-we
whose, adj.	kata immi kata immi'	kah-tah ĭm-me
why, adv.	katemi ta katihmita	kah-te-me tah
wick, n.	aloa aalowa'	ah-loh-ah
wicked, adj.	ushichi ashshsachi	ŭsh-e-che
wicker, adj.	oski chulhali oski' chalhaali	ohs-ke chŭlh-ah-le
wide, adj.	putha patha	pŭt-hah
widen, v.	puthachi pathachi	pŭt-hah-che
widow, n.	eho ulhtukla ihoo alhtakla'	ee-hoh ŭlh-tŭk-lah
widower, n.	eho ik im iksho ihoo ikimiksho	ee-hoh ĭk ĭm ĭk-shoh
wife, n.	imeho imihoo	ĭm-ee-hoh
wig, n.	ipashi holba ipashi holba'	e-pahn-she hohl-bah
wiggle, v.	shanaiyochi shanaayo'chi	shah-nah-yoh-che
wiggle-tails, n.	hatalobo hata'lobo'	hah-tahn-loh-boh
wigwam, n.	oklushi i chuka okloshi' inchokka'	ohk-loosh-e ehn chĭlok-ah
wild, adj.	imilha imilhlha	ĭm-ĭlh-ah
wildcat, n.	koichush kowinchosh	koh-ehn-choosh
wilderness, n.	hayaka hayaka	hah-yah-kah
wile, n.	isht yoshopli ishtyoshobli	ĭsht yoh-shohp-le
will, n.	che chi	che
willing, adj.	ik illi halutli ikilihalallo	ĭk ĭl-le hah-lŭt-le

ENGLISH	CHICKASAW	PRONUNCIATION
willow, n.	shukchi im iti shakchi' imitti'	shŭk-che ĭm ĭt-e
wilt, v.	shayofa shayofa	shah-yoh-fah
win, v.	imumbi imambi	e-mŭm-be
winsome, adj.	pisa chukma pisa chokma	pe-sah chōok-mah
wince, n.	hotopachi hottopachi	hoh-toh-pah-che
winch, n.	isht ubaweli ishtabaawiili	ĭsht fib-ah-we-le
wind, n. (breeze)	mahli mahli	mah-le
wind, v. (entwine)	apukfoli apakfohli	ah-pŭk-foh-le
windlass, n.	isht ubaweli ishtabaawiili'	ĭsht ŭb-ah-we-le
windmill, n.	mahli felechi mahli fili'chi'	mah-le-fe-le-che
windy, adj.	mahli chaha mahli chaaha	mah-le chah-hah
window, n.	ashtali ashtaali'	ash-tah-le
windrow, n.	hushok itanalhchi hashshok ittanalhchi'	hŭsh-ohk ĭt-ah-nahlh-che
wine, n.	punki okchi panki' okchi'	pŭnk-e ohk-che
wing, n. (limb for flying)	fanulhchi fanalhchi'	fah-nŭlh-che
wing, n. (part of a building)	aboa achaka aboowa' achaaka'	ah-boh-ah ah-chah-kah
wink, v.	moshmoli moshmoli	mosh-moh-le
winnow, n.	mushka mashka	mŭsh-kah
winter, n.	hushtola hashtola	hŭsh-toh-lah
wipe, v.	kushochi kasho'chi	kŭsh-oh-che
wire, n.	tulli fabussa tali' fabassa'	tŭl-le fah-bŭs-sah
wisdom, n.	akostininchi akostinichi	ah-kos-tĭn-ne-che

| --- | --- | --- |
wise, adj.	nan ithana nannitháana	nahn ĭt-hahn-nah
wish, v.	bunna banna	bŭn-nah
wit, n.	impona imponna	ĭm-pohn-nah
witch, n.	isht ahollo ishtahollo'	ĭsht ah-hohl-loh
witch hazel, n.	iteh ithensh itti' ittish	ĭt-eh ĭt-heensh
with, prep.	ahina ahiina	ah-ehn-nah
withdraw, v.	falumichit eshi falammichit ishi	fah-lŭm-e-chit ee-she
wither, v.	yilbi yilbi	yĭl-be
withers, n.	yawushko yawashko	yah-wŭsh-koh
withhold, v.	halali haláli	hah-lahn-le
within, adv.	anonkaka anonkaka'	ah-nohn-kah-kah
withstand, v.	itachunachi ittachonna'chi	ĭt-ah-choon-ah-che
witness, n.	nanoli nannoli'	nah-nohn-le
wizard, n.	isht ahollo ishtahollo'	ĭsht ah-hohl-loh
wobble, v.	fayakachi faya'kachi	fah-yah-kah-che
wobbly, adj.	fayakachi faya'kachi	fah-yah-kah-che
woe, n.	nukhaklo nokhángklo	nook-hŭnk-loh
wolf, n.	nashoba nashoba	nah-shoh-bah
woman, n.	eho ihoo	ee-hoh
womb, n.	oshatoba oshaatoba'	oh-shah-toh-bah
wonder, n.	pisa chukma pisa chokma	pe-sah chook-mah
wont, adj.	yumohmi yámmohmi	yŭm-oh-me

ENGLISH	CHICKASAW	PRONUNCIATION
won't (will not), v.	keyu ki'yo	ke-yoh
woo, v.	ilachayachi ilachaayachi	ĭl-ah-chah-yah-che
wood, n.	iti itti'	ĭt-e
wood ashes, n.	iti-hotuk itti' hottok	ĭt-e-hoh-to͞ok
woodland, n.	hayaka; itanoka hayaka; ittanonka'	hah-yah-kah; ĭt-ah-nohn- kah
woodpecker, n.	chup-chup chapchap	chŭp-chŭp
woof, n.	ponola itatunnichi ponola ittatannichi	poh-noh-lah i tah-tŭn- neche
wool, n.	chukfi heshi chokfi' hishi'	cho͞ok-fe he-she
woozy, adj.	chukfolowa chokfolowa	cho͞ok-foh-loh-wah
word, n.	anumpa anompa	ah-no͞om-pah
work, n.	toksuli toksali	tohk-sŭl-le
world, n.	yakni moma yaakni' móma	yahk-ne mohn-mah
worm, n.	haiowuni hayowani'	hah-yoh-wun-e
worn, v. (consumed by use)	taha taha	tah-hah
worn-out, adj.	tekabi tikahbi	te-kah-be
worry, n.	anukfilli tekabi anokfilli tikahbi	ah-no͞ok-fil-le te-kah-be
worse, adj. (relapsed)	afelema aafilima	ah-fe-le-mah
worse, adj. (suffering)	impulummi impallammi	ĭm-pŭl-ŭm-me
worship, n.	ayukpachi ayokpachi	ah-yo͞ok-pah-che
worst, adj. (relapsed)	afelema aafilima	ah-fe-le-mah
worst, adj. (suffering)	impulummi impallammi	ĭm-pŭl-ŭm-mĭ
worth, v.	aiyulli ayalli	ah-yŭl-lĭ

would, v.	hena keni hinakini	he-na ke-ne
wound, v.	bashafa bashafa	bah-shah-fah
wound, v. (past tense of wind)	apukfo tok apakfohtok	ah-pŭk-foh tok
wound, v. (twisted)	okpulo okpolo	ohk-poh-loh
wraith, n.	sholop sholop	shoh-lohp
wrangle, v.	itachapa ittachaapa	ĭt-ah-chah-pah
wrap, v. (cover)	apukfoli apakfohli	ah-pohk-foh-le
wrap, v. (cover with blanket or shawl)	hobonachi hoboonachi	hoh-boh-nah-che
wrath, n.	hasha hashaa	hah-shah
wreak, v.	impulummichi impallammichi	ĭm-pŭl-ŭm-me-che
wreath, n.	napakali telikpi napakali' tilikpi'	nah-pah-kahn-le telĭk-pe
wreck, n.	aiokpoloka ayokpoloka'	ah-ohk-po-loh-kah
wren, n.	foshi foshi'	foh-she
wrench, n.	isht ashunichi ishtashannichi'	ĭsht ah-shŭn-e-che
wrest, v.	eshi ishi	ee-she
wrestle, v.	itisholi ittishooli	ĭt-e-shoh-le
wretch, n. (miserable person)	ilbusha ilbashsha	ĭl-bŭsh-ah
wretched, adj.	ilbusha atumpa ilbashsha aatámpa	ĭl-bŭsh-ah ah-tŭm-pah
wriggle, v.	illifolochi ilifolo'chi	il-le-foh-loh-che
wright, n.	hatuk toksuli hattak toksali'	hah-tŭk tohk-sŭl-le
wring, v.	shuni shanni	shŭn-e
wrinkle, n. (crease in skin)	bunata banata	bŭn-ah-tah

ENGLISH	CHICKASAW	PRONUNCIATION
wrinkle, n. (crease in material)	koyofa koyofa	koh-yoh-fah
wrinkle, v.	koyoli koyohli	koh-yoh-le
wrist, n.	ilbuk imosuk ilbak imosak	ĭl-bŭk ĭm-oh-sŭk
writ, n.	holisso nan isht anoa holisso nannishtannowa'	hoh-lĭss-oh nahn ĭsht ah-noh-ah
write, v.	holissochi holissochi	hoh-lĭss-oh-che
writhe, v.	nokhummichi nokhammi'chi	nohk-hŭm-me-che
wrong, adj.	ik alhpiso ikalhpí'so	ĭk ahlh-pe-soh
wrought, v.	ikbi tok ikbitok	ĭk-be tok
wry, adj.	shuna shanaa	shŭn-ah

ENGLISH	CHICKASAW	PRONUNCIATION
yacht, n.	peni piini'	pe-ne
yam, n.	ahi chumpoli ahi' champoli'	ah-he chŭm-poh-le
Yankee, n.	Melishi hatuk Milishi hattak	me-lĭsh-e hah-tŭk
yap, v.	wochi woochi	woh-che
yard, n.	kusbi kasbi	kŭs-be
yardstick, n.	isht ulhpisa ishtalhpisa'	ĭsht ŭlh-pe-sah
yawl, n. (small boat)	peni iskunno piini' iskanno'	pe-ne ĭss-kŭn-noh
yawn, v.	afapa afaapa	ah-fah-pah

ENGLISH	CHICKASAW	PRONUNCIATION
ye, pron.	ishno ishno'	ĭsh-noh
yea, adv.	hohmi ho'mi	hoh-me
year, n.	afummi afammi	ah-fŭm-me
yearling, n.	afummi afammi	ah-fŭm-me
yearn, v.	bunna banna	bŭn-nah
yeast, n.	isht shatupli ishtshatabli'	ĭsht shah-tŭp-le
yell, n.	tasali tasahli	tah-sah-le
yellow, n.	lakna lakna	lŭk-nah
yellow bird, n.	foshi lakna foshi' lakna'	foh-she lŭk-nah
yellow fever, n.	yunha lakna yanha lakna'	yŭn-hah lŭk-nah
yellowhammer, n.	bukbuk bakbak	bŭk-bŭk
yellow jacket, n.	fohi lakna fohi' lakna'	foh-he lŭk-nah
yelp, v.	wochi woochi	woh-che
yeoman, n.	tushka chepota tashka chipota	tŭsh-kah che-poh-tah
yes, adv.	hohmi; ehn ho'mi; ii	hoh-me; ehn
yesterday, n.	oblashush oblaashaash	ob-lahsh-ŭsh
yet, adv.	kisha kisha	kehn-shah
yield, v.	uni ani	ŭn-e
yoke, n.	nokistup abana nokhistap abánna'	noh-kĭs-tŭp ah-bah-nah
yolk, n.	akak oshi i lakna akankoshi' ilakna'	ah-kŭnk oh-she ehn lŭknah
yon, adv.	misha misha'	mĭsh-ah
yonder, adj.	misha misha'	mĭsh-ah

ENGLISH	CHICKASAW	PRONUNCIATION
you, pron.	ishno ishno'	ĭsh-noh
young, adj.	himita himitta	he-mĭt-ah
youngest, adj.	abulukshi aballakshi'	ah-bŭl-ŭk-she
youngster, n.	chepota nukni chipota nakni'	che-poh-tah nŭk-ne
your, adj.	chimmi chimmi'	chĭm-me
yours, pron.	chimmi chimmi'	chĭm-me
yourself, pron.	ishnakeni ishnaakini	ĭsh-nah-kehn-ne
yowl, n.	ya-ha yaháa	yah-hahn
yucca, n.	tulhpuk talhpak	tŭlh-pŭk
yule, n.	nitak hullo ishto nittak hollo' ishto'	ne-tŭk hōol-loh ĭsh-toh

ENGLISH	CHICKASAW	PRONUNCIATION
zany, n.	hatuk yopola hattak yoppola'	hah-tŭk yoh-pol-lah
zeal, n.	aiimeta ayiimita	ah-e-me-tah
zealot, n.	hatuk aiimeta hattak ayiimita	hah-tŭk ah-e-me-tah
zealous, adj.	acheleta achilita	ah-che-le-tah
zebra, n.	soba basowa soba basoowa'	soh-bah bah-soh-wah
zenith, n.	tabokoli tabookoli	tah-boh-koh-le
zephyr, n.	mahli ulhpisa mahli alhpí'sa	mah-le ŭlh-pe-sah
zest, n.	chumpoli champoli	chŭm-poh-le

ENGLISH	CHICKASAW	PRONUNCIATION
zestful, adj.	chumpoli champoli	chŭm-poh-le
zestfully, adv.	chumpolichi champolichi	chŭm-poh-le-che
zigzag, adj.	yelechi yili'chi	ye-le-che
zone, n.	ulhpisa alhpisa	ŭlh-pe-sah
zoo, n.	nan imilha *i* chuka nannimilhlha' inchokka'	nahn e-mǐlh-ah ehn choōk-ah
zoom, v.	tokafa tokafa	toh-kah-fah

NUMERALS

ENGLISH	CHICKASAW	PRONUNCIATION
1	chufa chaffa	chŭf-ah
2	tuklo toklo	toōk-loh
3	tuchina tochchí'na	toōch-e-nah
4	oshta oshta	ohsh-tah
5	tulhapi talhlhá'pi	tŭlh-ah-pe
6	hunali hánna'li	hŭn-ah-le
7	*o*tuklo ontoklo	ohn-toōk-loh
8	otuchina ontochchí'na	ohn-toōch-e-nah
9	chukali chakká'li	chŭk-ah-le
10	pokoli pokkó'li	pohk-oh-le
11	awa-chufa awa chaffa	ah-wah-chŭf-ah
12	awa-tuklo awa toklo	ah-wah-toōk-loh

13	awa-tuchina awa tochchí'na	ah-wah-tōoch-e-nah
14	awa-oshta awa oshta	ah-wah-ohsh-tah
15	awa-tulhapi awa talhlhá'pi	ah-wah-tŭlh-ah-pe
16	awa-hunali awa hánna'li	ah-wah-hŭn-ah-le
17	awa-otuklo awa ontoklo	ah-wah-ohn-tōok-loh
18	awa-otuchina awa ontochchí'na	ah-wah-ohn-tōoch-e-nah
19	awa-chukali awa chakká'li	ah-wah-chŭk-ah-le
20	pokoli tuklo pokkó'li toklo	pohk-oh-le tōok-loh
30	pokoli tuchina pokkó'li tochchí'na	pohk-oh-le tōoch-e-nah
40	pokoli oshta pokkó'li oshta	pohk-oh-le ohsh-tah
50	pokoli tulhapi pokkó'li talhlhá'pi	pohk-oh-le tŭlh-ah-pe
60	pokoli hunali pokkó'li hánna'li	pohk-oh-le hŭn-ah-le
70	pokoli otuklo pokkó'li ontoklo	pohk-oh-le ohn-_tōok-loh
80	pokoli otuchina pokkó'li ontochchí'na	pohk-oh-le ohn-_tōoch-e- nah
90	pokoli chukali pokkó'li chakká'li	pok-oh-le chŭk-ah-le
100	talhepa chufa talhipa chaffa	tah-lhe-pah chŭf-ah
1000	talhepa sipokni chufa talhipa sipokni' chaffa	tah-lhe-pah se-pohk-ne chŭf-ah

DAYS OF THE WEEK

ENGLISH	CHICKASAW	PRONUNCIATION
Sunday	Nitak Hullo Nittak Hollo'	Ne-tŭk Ho͞ol-loh
Monday	Munti Manti'	Mŭn-te
Tuesday	Chosti Chosti'	Chohs-te
Wednesday	Winsti Winsti'	Wens-te
Thursday	Soisti Soisti'	Sois-te
Friday	Nan Ulhchifa Nitak Nannalhchifa' Nittak	Nahn Ŭlh-che-fah Ne-tŭk
Saturday	Nitak Hullo Nukfish Nittak Hollo' Nakfish	Ne-tŭk Ho͞ol-loh Nŭk-fĭsh

MONTHS OF THE YEAR

ENGLISH	CHICKASAW	PRONUNCIATION
January	Hushi Ummona Hashi' Ammo'na'	Hŭsh-e Ŭm-moh-nah
February	Hushi Atuklo Hashi' Atoklo'	Hŭsh-e Ah-to͞ok-loh
March	Hushi Atuchina Hashi' Atochchí'na'	Hŭsh-e Ah-to͞och-e nah
April	Eplul Iiplal	Ee-plŭl
May	Me Mih	Me
June	Chun Choon	Chūne
July	Chulai Choola	Cho͞o-lah
August	Akus Akaas	Ah-kŭs

ENGLISH	CHICKASAW	PRONUNCIATION
September	Septimpa Siptimpa'	Sep-tĭm-pah
October	Uktopa Aaktopa'	Ŭk-toh-pah
November	Nofempa Nofimpa'	Noh-fem-pah
December	Tecimba Tiisimpa'	Te-sem-bah

NOTES

you - ishno - (ish - nda)

gorgious - chukmahse

woman - ihoe

leeth - Pisa

NOTES

NOTES

NOTES

NOTES